Prinzessin Irmingard von Bayern

Jugend-Erinnerungen
1923-1950

Prinzessin Irmingard von Bayern

Jugend-Erinnerungen 1923-1950

Mit einem Vorwort von
Andreas Kraus

eos

Umschlagsbild: Prinzessin Irmingard von Bayern

1. Auflage 2000
2. Auflage 2001
3. verbesserte Auflage 2010

mail@eos-verlag.de
www.eos-verlag.de

ISBN 978-3-8306-7041-4

Bibliografische Information der Deutschen Bibliothek
Die Deutsche Bibliothek verzeichnet diese Publikation
in der Deutschen Nationalbibliografie;
detaillierte bibliografische Angaben
sind im Internet unter http://dnb.ddb.de abrufbar.

Gedruckt auf säurefreiem, chlorfrei gebleichtem Papier.
Printed in Germany

Meinen Enkelkindern

Auguste, Alice, Ludwig,
Heinrich und Karl

Inhalt

IN SCHLÖSSERN UND HÜTTEN

SOMMER IN HOHENSCHWANGAU

WOHNSITZ IN SCHLOSS LEUTSTETTEN

INTERNATSJAHRE IN ENGLAND

FREIHEIT

Vorwort von Prof. Dr. Andreas Kraus

Eine Prinzessin erzählt aus ihrem Leben – was erwartet da der Leser: Ein Leben ohne grauen Alltag, in immerwährendem festlichen Glanz, vom Gemahl auf Händen getragen, aufmerksam angehört im Kreis der Mächtigen?

Wie die Wirklichkeit war, sein kann, immer wieder ist, zeigt die Geschichte. 1980, im Wittelsbacher Jahr, veranstaltete das Institut für Bayerische Geschichte an der Universität München ein Colloquium, das unter dem Thema stand: »Das Haus Wittelsbach und die europäischen Dynastien«. Ein großer Teil der Referate von Historikern aus ganz Europa befasste sich auch mit dem Schicksal der Prinzessinnen aus dem Gesamthaus Wittelsbach, aus der Pfalz, Pfalz-Neuburg und aus München. Es wurde ein Buch daraus, das nachdenklich stimmt.

I.

Die Wirklichkeit, wie deprimierend war sie oft, wie grausam, wie ungerecht! Am schlimmsten wurde das Bild, das ohnehin schlimm genug sein konnte, wenn sich auch noch Dichter und Filmemacher mit den historischen Persönlichkeiten befassten. Goethe war der Gnadenloseste. In seinem »Egmont« unterschiebt er dem Gemahl der Sabine von Simmern ein Klärchen, das es nie gegeben hat, die Gemahlin, eine Tochter des Pfalzgrafen von Simmern-Sponheim, verschweigt er einfach. Sie aber war es, die den Grafen, einen der einflussreichsten Adeligen der Niederlande, der in den Schlachten von St. Quentin und Gravelingen seinem König, Philipp II. von Spanien, das Land an der Maas, Schelde und Niederrhein erhalten hatte, mit aller Kraft vor der Hinrichtung zu bewahren suchte. An Kaiser und Papst, an Könige und Fürsten wandte sie sich monatelang, vergebens, der Herzog Alba war unerbittlich, der Empörer Egmont musste sterben (1568). Sabine, Mutter von dreizehn Kindern, blieb völlig mittellos zurück, da der König seinen reichsten und vornehmsten Vasallen in den Niederlanden auch noch enteignen ließ. Nicht diese Tragödie hat Goethe gereizt, die Tragödie der liebenden Gemahlin und Mutter, sondern das bizarre Charakterbild des leichtsinnigen Helden.

Sind es immer nur die Männer, die der Erwähnung wert sind? Offenbar sind Frauen, wenn sie in der Geschichte eine Rolle spielen, nur gut als schwarze Folie im Hintergrund.

Selbst Schiller kam von dieser Einstellung nicht los. Isabeau de Bavière, Frankreichs Königin, die dreißig Jahre lang an der Seite ihres geisteskranken Gemahls aushielt, ihn pflegte und sich in einer heillos zerrütteten Welt, völlig überfordert als Regentin zwischen den Parteien im eigenen Land und dem gierigen Zugriff des englischen Königs nicht mehr zurechtfand, diese leidvolle Frau stellt Schiller in der »Jungfrau von Orleans« mit den grässlichen Versen vor:

»Auch sie, die alte Königin, sieht man,
die stolze Isabeau, die Bayernfürstin
in Stahl gekleidet durch das Lager reiten,
mit giftgen Stachelworten alle Völker
zur Wut aufreizen wider ihren Sohn,
den sie in ihrem Mutterschoß getragen.«

Keine der Anklagen ist berechtigt. Schiller interessiert nur das Schicksal der jungfräulichen Heldin, nicht die Tragödie der bayerischen Prinzessin aus dem fernen Ingolstadt, wo ihr Vater Stephan als Herzog residierte. Die Legenden um Isabeau sind ohne Maß: sie berichten aber nichts von ihrem Witwendasein seit 1422, das sie fern von der Macht in Verbannung verbrachte, bis sie 1435 starb. Kein Dichter hat ihr Andenken verklärt, sie zu rehabilitieren war der mühevollen Arbeit objektiver Geschichtsschreibung vorbehalten.

Gegen den einhelligen Urteilsspruch des Zeitgeistes, der Sensationen braucht, sind wir Historiker aber immer machtlos.
Das Bild der letzten Kaiserin aus dem Hause Wittelsbach, Elisabeth, fasziniert. Im Gegensatz zur Königin von Frankreich erscheint sie nicht als finstere Rächerin, sondern als strahlende Lichtgestalt. Was die Traumwelt des Filmes hier aber ausspart: Auch sie fühlte sich in Wirklichkeit als Opfer dynastischer und politischer Interessen, fühlte sich, wie sie einmal schrieb, »verkauft«, unterdrückt durch die strenge, unpersönliche Etikette am ungeliebten Hof, den sie immer wieder floh, bis sie nach »Jahren voller Verbitterung, Einsamkeit und Menschenverachtung« (B. Hamann), tief getroffen vom Selbstmord ihres Sohnes Rudolf, 1898 ein gewaltsames Ende fand, das nachträglich geradezu als Erlösung erscheint.

Sicher, ihr Schicksal berührt vor allem deshalb so zwiespältig, weil sie sich so heftig dagegen aufbäumte, sich weigerte, Opfer zu sein, wie so viele Prinzessinnen ihres Hauses vor ihr.

In dem oben erwähnten Werk kann man es nachlesen: Tief unglücklich, gänzlich vereinsamt am Hofe Ludwigs XIV. war Maria Anna Christine, die Schwester des Kurfürsten Max Emanuel, als Gemahlin des Dauphins; ein früher Tod erlöste auch sie, der man eine glanzvolle Zukunft verheißen hatte, von ihrem freudlosen Dasein.

Die Töchter des Pfalzgrafen Philipp Wilhelm von Pfalz-Neuburg, 1685 Kurfürst von der Pfalz, waren fast alle nach glücklicher Kindheit in Neuburg ebenfalls tief unglücklich oder, wie die Königin Maria Sophia von Portugal, frühes Opfer ihrer Aufgabe, die Nachfolge zu sichern.

Die Herzogin von Parma, Dorothea Sophia, von ihrem Gemahl schändlich behandelt, lebte ganz vom Glück ihrer Tochter Elisabetta, die sie 1714 als Königin von Spanien erleben durfte, wie vorher ihre Schwester Maria Anna, Gemahlin des letzten Habsburgers auf dem spanischen Thron, der regierungsunfähig war; den Intrigen der europäischen Diplomatie war sie nicht gewachsen; alle waren gegen sie. Nichte und Tante teilten das gleiche freudlose Schicksal. Aber nur Maria Anna, von der ihr Biograph Hans Schmidt sagt »Größe und Tragik des Prinzessinnendaseins im Zeitalter des Absolutismus lassen sich an ihrem Leben besonders eindrucksvoll beobachten«, kämpfte erbittert dagegen an. Die anderen fanden sich, tapfer oder tief resigniert, mit ihrem Los ab.

Die Reihe ließe sich noch lange fortsetzen, man kann es nachlesen. Das Fazit, das Brigitte Hamann zieht, ist erschütternd: »Jahrhundertelang hatten bayerische

Prinzessinnen mehr oder weniger willig ihre Pflichten gegenüber der Dynastie auf sich genommen. Sie waren Figuren auf dem Schachbrett der Geschichte gewesen, hatten oft genug unter unglücklichen Ehen gelitten. Sie hatten geradezu selbstverständlich ihr persönliches Glück auf dem Altar der politischen Zweckmäßigkeit und des Wohles der Dynastie geopfert. Wenn sie unglücklich waren (und das waren sie in den meisten Fällen) waren sie es in aller Stille.«

II.

Ist das auch heute noch das normale Leben einer bayerischen Prinzessin? Sicherlich, Opfer des Ehrgeizes der Dynastie oder der politischen Zweckmäßigkeit wurde Prinzessin Irmingard von Bayern nicht. Wie wenig aber gefehlt hat, dass auch sie ihres Standes wegen Opfer eines grausamen Schicksals geworden wäre (nicht weniger grausam als einst das einer Marie-Antoinette), das erfahren wir jetzt aus ihrem Lebensbericht.
Er zeigt weiterhin, was auch heute noch unerbittlich von einer bayerischen Prinzessin gefordert wird. Auch jetzt noch fordert die Familie Rücksicht, Hingabe, Opfer, und, wenn es denn Zeit und Umstände gebieten, legt auch heute noch die Zugehörigkeit zur Familiengemeinschaft ein unentrinnbares Schicksal auf, das nur mit außerordentlicher Tapferkeit zu bestehen ist, wie etwa die Jahre im Exil und im Konzentrationslager, das die Familie der Autorin einst zu ertragen hatte. Aber die Bereitschaft zu Opfer und Verzicht, die der Außenstehende hinter der scheinbar glanzvollen Fassade nicht ahnt, ist in einer fürstlichen Familie nach wie vor selbstverständlich. Auch heute noch, in einer

Zeit, in welcher prinzipienloser Individualismus und Egoismus des Einzelnen die natürliche Lebensform zu bestimmen scheinen. Wie es auch anders sein könnte, wie das Gegenbild zu diesem modernen Zerrbild menschlicher Existenz aussehen sollte, auch das zeigt das Erinnerungsbuch einer bayerischen Prinzessin.

Es ist aber keine Predigt daraus geworden, kein pathetisches Sammelwerk von moralpädagogischen Maximen, die Autorin erzählt einfach, schlicht, natürlich, aber durchaus nicht unoriginell. Die Grundlage des Buches ist das Tagebuch, geführt über Jahrzehnte hin. Es erzählt von der glücklichen, unbeschwerten Kindheit, in deren Mittelpunkt immer wieder »die schönste und beste Mama der Welt« steht, die geliebte Großmutter, der verehrte Vater, von den vielen Geschwistern, vor allem dem gleichaltrigen und furchtlosen Spielgefährten Bruder Heinrich.

Ihr Thema ist die geliebte Heimat in den Bergen mit den Schlössern dort, Berchtesgaden, Hohenschwangau und Leutstetten, dann auch das Leuchtenberg-Palais, das nicht mehr im Besitz der Familie ist. Originell sind die überaus deutliche Zeichnung der Charaktere, die Schilderung des oft recht förmlichen Lebens bei Hof, wie an allen Höfen – was aber die Kinder doch nicht immer gut fanden, bei denen es trotzdem auch manchmal recht lustig zuging (das vor allem wird erzählt). Was dem Bruder Heinrich nicht einfiel, fiel der Schwester ein, die viel lieber ein Bub gewesen wäre.
Sie erzählt von ihren Tieren, den Pflanzen im Garten und auf den Bergwiesen, erzählt mit den Augen des Malers, zeichnet geradezu Aquarelle, zart in Farbe und Form, und sie berichtet vor allem von Begegnungen mit Menschen, mit liebenswerten Hausgehilfinnen,

biederen Lakaien und Helfern in Stall und Park, von Freunden jeden Standes, und von Verwandten, immer wieder von Verwandten, jungen, alten, von Tanten, Vettern und Cousinen, von solchen, mit denen man Streiche aushecken konnte, von anderen auch, die recht fad waren, von Verwandten aus ganz Europa, von Portugal bis Dänemark, von England über Sachsen, Coburg, Böhmen und Wien bis Ungarn, nicht zuletzt von den Verwandten in Italien, die lange Zeit Zuflucht gewährten in schwerster Zeit.

Das ist Europa, jenes Europa, das sich schon immer wieder über alle Gegensätze hinweg bewusst war, eine einzige Familie zu sein, nicht so sehr die Familie von Fürsten, die in Europa regieren, sondern von Männern und Frauen, die dieses Europa seit Karl dem Großen (von dem sie zumeist sogar abstammen) immer wieder zusammengehalten haben.

III.

Diese, so scheint es, gänzlich unbeschwerte Jugend war sehr bald schon bedroht von düsteren Schatten einer unfassbaren Geschichte, der schlimmsten Epoche der deutschen Geschichte.
Der Kronprinz, zunächst umworben, verschloss Hitler ostentativ sein Haus, vor der zu befürchtenden Rache des Diktators wich die Familie ins schöne Italien aus – vom König selbst dorthin eingeladen. Von Anfang an aber trug trotzdem der Aufenthalt alle Zeichen eines Exils dort, auch wenn der Bericht fast nur von erfreulichen Erlebnissen erzählt. Vom schweren Ernst, der dahinter stand, schweigt das Buch lange Zeit; nur ei-

nige Sätze über die Schule, die auf einen Beruf vorbereiten sollte, über unsägliche Kleidersorgen (die Prinzessin besaß nur noch ein Kleid für den Alltag, ein geschenktes Kleid für festliche Anlässe – wie schämte sie sich, so beim König zu erscheinen!) verraten, dass es nicht bloß ewige Ferien gab mit Schwimmen im Meer, Klettern in den Dolomiten, mit Ausflügen und Einladungen. Als schließlich das Geld völlig ausging, nahm die Prinzessin, tapfer wie sie war, eine Stellung als Klostermagd an.

Dann, wie ein Blitzschlag, kam das längst Erwartete, Gefürchtete, die Gestapo griff zu. Der Leidensweg, der besonders die todkranke Mutter und die jüngeren Kinder des Kronprinzen und seine Enkel Franz und Max, die Enkelinnen Marie Gabrielle und Marie Charlotte, die Kinder des Prinzen Albrecht, der mit seiner Gemahlin Marita ebenfalls nicht verschont blieb, über alles Maß bedrängte, führte in Italien und Südtirol von Gefängnis zu Gefängnis, dann von KZ zu KZ, von Sachsenhausen über Flossenbürg nach Dachau. Am Ende konnte nichts anderes stehen, dessen waren sich alle sicher, als der gewaltsame Tod.

Schon der Bericht über diese letzte Station einer Jugend, die so heiter begann, lohnt die Lektüre dieses Buches.
Auch jetzt, trotz unverkennbarer innerer Not, ist die Erzählung sachlich, präzise, fern aller Sentimentalität, aber gerade deshalb so ungemein spannend. Auch hier ist übrigens mehr von hilfsbereiten Ärzten und Krankenschwestern, von spontaner Hilfe auch von gänzlich Fremden die Rede, als von der brutalen Behandlung durch die Henkersknechte.

Wer sich noch ein Herz bewahrt hat für die Leidensgeschichte unserer Zeit, wird dieses letzte Kapitel atemlos lesen, ohne anzuhalten, erschüttert und beschämt darüber, dass Menschen unseres Volkes ihren Mitmenschen solches antun konnten. Auch Deutsche waren Opfer solcher Grausamkeit, auch diese dürfen wir nicht vergessen.

Aber dieses Kapitel, das auch zum Leben einer Prinzessin unserer Tage gehört, die das erleiden musste, eben weil sie Prinzessin war, umfasst nur den geringsten Teil des Lebensberichtes; selbst im Exil in Italien, in erbärmlicher Armut zuletzt, war das Leben noch schön, weil Prinzessin Irmingard auch als Klostermagd mit ihrem Schicksal nicht gehadert hat, sondern tapfer jeder Herausforderung begegnete, der harten Arbeit in Hitze und Kälte, der Einsamkeit und Verlassenheit, und die sich auch dann noch an allem Schönen erfreuen konnte, an den Blumen und Tieren, und an den guten Menschen, die ihr auch in der Einsamkeit des Klosterguts noch begegneten und ihr Gutes taten: Nonnen, Bauernmädchen, adelige Freunde. Auch dann atmet der Grundton des Buches noch Heiterkeit; auch inmitten der Gefahr, von der Gestapo erreicht zu werden, fehlen nicht die spitzbübischen Streiche, die das ganze Buch würzen, hinreißend erzählt übrigens: Ludwig Thoma hätte seine Freude daran gehabt.
Um zum Anfang unserer Betrachtung zurückzulenken: Wurden Prinzessinnen, bis weit in unsere Zeit herein, auch Prinzessinnen aus dem Hause Wittelsbach, wie wir sahen, gewissermaßen auf dem Altar des Familieninteresses der europäischen Dynastien geopfert, einem wahren Moloch, so zeigt gerade dieses Buch, wie großartig jetzt, in der Zeit der Not, sich diese Familie eben als Familie erwies, beseelt von einer Soli-

darität, die man nicht leicht bei einem anderen Stand findet.

Aber als Loblied auf Europas Fürstenhäuser ist dieser Lebensbericht beileibe nicht gedacht – wenn ein Loblied, dann auf gute menschliche Begegnungen in schönen und schlimmen Tagen, eine Rückschau ohne Hass und Bitterkeit, sondern voll Verständnis, Zuneigung und Liebe.

Andreas Kraus

Die Eltern Prinzessin Antonie von Luxemburg und Kronprinz Rupprecht von Bayern, Sohn Ludwigs III.

Kindheit in Schloss Berchtesgaden

Geburt

Mein Vater Kronprinz Rupprecht, Sohn König Ludwigs III., war in erster Ehe mit Marie Gabrielle aus der herzoglich-bayerischen Familie verheiratet gewesen, die ihm drei Söhne und eine Tochter geboren hatte, von denen alle außer Albrecht früh verstarben. Auch Marie Gabrielle starb bereits sehr jung.
Albrecht soll damals geäußert haben: »Bei uns wird nur gestirbt«.
Meine Mutter, geborene Prinzessin Antonia von Luxemburg, war die zweite Frau von Kronprinz Rupprecht. Die Trauung fand 1921 im Schloss Hohenburg statt; sie feierte Nuntius Eugenio Pacelli, der nachmalige Papst Pius XII., mit Assistenz von Graf Preysing, dem späteren Bischof von Berlin.
Meinen Bruder Heinrich, ihr erstes Kind, hatte Mutter während eines Aufenthalts bei ihrer Mutter, der damals schon verwitweten Großherzogin von Luxemburg, im Schloss Hohenburg bei Lenggries geboren, einem Sitz der Luxemburger, den sie alle sehr liebten und wo sie lange Zeit ihrer Kindheit verbrachten.

Am 29. Mai 1923 kam ich kurz vor Tagesanbruch im Wittelsbacher Schloss von Berchtesgaden zur Welt.

Trauung von Kronprinz Rupprecht und Prinzessin Antonia

Es war ein schöner Frühlingstag. Große Aufregung herrschte im Schloss. Meine Mutter zählte knapp dreiundzwanzig Jahre; ich war ihr zweites Kind.

Bei meiner Geburt waren der zuständige Doktor Roth aus Berchtesgaden, unsere gute Kinderschwester Fräulein Dimpfel und die strenge Hebamme Frau Richter zugegen. Alles ging einigermaßen glatt, die Ankunft einer Tochter wurde mit Freude gemeldet.
Meine Taufe fand in der Stiftskirche von Berchtesgaden statt; auch sie wurde vom Nuntius Eugenio Pacelli zelebriert. Taufpatin war Tante Marie José, Herzogin in Bayern.
Ich erhielt den Namen Irmingard nach der früh verstorbenen Tochter aus der ersten Ehe meines Vaters.

Als mir in den folgenden Jahren noch vier Schwestern folgten, war die Begeisterung bei meinem Vater nicht mehr so groß. Bei der Geburt von Sophie, unserer Jüngsten, soll er ausgerufen haben: »Was soll ich nur mit dem ganzen Gänsestall anfangen?«
Mutter war etwas gekränkt, da es sowohl in ihrer Familie wie auch in der ihrer Mutter jeweils fünf Schwestern waren.

Das Schloss

Schloss Berchtesgaden ist ein ehemaliges Stift der Augustiner Chorherren. Es gehörte eine Zeit lang dem Salzburger Bistum und kam dann in den Besitz

Romanischer Kreuzgang im Wittelsbacher Schloss von Berchtesgaden

der Wittelsbacher. Mehrere bayerische Herrscher verbrachten einige Zeit dort, teils auch zur Erholung und zum Jagen; es gibt hier nämlich prachtvolle Gebirgsreviere mit vielen Hirschen und Gemsen.

Das Schloss ist ein weitläufiges Haus, das öfters vergrößert wurde. So findet man alle Stilarten im Bau: Die Fassade gegen den Dorfplatz ist barock mit schöner Stuckatur. Zwischen der Kirche und dem Schloss liegt ein Hof mit einem romanischen Kreuzgang, in der Mitte des Hofes ein alter Brunnen; Arkaden mit romanischen Säulen umsäumen den Hof.
Der Gang ringsum ist mit großen behauenen Marmorplatten bedeckt, darunter ruhen die Fürstpröbste in ihren Gräbern. Die meisten sehen sehr wohlgenährt aus, und wir hatten Angst, dass wir auf sie treten könnten und des Nachts, wenn sie herumwandelten, von ihnen zur Rechenschaft gezogen würden.

Den Eingang vom Kreuzgang zum Kapitelsaal der Mönche bewachen zwei aus Stein gehauene Löwen: sie haben sehr traurige, menschliche Gesichter. Mir taten sie leid, und ich blieb immer lange bei ihnen stehen, um sie zu trösten.
Der Kapitelsaal hat einen Pflasterboden mit blauen und weißen Rauten, zwei Reihen von Säulen stützen das hohe gotische Gewölbe. An einer Wand stehen Figuren aus dem Alten Testament, bunte gotische Reliefs zieren die Wände.

Wenn wir an Winterabenden Zutaten aus der Schlossküche holen mussten, war uns dies bei Dunkelheit unheimlich. Wir mussten nämlich dabei den großen Kapitelsaal durchqueren und die Waffenkammer mit den Ritterrüstungen. Aus Angst vor den Gespenstern in Mönchskutten floh ich zu den Rittern, stellte mich dicht neben sie und bat sie, mich zu beschützen.

Eine breite Marmortreppe führte in unseren Flügel mit einer ganzen Flucht von Zimmern, teils von uns Kindern, teils von den Erzieherinnen bewohnt.

Das Erste, an das ich mich erinnern kann, ist das große helle Kinderzimmer: ein weißer barocker Kachelofen im Eck und gegenüber der große Wickeltisch. Ich lag in einem Gitterbett, vor mir baumelte ein Hampelmann und zum Fenster schaute der Watzmann herein, das Wahrzeichen von Berchtesgaden.

Im sogenannten Dekanatsgang mit vielen Hirschgeweihen und bunten Butzenscheibenfenstern spielten wir mit Vorliebe auf Rollern und Holzpferden.

Eine Treppe führt zur Waffenkammer. An den Wänden hängen alte Gewehre, Schwerter mit Lanzen wie auch Rüstungen; einige Ritter stehen dort als Wachen. In die schönen Renaissancesäle dahinter kamen wir selten. Wahrscheinlich wollte Papa verhindern, dass wir auch dort herumtollten; es war sein Heiligtum.

In der alten Schlossküche gibt es noch einen offenen Feuerplatz mit drehbarem Spieß, um Ferkel oder Wild zu braten. Auch ein großer Mörser aus Marmor zum Zerstoßen von Kräutern, ein Becken, um lebende Forellen aufzubewahren und eine ganze Sammlung von Kupferpfannen, Töpfen und anderem Zubehör befindet sich dort.

Das große Esszimmer ist ganz in Weiß und Gold gehalten; in den Wandschränken und auf dem Tisch stehen schöne Porzellanfiguren. Daneben gibt es noch ein kleines Esszimmer, in dem wir speisten, wenn keine Gäste da waren.

Eltern und Geschwister

Die Eltern wohnten im Barockflügel, Papa im ersten Stock. Mit uns war Papa nicht übertrieben streng; er hatte Humor. Selber litt er wohl sehr unter seiner eigenen spartanischen Erziehung aus der Regierungszeit seines Vaters. Verlangten wir Unnötiges von ihm, sagte er: »Merkt euch, erst kommt das mir anvertraute Volk und Land, dann erst ihr!« Ordnung verlangte er von uns. Erschienen wir irgendwann zu spät, zog er seine Uhr aus der Tasche und schaute uns nur an. Das wirkte. Wir respektierten seine Haltung, obwohl wir gerne mehr persönliche Zuneigung vom ihm erfahren hätten, ähnlich wie von Mama.

Papa hatte im Schloss ein prachtvolles Schreibzimmer mit dunkelroten Tapeten und Möbel mit schöner Einlegearbeit. Nach seinen täglichen Turnübungen und dem Frühstück verbrachte er dort einige Stunden; man durfte ihn nicht stören.

Im Rauchzimmer tranken die Herren und Gäste nach dem Essen ihren schwarzen Kaffee und diskutierten. Der Zigarrenrauch irritierte uns Kinder etwas, wenn wir den Gästen vorgeführt wurden.
Dort stand auch ein altmodisches Grammophon mit großem Trichter und Platten vom Sänger Caruso und ein Radio mit Kopfhörern. In der Ecke befand sich eine große Standuhr: ich bewunderte sie. Eines Tages beschäftigte ich mich zu intensiv mit ihr, sodass sie umfiel und mich unter sich begrub. Ich schrie jämmerlich, bis die Eltern mich entdeckten.

Vater Kronprinz Rupprecht von Bayern,
Sohn König Ludwigs III., Heerführer im Ersten Weltkrieg

Mama war jung, schön und schlank; sie hatte schwarzes Haar, grüne Augen und ein sehr fein gemeißeltes klassisches Gesicht.
Für uns war sie die schönste und beste Mama der Welt!

Sie war keine Gesellschaftsdame, sondern liebte mehr die Natur, die Berge und die Tiere. Sooft sie konnte, nahm sie uns auf lange Spaziergänge mit, wobei sie uns Pflanzen und Tiere zeigte und erklärte.

Sie malte gerne und gut und hatte dafür im Schloss die alte Hausmeister-Wohnung eingerichtet. Dort malte sie, ätzte Gläser und batikte Seidentücher. Weil sie in der kleinen Küche auch gerne kochte und uns dann ihre Spezialitäten servierte, nannten wir den Ort die »Batik-Küche«.

Mama wohnte im zweiten Stock. Vor ihrem Zimmer hingen prachtvolle Gobelins an den Wänden.
Im Vorzimmer waren die Garderobe und das Bad; dort herrschte Gretchen Hilz, die Kammerzofe.
Im Musikzimmer stand ein Flügel. Mama hatte das Konservatorium in München besucht und spielte gut und temperamentvoll, oft begleitete sie Hauskonzerte. Baron Redwitz, der viel im Hause war, spielte Cello dazu.

Mutter Kronprinzessin Antonia von Bayern,
Tochter des Großherzogs Wilhelm von Luxemburg und Nassau
und der Großherzogin Maria Anna von Luxemburg

Der große Bruder Albrecht

Albrecht, unser großer Bruder »Ab« aus der ersten Ehe des Vaters, wohnte im Rehbach-Stöckerl.
Manchmal kam Albrecht zu uns ins Kinderzimmer und dann passierte immer etwas: Als Heinrich noch ganz klein war, steckte Ab den kleinen Bruder einmal in seinen Rucksack und kletterte mit ihm über die Dächer zum großen Schrecken der armen Kinderschwester Dalla, die wimmernd zusah. Ein anderes Mal hob er Dalla in die Gehschule und häufte Stühle und Tische darüber. Das war zu viel. Wir Kleinen heulten, denn wir dachten, unsere Dalla müsse sterben.
Abs Diener Hornberger, ein nervöser Mensch, erlitt wegen der Tauben, die Ab züchtete und die oberhalb seines Schlafzimmers gurrten, einen Nervenzusammenbruch.
In den letzten Jahren in Berchtesgaden heiratete Albrecht in der Stiftskirche Gräfin Marita Draskowitsch. Von da an wurde er vernünftiger. Er zog nach Kreuth, wo Herzog Ludwig Wilhelm von Bayern wohnte, und ließ sich im »Ökonomiehaus« nieder. Dort wurden seine Kinder Franz und Max und die Zwillinge Marie Gabrielle und Marie Charlotte geboren.

Heinrich und die Schwestern

Heinrich, mein zweitältester Bruder, teilte mit mir ein Zimmer; die drei kleinen Schwestern wohnten daneben. Hie und da kamen die »Kleinen« zu uns herüber. Sie rutschten zu dritt auf ihren Nachttöpfen daher. Mein Bruder war empört. »Pfui, es stinkt nach Milch und Windeln!« schrie er.

Irmingard, Editha und Heinrich

Dann wurden sie von uns ziemlich grob hinausbefördert, wobei es manchmal ein Unglück gab, sodass der Inhalt der Nachttöpfe bei uns blieb, was Heinrich fast zur Raserei brachte.

Im Jahr 1924 kam Editha zur Welt. Sie wurde während eines Aufenthaltes bei unserer Großmutter im Schloss Hohenburg geboren, wurde aber auch in Berchtesgaden von Nuntius Eugenio Pacelli getauft. Bei der Taufe, Großmama von Luxemburg war ihre Patin, rutschte Editha aus dem Kissen und fiel zu Boden, was dem Nuntius fast die Rede verschlug. Zum Glück passierte nichts dabei.

1926 wurde meine Schwester Hilda und 1927 Gabrielle in Berchtesgaden geboren.

Im großen Kinderzimmer hingen von Mama angefertigte Bilder an den Wänden, Porträts unserer Lieblingsspieltiere und Puppen. Papa hatte Gedichte darunter geschrieben.
Da waren der Affenkönig mit großen runden Augen, der arme Philipp, ein Clown mit weißem Gesicht und hängenden Armen, der kleine Wiesenzwerg, giftgrün mit gelbem Gesicht, Puppen, Teddybären, Hasen und vieles mehr.
Ich hatte ein Lamm auf Rädern, welches ich besonders liebte, und zwei Holzpferde auf Rädern, mit denen ich auf dem Gang lange Ritte unternahm.

Die ersten Jahre speisten wir noch im Kinderzimmer. Wir hatten doppelwandige Teller, um die Speisen warm zu halten. Die jüngsten Schwestern saßen angeschnallt auf hohen Stühlen.
Es gab meist haschiertes Fleisch, Kartoffelbrei oder Spinat. Abends gab es ausschließlich Brei, er wurde mit bunten Zuckerkugeln oder mit geriebener Schokolade verziert, um ihn für uns interessanter zu machen.

Heinrich und ich waren als Älteste bevorzugt. Wir durften bald zum Essen mit den Erwachsenen, wo man allerdings stundenlang stillsitzen musste und nur reden durfte, wenn ein Erwachsener einen dazu aufforderte. Wir behalfen uns, indem wir in gegenseitigem Einvernehmen unsere Stühle rückten. Bei solchem Geräusch standen die Erwachsenen automatisch auf und die Warterei hatte ein Ende.

Bedienstete

Am Abend spielten die Herren, wenn sie aus dem Rauchzimmer kamen, Kegeln im Gang vor Papas Zimmer. Der Leibjäger, ein Pfälzer mit ständig roter Nase, Knebelbart, mit dunkelgrüner Livree bekleidet, von goldenen Borten geschmückt, er sorgte für Bier und Wein, was er beides eifrig kredenzte. Er hieß Quirin, wir mochten ihn, da er immer lachte und Witze machte.

Die Küche besuchten wir gerne, obwohl es uns ohne ausdrückliche Erlaubnis von Mama verboten war. Beim Küchenchef und seinem Gesinde war nämlich öfters eine Köstlichkeit zu ergattern.
Wir hatten eine Köchin, Frau Himmel, eine hagere Frau, die ausgezeichnet kochen konnte, aber schwierig war und äußerst unangenehm werden konnte, wenn ihr etwas nicht passte.
Bei einer Einladung prominenter Gäste hatte sie wieder einmal ihre Laune und gab einem Gast keine Vorspeise. Unseren Eltern war dies sehr peinlich und sie schickten Baron Redwitz, den damaligen Kabinettschef, in die Küche, um sie zu rügen. Frau Himmel empfing ihn mit dem Schürhaken in der Hand und drohte, ihn zu erschlagen, wenn er nicht gleich aus der Küche verschwände.
Es wurde immer ärger. Frau Himmel musste trotz ihres Könnens entlassen werden.

Das Essen wurde von Lakaien in blauen Livreen mit Silberborten serviert. Sie trugen Schnallenschuhe und hatten weiße Handschuhe an.
Herr Breuning, der Oberlakai, war als junger Stallbursche beim König gewesen und wachte streng über die anderen.

Mir war es immer unangenehm und peinlich, wenn sie hinter den Stühlen standen und mir beim Essen zusahen. Ich denke aber, dass sie draußen in der Office nicht zu kurz kamen; man hörte oft laute Diskussionen durch die Doppeltüren. Wenn es Papa zu viel wurde, schlug er auf den Tisch und sofort war Ruhe.

Das Hauspersonal speiste in der Küche, die Höhergestellten, wie der Haushofmeister, die Beschließerin, die Kinderschwestern und Kammerfrauen, sowie Leibjäger und Diener am Kammertisch.
Wir hatten ein ganzes Heer von Kinderschwestern, Erzieherinnen und Angestellten:
Da war die Beschließerin, Fräulein Lina Bayer, die die Wäsche zu besorgen hatte, ferner die Wäscherinnen und Putzfrauen. Lina Bayer war wohlbeleibt, hatte hochgekämmtes, in der Mitte gescheiteltes Haar, noch schwarz, aber eher spärlich. Sie liebte den Wein und schwärmte von einem Opernsänger. Da sie immer viele Süßigkeiten in ihrem Schrank hatte, besuchten wir sie gerne in ihrem Zimmer und nannten sie die *»Bonbon-Wiese«*. Editha und Gabrielle waren ihre Lieblinge.
Fräulein Gretchen Hilz war eine Nassauerin; sie war als Kammerfrau mit unserer Mutter aus Luxemburg gekommen. Gretchen Hilz hatte weiße Locken, ein rosiges Gesicht und blaue Augen. Sie war immer sehr ordentlich und sauber und kokett angezogen.
Wir liebten sie, denn sie erzählte uns wunderschöne Märchen und ließ uns mit Knöpfen und Bändern spielen, auch durften wir uns bei ihr mit alten Sachen aus Mamas Garderobe verkleiden. Gerne versteckten wir uns auch in dem großen Garderobeschrank.

Beschließerin Lina Bayer mit Editha und Gabrielle

Eine Geschichte hörten wir besonders gerne: Ein blondes Mädchen habe sich im Wald verirrt und sei von einem jungen Förster gefunden und heimgeführt worden. Ich glaube, es handelte sich um ihre Jugendliebe.

Gretchen Hilz unterstellt war Fräulein Marie Daschinger. Ich sehe sie immer mit einem Staubwedel die Gänge entlanglaufen. Sie fütterte Mamas Siamkater und später auch meinen Hund Wipp.

Fräulein Dimpfel, die wir »Dalla« nannten, war eine echte Münchnerin. Sie hatte die anderen Kinderschwestern unter Aufsicht und spielte bei uns eine große Rolle.

»Dalla« mit Editha, Sophie und Irmingard

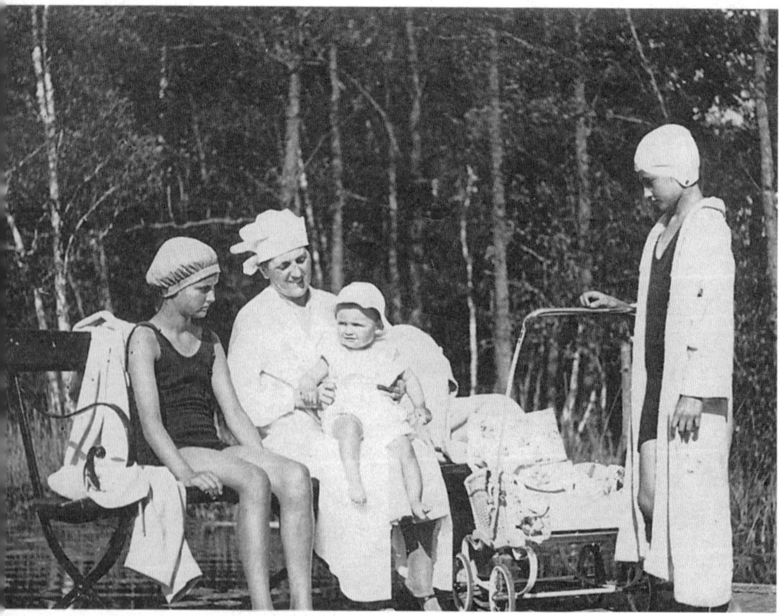

Sie sah fast wie eine Indianerin aus, hatte große, liebevolle schwarze Augen und eine markante Nase, sie trug immer eine weiße Schürze und eine gestärkte weiße Haube. Wir liebten sie sehr.

Miss Wright kam, als ich drei Jahre alt war. Sie war klein und herzensgut, machte alles mit, um uns zu erfreuen, und so lernten wir spielend Englisch.

Wir hatten zwei Chauffeure und einen großen »Horch«, einen Sechssitzer. Mama hatte einen Sportwagen, einen blauen Fiat.

Der erste Chauffeur war Martin Schatzl. Es belustigte uns, wenn Mama ihn rief; denn da drehten sich die Leute stets etwas erstaunt nach »Schatzl« um. Er war nicht groß, hatte ein rotes Gesicht und etwas angegrautes Blondhaar. Vorher war er bei der Polizei gewesen, daher sein strammes Auftreten. Seine Tochter Lotti war unsere Freundin.

Dann gab es noch Zimmermädchen, Putzfrauen und Holzträger:
Die Männer, der Heinzele und der Anderl, trugen das Holz in großen Kraxen in die verschiedenen Stockwerke, um die Kachelöfen zu heizen, die meisten vom Gang aus.
Die Gänge blieben kalt, die Damen wickelten sich einen Seiden- oder Wollschal um die Schultern, wenn sie einen Gang entlanggingen. Nur Mama hatte immer ihre geliebte Lodenjoppe um die Schultern hängen, sogar über das lange Abendkleid.
Eine Aufgabe der Holzträger war es auch, die vielen Parkettböden zu polieren.

Heinzele, einer von ihnen, wusste uns von einem Mönch zu berichten, der einen seiner Mitbrüder erdolcht hatte und zur Strafe dafür eingemauert wurde. Er wäre ihm des öfteren begegnet. Auch behauptete er, dass jede Nacht der Abt mit einer Schar von Mönchen durch das ganze Schloss wandere, was uns zugleich faszinierte und erschreckte.

Er zeigte uns im Kreuzgang einen Engelskopf über einer Grabplatte und behauptete, dass ein Mann namens Schuster, Steinmetz von Beruf, den Schädel seiner jüngst verstorbenen Tochter dort eingemauert habe, um ihr ein unsterbliches Denkmal zu setzen.
Auch in der Kapuzinergruft gab es einen Keller voller Totenschädel und Knochen, wahrscheinlich aus dem aufgelassenen Friedhof. Sie waren schön aufgereiht und die Schädel der Verstorbenen waren beschriftet. Eine große Attraktion, die schlechte Träume weckte. Davon wussten die Eltern nichts.

Brauchtum und Feste

Weihnachtszeit

Im Berchtesgadener Land gibt es viele alte Bräuche: Am Vorabend von St. Nikolaus, am 5. Dezember, ging Nikolaus im Bischofsornat mit dem goldenen Hirtenstab durch die Gassen. Ihm folgte eine Horde von Kramperln und Butten- oder Strohmanderln, unverheiratete Burschen, die sich in Felle wickelten und Hörner trugen. Sie hatten zum Teil lange rote Zungen und waren bewaffnet mit Ruten und Kuhschellen. Einige waren ganz in Stroh gewickelt. Es war ein wilder Haufen. Mit wüstem Gebrüll kamen sie daher, schlugen mit den Ruten, wen sie erwischen konnten und sprangen in die offenen Türen. Einige freche Buben steckten sie in ihre Säcke.

Es gab oft richtige Straßenschlachten, wobei es schon vorkam, dass ein Strohmann angezündet wurde oder dass Buben mit dem Kopf voraus in den Schnee gesteckt wurden.

An solchen Abenden saßen wir zusammengedrängt in der Fensternische im Vorzimmer unserer Mutter bei der guten Gretchen Hilz und beobachteten, was auf der Straße vorging.

Dann kam der Augenblick, da St. Nikolaus an unsere Türe klopfte. Es wurde ihm aufgetan, wir liefen ins Musikzimmer zu den Eltern und versteckten uns hinter Mama. St. Nikolaus schaute im Kreis, rief jeden von uns mit Namen heraus und las dessen Untaten aus seinem goldenen Buch vor. Die Krampusse rollten dazu mit den Augen, rasselten mit den Ketten und stampften ungeduldig.

Man musste beten oder etwas aufsagen und versprechen sich zu bessern. Dann machte Nikolaus ein Zeichen und ein Krampus schleppte einen Sack herbei und schüttelte ihn aus. Äpfel und Nüsse und allerlei Süßigkeiten rollten auf den Boden.
Mit einem Segen verließ er das Zimmer. Sobald der letzte Krampus verschwunden war, stürzten wir uns erleichtert auf die guten Sachen.

An den Adventstagen ging Mama mit den Größeren abends in die Kirche zum Beten. Es war dunkel, nur das ewige Licht brannte am Altar. Wir waren sehr beeindruckt.
Im Kinderzimmer stand eine Schachtel, dort durfte man Strohhalme für die Krippe des Christkindes einwerfen, einen für jedes Opfer, das man brachte. Das Christkind sollte gut gebettet sein.
Wir hatten ein fast lebensgroßes Wachs-Christkind mit blonden Locken aus echtem Haar. Es stammte aus alter Zeit und hatte schon viele Generationen erlebt. Zu Weihnachten lag es in seiner Krippe unter dem Christbaum.
In der Adventszeit kamen auch Musikanten ins Haus. Vater und Sohn Schuster spielten Zither, alte schöne Weisen aus dem Alpenland.

Die Weihnachtsfeier selber war sehr feierlich. Die Erwachsenen liefen schon lange vorher eifrig und geheimnisvoll tuschelnd herum und hier und da fand man einen Silberfaden oder ein Engelhaar, Vorboten vom Christkind. Es roch gut und wir versuchten, etwas durchs Schlüsselloch des großen, weiß-goldenen Esszimmers, des Weihnachtszimmers, zu erspähen.
Meistens kam General Harlander zu Weihnachten. Ich glaube, er war unverheiratet, ein netter alter Herr mit

Die Familie unterm Weihnachtsbaum

dichtem grauem Haar, einem großen Schnauzbart und flinken, kleinen schwarzen Augen. Er war ein Hobbyzauberer; so unterhielt er uns mit seinen Künsten und verkürzte uns die Wartezeit.

Erst wenn die Glocke läutete, durften wir eintreten. Es war so wunderschön, alles strahlte, wir blieben wie angewurzelt stehen. Der Weihnachtsbaum, ganz in Silber geschmückt, reichte bis zur Decke.

Zur Feier waren wir alle schön bekleidet: die Herren im Smoking, Mama im langen Abendkleid, wir Mädchen in weißen Spitzenkleidern mit blauen Schärpen und Halsketten. Ich hatte ein kleines Herz aus Aquamarin um den Hals, das ich sehr liebte und zu Weihnachten umhängen durfte.

Unser armer Bruder Heinrich musste einen silbergrauen Seidenanzug mit großer Schärpe anziehen, was ihm schrecklich unangenehm war.

Das ganze Hauspersonal erschien zur Bescherung, auch die Herren und Adjutanten unseres Vaters und die Hofdamen unserer Mutter. Schön dekorierte weiße Geschenktische standen herum.
Erst wurde gemeinsam gesungen, danach kam die Bescherung der Hausangestellten, und erst wenn alle beschenkt waren, durften wir an unsere Plätze. Jeder schaute gespannt, was das Christkind gebracht hatte. Es war ein allgemeiner Jubel.
Ich fand einmal eine wunderschöne Puppenküche mit echtem Kupfer- und Porzellangeschirr, sogar ein kleiner elektrischer Herd war dabei. Editha, die Zweitälteste, bekam eine Puppe mit vielen Kleidern, Heinrich eine Ritterrüstung mit Schwert, die zwei kleinen Schwestern Bauklötze und viele Spieltiere. Alle waren glücklich und zufrieden.
Es fiel uns schwer, uns von den Geschenken zu trennen, die den ganzen Boden bedeckten, aber wir wurden trotzdem bald ins Bett geschickt bis zur Mitternachtsmesse. Punkt zwölf Uhr waren wir im Oratorium, von wo aus man den Altar gut sehen und der Messe folgen konnte. Die Stiftskirche war nämlich ans Schloss angebaut und von einem Gang aus kam man ins Oratorium.
Alle aus dem Ort strömten herbei in ihren alten Trachten. Nach der Mette gab es ein köstliches Büffet. Der riesige zuckerübergossene Baumkuchen hatte es uns besonders angetan und wir staunten, etwas entsetzt, welche Mengen unser großer Bruder Ab davon vertilgen konnte.

Zum Weihnachts- und Neujahrsschießen kamen die Burschen der Gegend zusammen und schossen mit

Böllerschießen in Berchtesgaden

Handböllern, einem Zwischending aus alten Pistolen und kurzen Gewehren, das Neue Jahr ein. Es machte einen Riesenkrach.
Heinrich durfte mitschießen. Wir hatten im Garten einen Böller, eine kleine Kanone, die man zünden musste, was wir Mädchen uns nicht trauten.

Geburtstage

An meinem sechsten Geburtstag bekam ich den Rauhaardackel »Wipp« von Großmama. Es war das schönste Geburtstagsgeschenk meiner Kindheit. Der Dackel blieb jahrelang unser Spiel- und Hausgenosse.

1929 war der sechzigste Geburtstag unseres Vaters. Er wurde von der ganzen Bevölkerung groß gefeiert.
Von uns bekam Papa ein Laufentenpaar, das die Schnecken im Garten vertilgen sollte. Er liebte Blumen und in seinen freien Stunden hegte er seinen Steingarten. Wir liebten die Enten mehr und ließen unsere Schützlinge überall weiden.

Erstkommunion

Auf unsere Erstkommunion bereitete uns ein netter Religionslehrer, Pater Adalbero, ein Franziskanerpater, vor. Mama ging jeden Abend mit uns in die Kirche, um zu beten. Ich vergesse nie den Gang in die kalte, dunkle Kirche; das ewige Licht beleuchtete das überlebensgroße Kreuz.
Das Bild des Gekreuzigten machte mir immer großen Eindruck, aber auch Angst wegen seiner Grausamkeit. Ich konnte es nicht fassen, es schockierte mich und verfolgte mich in meinen Träumen.
Wir wurden für die Erstkommunion hergerichtet: Heinrich mit Anzug, ich im langen weißem Kleid und Kranz und Schleier.
Alle vom Ort waren zugegen, die Kirche war gestopft voll. Plötzlich ertönte eine Stimme aus der Menge, die Stimme eines alten Weibleins: »Ein hübsches Brautpaar ist es, aber arg jung sind die beiden noch!«

Erstkommunion von Prinzessin Irmingard und Prinz Heinrich

Gäste

Viele Gäste kamen ins Haus, von denen mir einige besonders im Gedächtnis blieben:
Da war der Besuch von Tante Gisella, einer Tochter der Kaiserin Sissy von Österreich, die den Bruder von Großpapa, Onkel Leopold, geheiratet hatte. Wir hatten immer gehört, wie schön Kaiserin Sissy gewesen sei, und waren sehr gespannt auf den Besuch.
Ehe wir in den Salon durften, packte uns Anni, eine der Kinderschwestern, und wischte uns das Gesicht ab. Sie nahm dazu ihr Taschentuch und spuckte darauf. Es roch säuerlich und wir wehrten uns, wurden aber schnell ins Zimmer hineingeschoben.
Tante Gisella hatte ein weiß gepudertes Gesicht und Hängebacken. Ihre Frisur hatte sie hochgesteckt mit rötlichen Simpelfransen. Zudem war sie eher klein und dick, keineswegs schön, aber lieb; sie brachte Schokolade.

Auch Königin Wilhelmine von Holland blieb mir in Erinnerung. Sie brachte uns Kindern hübsche kleine Figuren aus Bronze, kleine Holländerinnen in ihrer Nationaltracht, und allerlei Tiere und Möbelstücke. Wilhelmine war wohlbeleibt und stattlich.

Ein unterhaltsamer Gast war Rodney Stuart, schottischer Herkunft und Jakobiner. *»Jakobites«* sind diejenigen Schotten, die noch die Stuart-Familie und deren Nachkommen als rechtmäßige Königsanwärter des Thrones von Schottland und England ansehen.
Da unser Vater der direkteste damals lebende Stuart-Nachkomme war, bekam er oft Huldigungen von den Jakobites.

Bei Englandreisen war ihm dies peinlich wegen der englischen Königin, mit der er ein gutes Verhältnis hatte, besonders mit der *»Old Queen Mary«*, einer deutschgeborenen Prinzessin von Teck.
Rodney Stuart trieb viel Unfug mit uns Kindern und deshalb war er bei uns sehr beliebt.

Schulbeginn

Als ich fünf Jahre zählte und mein Bruder Heinrich sechs, begann der Ernst des Lebens, die Schule. Unser Schulzimmer hatte eine Türe in den Garten mit dem schönsten Blick zum Watzmann. Ein Springbrunnen mit Venusfigur stand in der Mitte des Gartens. Zunächst unterrichtete uns Lehrer Kreuz, ein netter junger Mann, in den sich Editha verliebte.

Lehrer Kreuz unterrichtet Heinrich und Irmingard

Bald wurde er jedoch abgelöst von Herrn Oberlehrer Schramm, einem rechtschaffenen Mann, eher klein und etwas vertrocknet aussehend. Ich musste einen tiefen Knicks vor ihm machen und »Guten Tag, Herr Oberlehrer« sagen, was mir schwer fiel.
Unter anderem gab er uns Singunterricht, das heißt, er versuchte es: ein misslungener Versuch beiderseits. Ich meinte, ich sei talentiert und legte in den höchsten Tönen los, volle Lautstärke, um meinen Sopran zu demonstrieren. Ihm schien dies zu missfallen, oder dachte er, ich wolle ihn zum Besten halten? Jedenfalls nahm er mich am Kragen, schleifte mich aus dem Zimmer und setzte mich vor die Türe.
Empört über solche Ungerechtigkeit, ich hatte doch mein Bestes gegeben, biss ich ihn kräftig in die Waden. So etwas hatte der Herr Oberlehrer noch nie erlebt. Er beschwerte sich bitterlich bei meinen Eltern über ihre ungezogene Tochter.

Ich begegnete ihm viele Jahre später. Wir sprachen über die schöne alte Zeit. Da sagte er spontan: »Also, Ihr Herr Bruder, der war ein Schüler, mit dem konnte man sich überall sehen lassen, aber Sie, reden wir lieber nicht mehr davon, von der schönen alten Zeit!«

Heinrich las alle Heldensagen und die Odyssee. Angefeuert davon ging er in den Garten, um eine Heldentat zu vollbringen.
Im Irrlinger-Garten wuchs ein fast zwei Meter hoher Rhabarberstock, der ganze Stolz von Mama. Dieser wurde mutig attackiert und geköpft mit einem Streich seines Holzschwertes. Heinrich war befriedigt, Mama weniger.

Das Dorf und die Umgebung

Dorfgeschäfte

Im Dorf hatten wir manche Bekannte:
Da war der alte Sommer mit seinem großen dunklen Vollbart. Er betrieb eine Gärtnerei neben dem Friedhof.

Dann gab es den Schuster, der unsere Gebirgsstiefel und sonstigen Schuhe anfertigte. Er hatte seine Werkstatt gleich vor dem Tor, das zum Schlossplatz führt. Er kannte alle unsere Füße auswendig.
Auch einen Säckler gab es, der die Lederhosen für Papa und die Brüder anfertigte, und den alten Gamsbartbinder.

Lina Bayer war im ganzen Dorf bekannt und schwätzte gern. Sie besuchte oft das Kaufhaus Kerschbaumer. Clemens, der Sohn des Hauses brachte sie ins Schloss mit. Er sollte mit uns spielen. Am liebsten ging sie zum Konditor und Apotheker.
Der Kammerdiener Josef Hubauer ging auch gerne dorthin. Die Apothekerstochter war sehr hübsch; es gab angeblich »Nachzucht«. Lina Bayer empörte das, aber Josef hinterließ überhaupt gerne »Nachzucht« in verschiedensten Orten. Wir hatten Angst vor ihm, weil er uns packte, in die Höhe hielt und kitzelte; man konnte sich nicht wehren.

Zum Zahnarzt mussten wir nach Reichenhall; wenn es sehr schmerzhaft war, durften wir danach zum Konditor und die gute Miss Wright kaufte mir einmal ein Marzipanschwein.

Heinrich, Irmingard, Editha, Hilda und Gabrielle

Miss Wright nahm uns aber auch auf Spaziergänge nach Maria Gern, einer hübschen Wallfahrtskapelle, mit und kaufte uns unterwegs Brezen. Wir gingen durch blumige Wiesen mit wilden Stiefmütterchen, durch Wälder mit Cyclamen und Anemonen, an den Bachrändern blühten die Sumpfdotterblumen und Vergissmeinnicht.
Man kam am Aschauer Weiher vorbei, einem kleinen Waldsee, wo Papa mit den Herren zum Baden ging. Dabei trugen sie schwarze Badehosen oder gestreifte Badeanzüge, machten elegante Kopfsprünge, die Papa am besten konnte.
Wir fingen grüne Wasserfrösche am Ufer, die wir aber nicht mitnehmen durften.

Wir kamen auch in die Schönau zu einem Schwegelpfeifenhersteller; das sind kleine Flöten, die in der Berchtesgadener Volksmusik beliebt sind. Er wohnte in einem größeren alten Bauernhof und die ganze Verwandtschaft war zugegen. Darunter befanden sich einige alte Weiber mit Kopftüchern, deren Gesichter mit dicken Warzen übersät waren. Ich war entsetzt und vermutete, es handle sich um Hexen oder Geister aus dem Friedhof und wollte nie mehr dorthin.

Der Photograph

Herr Schmidt, der Photograph des Dorfes, kam öfters, um Familienbilder zu machen. Er lauerte uns auch oft bei Spaziergängen auf und stellte die Bilder dann in seinem Geschäft aus oder verkaufte sie an die Presse. Wir mochten das Photographieren gar nicht. Man musste sich dazu umziehen, schön artig sein und ewig in dummen Positionen stehen, die Geschwisterlein umarmen und dazu noch lächeln.

Herr Schmidt hatte einen großen Apparat, der auf ein Gestell montiert wurde, zum Bildermachen hängte er ein schwarzes Tuch über seinen Kopf. Beim Knipsen hob er den Zeigefinger und sagte: »Gleich kommt das Vogerl heraus«. Es kam aber nie eines; er war ein Lügner! Editha hatte selber ihren Kanarienvogel Hapapa.

Am Königssee

Die Tanten und Miss Wright nahmen uns oft mit an die Ramsauer Aache. Wir spielten dort gerne und ließen Stöcke die Strömung hinabschwimmen. Tante Hilda schnitt uns Weidenruten. Ich bekam die kleinste und warf sie erbost ins Wasser.
Doch dann fing ich jämmerlich an zu weinen: ich stellte mir nämlich vor, dass die arme kleine Rute ertrinken musste, weil ich sie verstoßen hatte. Tante Hilda wurde sehr böse, weil sie das nicht begriff und als Ungezogenheit auffasste.

Oft durften wir zum Königssee, einem tiefgrünen See, düster und geheimnisvoll; ein majestätischer Anblick mit den schroffen Steilwänden ringsum und der Kulisse der Schneeberge im Hintergrund. Im hintersten Eck liegt St. Bartholomä, der frühere Sommersitz der Fürstpröpste von Berchtesgaden.

Neben dem Wohngebäude, das jetzt eine Wirtschaft ist, liegt eine kleine Kirche mit Kuppeltürmen. Der Wohnbau war Besitz und Jagdaufenthalt unserer Familie. Besonders unser Urgroßvater Prinzregent Luitpold lebte oft dort, aber auch unser Vater besuchte St. Bartholomä, um auf den Bergen zu jagen.

Zu unserer Zeit war dort zwar schon eine Gaststätte, in der Nähe aber liegt der Rupprechtskaser, eine kleine Jagdhütte, die unser Vater für seine erste Frau Marie Gabrielle errichtet hatte.

Kronprinz Rupprecht und Kronprinzessin Antonia in St. Bartholomä

Dort verbrachten wir schöne Sommer- und Herbsttage. Wir fuhren mit einem kleinen Elektroschiff über den See, gesteuert von einem Kapitän im dunklen Anzug. Von St. Bartholomä aus ruderte uns der Fischer Hias zur Hütte.
Mama kochte zusammen mit Miss Wright für uns. Wir spielten derweil am See unter der Aufsicht von Dalla und versuchten, kleine Fische mit einem Marmeladeglas zu fangen.

Einmal kam Dalla mit einer Pfanne heißen Öls zur Hütte heraus; meine Schwester Hilda lief uns entgegen und das kochende Öl spritzte ihr ins Gesicht. Sie wurde sofort über den See nach Hause gebracht, hatte große Schmerzen, aber zum Glück blieb keine Narbe.

Der Fischer räucherte die kleinen Tiefsee-Saiblinge, von den Einheimischen Schwarzreiter genannt, am offenen Feuer in der Räucherkammer. Sie wurden vorher kreuzförmig auf kleine Hölzer gespannt, gesalzen und dann mit Buchenholz geräuchert. Wir durften zusehen, bekamen dann auch einige Fische noch ganz warm, die köstlich schmeckten.

Hinter der Hütte ragt die Watzmann-Ostwand empor, eine 2000-Meter-Wand. Darunter liegt ein Lawinenkegel von ewigem Eis und Schnee, aus dem der Eisbach fließt. Ein Geröllfeld mit altem Bergahorn und Tannen erstreckt sich bis zum See.

Das war unser Spielrevier. Wir bauten Dämme am Eisbach, suchten Pilze in den Wäldern und beobachteten das Wild.

Auf Jagdhütten und Almen

Heinrich und ich durften mit Mama auf verschiedene Jagdhütten. Miss Wright begleitete uns.
Eine Hütte lag über dem Hintersee in der Ramsauer Gegend, eine andere war am Priesberg.
Mit meinem Bruder Heinrich spielte ich dort Indianer. Ein Schafhirte mit seiner Herde war in der Nähe. Wir machten uns aus einem Strick ein Lasso und fingen damit ein Schaf. Das Lasso zog sich fest um dessen Hals, das Schaf rannte erschrocken los, uns hinter sich schleifend, quer durch die Brennnesseln. Glücklicherweise kam der Hirt zu Hilfe, befreite das arme Tier und hielt uns eine gehörige Standpauke.

Ich erinnere mich, dass wir von einer Hütte oft hinunter geschickt wurden auf den Almboden zur Sennhütte, wo wir Milch und Butter holen mussten. Der Weg führte durch einen Kahlschlag mit umgestürzten Bäumen und alten Wurzelstöcken, einige hatten bizarre Formen und wir bildeten uns ein, eine dieser Wurzeln wäre ein verzauberter Prinz, und machten einen großen Bogen herum. Miss Wright wollte uns überzeugen, dass es nicht so sei, und führte uns hin, um uns die Furcht zu vertreiben. Es half nichts, am nächsten Tag sahen wir den armen Prinzen wieder, der Bogen wurde noch weiter.

Schön war es auf der Alm beim Melken der Kühe und beim Anfertigen der bunten Kronen aus Holzspänen zuzusehen, die die Sennerinnen auf der Ofner Alm für den Almabtrieb herstellten.
Von der Fischunkel-Alm am Obersee brachte man die Kühe mit flachen Kähnen heim über den See, allerdings nur bei ruhigem Wetter.

Einmal machten wir einen Ausflug zur Scharitzkehler-Alm. Meine Schwester Editha war dabei. Als wir draußen spielten, kam ein plötzliches Gewitter mit starkem Regen.
Ich sah das Mutterschwein mit allen Ferkeln durch ein Loch in den Stall verschwinden und wir krochen schnell nach. Dort saßen wir in Gesellschaft der Ferkel. Die arme Miss Wright suchte uns verzweifelt, bis die Sonne herauskam und mit ihr die Ferkel im Geleite der Muttersau und wir zwei »adoptierten Ferkel«.

Auch die Silberfuchs-Farm in der Schönau besuchten wir. Ein Ehepaar hielt die Tiere in großen Gitterkäfigen. Die Herren redeten miteinander und der Besitzer klagte, dass seine Füchse zu wenig sexuelles Interesse hätten. Einer der Herren behauptete, man müsse die Tiere mit Johim-Bim animieren. Alle lachten.
Ich dachte lange nach, was das zu bedeuten hätte. Dann kam ich schließlich zu der Ansicht, dass man mit diesem Johim-Bim wahrscheinlich genauso hoch die Gitter hinaufspringen könnte wie die Silberfüchse – und lachte bei der Vorstellung, dass die Herren dann alle das Gitter hochsprängen.

Im Winter

Im Winter nahm uns Papa mit zur großen Rodelbahn am Salzberg. Ich durfte vor ihm auf dem Schlitten sitzen, zwischen seinen Knien, und es ging in voller Fahrt ins Tal.
Wir bekamen den ersten Ski-Unterricht: man ging den Doktor-Berg hinauf Richtung Maria Gern zu einem Hang, wo sich alle Kinder versammelten.

Kronprinzessin Antonia mit ihren Kindern in Berchtesgaden

Unser Skilehrer, der auch ein begeisterter Bergsteiger war, verunglückte später leider tödlich am Großglockner.

Ich erinnere mich an einen kleinen Buben, dem die Eiszapfen aus der Nase hingen. Auch wir froren meistens erbärmlich und waren froh, wieder ins warme Haus zu kommen. Im Wäscheraum bei Frau Rennert wurden die nassen Stiefel und Skier deponiert. Es roch dort immer nach Wäsche und Schweiß.

Auch unsere Eltern fuhren Ski, Mutter noch im langen Rock. Skilifte gab es keine, bergauf musste man mit angeschnallten Seehundfellen steigen oder die Skier tragen.

Gabrielle und Hilda zwischen Kotflügel und Motorhaube

Mit Mamas Auto

Mama war eine der ersten Frauen, die selber Auto fuhren.

Ich erinnere mich noch gut an den alten Fiat mit Plastikfenstern und weitabstehenden Kotflügeln. Wir durften zwischen den Kotflügeln und der Motorhaube sitzen, die Haare flogen, wenn es auf den schlechten Sandstraßen holperte. Asphaltstraßen gab es kaum. Man fuhr mit der unglaublichen Geschwindigkeit von sechzig Kilometern, achtzig war das Höchste an sportlicher Leistung. Pferdegespanne scheuten und die ländliche Bevölkerung schaute verdutzt.

Einmal blieb unser Wagen ausgerechnet auf einem Bahngleis stehen. Wir mussten aussteigen, Mama aber blieb drinnen und versuchte verzweifelt, das Fahrzeug wieder in Gang zu bringen. Im letzten Augenblick – der Zug kam schon laut pfeifend und zischend heran – erschienen einige Bauernburschen, die das Auto noch schnell von den Schienen schoben.

Ein anderes Mal marschierte unsere Kinderschwester, die gute Dalla, mit uns die Ramsauer Aache, einen reißenden Gebirgsbach, entlang. Gabrielle war noch im Kinderwagen, die Kleinen wackelten hinterher. Da kam vom Hang herunter ein wild gewordener Stier auf uns zu.
Zum Glück war Mama mit uns Großen im Auto kurz dahinter. Sie reagierte schnell, riss die Autotüre auf und zog Dalla samt den Kindern geschwind hinein. Der Stier lief noch eine Zeitlang schnaubend hinterher, dann gab er auf.

Wir fuhren mit Mama Richtung Reichenhall. Da stürmten Burschen aus dem Dorf und hielten uns an; es war Feueralarm, im nächsten Dorf brannte es. Die Burschen hingen sich in Trauben ans Auto und Mama brachte sie zur Brandstelle. Es war ein schauerlicher Anblick: hohe Flammen schlugen aus dem Dach, das Stroh im Speicher brannte, die Bauern zerrten verzweifelt die Kühe aus dem Stall.
Mama wurde in der lokalen Zeitung als Retterin erwähnt. Das Feuer verfolgte mich noch lange in schweren Träumen.

Die Kronprinzessin in Udets Sportflugzeug

Einmal war große Aufregung im Dorf. Udet, der berühmte Sportflieger, war angemeldet. Wir gingen natürlich alle hin, um ihn bei seinen Kunstflügen zu bewundern. Man sagte, er könne ein Taschentuch mit der Flügelspitze aufheben. Wir durften nach seiner Landung das Flugzeug besichtigen.

Mama durfte mitfliegen und hätte nur zu gerne das Fliegen gelernt, aber es hieß damals, das wäre nicht passend für die Kronprinzessin – so musste sie schweren Herzens verzichten.

Ferien in Grado

Mama fuhr mit uns Kindern zusammen mit ihrer Schwester, unserer Tante Sophie, ans Meer. Tante Sophie war vermählt mit Prinz Ernst von Sachsen und hatte drei Söhne: Dedo, Timo und Gero.

Wir trafen uns mit ihnen und ihrer Kammerjungfer Marie Faber und einer Kinderschwester in München. Mama nahm Heinrich, Editha, Hilda und mich mit; Gabrielle, die damals Jüngste, wurde zur Großmama nach Hohenburg geschickt. Bei uns waren noch Gretel Hilz, Mamas Kammerfrau, unsere Dalla und das Fräulein Anni Gerstacker.

Grado, eine kleine Insel in der Adria, war unser Ziel. Wir fuhren mit dem Zug nach Triest. Es war lustig, wie die alte Dampflokomotive dahinratterte und pfiff, wenn es durch die Tunnels ging. Man musste schnell die Fenster schließen, um nicht zu ersticken.
In Triest machten wir einen Ausflug durch die Stadt, da das Schiff erst am nächsten Tag nach Grado fuhr.

Mama band uns alle an Stricken fest wie Hunde an der Leine, damit wir nicht in die Kanäle fallen sollten. Wir waren ja noch nicht schulpflichtig. Eine Passantin schlug die Hände zusammen und rief: »Che brava Mama«. Sie dachte, wir sieben wären alle ihre eigenen Kinder.

Am nächsten Morgen ging es auf das Schiff, es war ein vollbeladener alter Kahn. Die Überfahrt sollte einige Stunden dauern. Das Meer war unruhig. Wir wurden unter Deck gebracht und bald fing es fürchterlich zu schaukeln an.

Ein Sturm kam auf, uns allen wurde schlecht, den Kinderschwestern ebenso. Fräulein Faber kniete am Boden und betete. Nur Mama und Tante Sophie blieben ruhig und hatten alle Hände voll zu tun, uns Übrige zu bedienen und abzuputzen.
Gott sei Dank kamen wir heil an; das Schiff ging allerdings bei einer der nächsten Fahrten unter. Bei der Heimfahrt hatten wir ein anderes Schiff – und auch besseres Wetter.

Ich war damals vier Jahre alt, erinnere mich aber noch gut an die Pension, in der wir wohnten. Es war ein vierstöckiges Haus, die »Pensione Bella Vista«. Man hatte von dort aus einen schönen Blick auf den Strand und die Promenade: der Ort langgezogen, eine Pinienallee säumte die Promenade. Ein Banino und seine Frau, die immer eine weiße Schürze trug, kümmerten sich um unsere Kabinen und betreuten uns. Am schönen Sandstrand gab es viele bunte Muscheln. Wir durften den ganzen Tag spielen und Burgen bauen und baden.

Heinrich, Irmingard, Editha, Hilda
und die drei Sachsenbuben Dedo, Timo und Gero

Gretel Hilz, Marie Faber, Dalla und die Kinderschwestern genossen die Ferien ebenfalls. Sie badeten mit uns in ihren bunten Badehauben mit Gummizügen und Badeanzügen mit Röckchen. Schwimmen konnte wohl keine, aber das Wasser war seicht.

Einmal gab es ein Preisausschreiben für die Feriengäste von der Firma Nivea: wer das braungebrannteste Kind vorstellen könnte, sollte einen schönen Preis bekommen, einen großen bunten Ball mit Nivea-Reklame. Dalla führte Heinrich vor, der schnell dunkelbraun wurde und gewann den Preis. Sie war riesig stolz auf Heinrich.

Am Abend gingen die Gäste auf der Promenade spazieren. Es gab dort alle möglichen Stände mit Souvenirs, Eis und Gebäck. Man nannte das den »Corso« und einmal in der Woche war »Corso Corendoli« für die Kinder. Da durften wir mit bunten Lampions herumlaufen. Es roch nach Jasmin und Oleander und nach Ölgebackenem.

Grado vorgelagert ist eine kleine Insel. Man konnte bei Ebbe hinüberwaten, ohne schwimmen zu müssen. Mama und Tante Sophie nahmen die vier Größeren mit. Auf der Insel sahen wir einen Mann, der schnell in den Büschen verschwand. Wir blieben am Strand und suchten Muscheln.
Am Heimweg erwischte uns die Flut und wir mussten uns beeilen. Zwei von uns, Timo und ich, saßen auf den Schultern von Mama und Tante Sophie.
Wir hörten von unserem Banino, dass auf der kleinen Insel Leprakranke interniert waren. Der arme Mann war verschwunden, weil er sich schämte: er war von der Krankheit verstümmelt.

Hitlers Schatten

Bis zum Jahre 1929 waren wir ganzjährig im Schloss Berchtesgaden. Langsam aber begannen wir, nach Neujahr den Winter im Leuchtenberg-Palais in München zu verbringen und einige Sommermonate im Schloss Hohenschwangau, einem anderen Besitz der Wittelsbacher.

Ein Schatten warf sich über unsere ungetrübte Kindheit: man fing an, über einen Mann zu reden, »Hitler«. Viele bewunderten ihn, man sprach über seine Ansichten und seine unglaubliche Ausstrahlung.

Mein Vater aber misstraute ihm und seinen Sprüchen und Versprechungen.

Als Hitler sich ausgerechnet bei Berchtesgaden einen Wohnsitz baute, wurde uns der Aufenthalt dort verleidet.
Immer kürzer blieben wir dort. Zwar empfingen uns der Bahnhofsvorstand und der Bürgermeister noch mit einem Blumenstrauß bei unserer Ankunft, aber die Hitler-Propaganda breitete sich aus wie eine infektiöse Epidemie. Man sah Männer mit weißen Trachtenstrümpfen, einem Geheimzeichen der Österreichischen Nazipartei, und hörte zündende Reden von Braunhemden.

Das einst so friedliche Dorfbild war zerstört.

Stadtwohnsitz im Leuchtenberg-Palais

Die Familie im Palais

1928 kamen wir das erste Mal nach München, um dort im Leuchtenberg-Palais, welches unserem Vater gehörte, zu überwintern. Das sollte für die nächsten fünf Jahre so bleiben.
Noch ahnten wir Kinder nichts von den großen Umwälzungen, die kommen sollten.
Bis 1932 kamen wir zwar noch jedes Jahr für einige Zeit nach Berchtesgaden, aber es fing an, mit Hitlers Nachbarschaft für uns unangenehm zu werden und so zogen unsere Eltern in den Sommermonaten, unseren eigentlichen Ferien, das Schloss Hohenschwangau vor.

Das Leuchtenberg-Palais am Odeonsplatz in München, im Zentrum der Stadt, ein weitläufiger Bau im klassizistischen Stil, wurde Anfang des 19. Jahrhunderts vom Hofarchitekten Leo von Klenze für den Herzog von Leuchtenberg kurz nach den napoleonischen Kriegen gebaut.
Der Herzog von Leuchtenberg war der Stiefsohn Kaiser Napoleons, Sohn seiner ersten Frau Josephine Beauharnais; sein Vater war während der Französischen Revolution geköpft worden. Eugène Beauharnais war von Napoleon als Vizekönig von Italien eingesetzt worden. Er war mit der bayerischen Prinzessin Amalie-Auguste, Tochter von König Max I., verheiratet.

Nach dem Sturz Napoleons blieb Beauharnais in München als Herzog von Leuchtenberg. Was noch im Leuchtenberg-Palais blieb, waren die Möbel des Kaisers, die er für den Feldzug nach Russland hatte nachkommen lassen, um sich damit in Moskau einzurichten. Es waren schöne Empire-Möbel, golden mit gestickten Polstern. Die Motive waren ägyptisch; auf einer Borte waren Flöhe im Angriff dargestellt, uns Kinder beeindruckte das besonders.
Das Palais hatte an der Front ein schweres eisernes Tor mit reich verzierten Türflügeln. Dahinter befand sich die Portiersloge. Innen war es eher unpraktisch angelegt, da das Treppenhaus vergessen und erst nachträglich hineingeflickt worden war. Dort hingen überlebensgroße Bilder von Ludwig I. und Ludwig II. Am Eingang stand eine große Figur aus weißem Marmor, eine Darstellung aus der Antike.

Die Eltern bewohnten das erste Stockwerk. Papas Räume schauten auf den Odeonsplatz, wo das Reiterstandbild Ludwigs I. steht.
Sein Schreibzimmer war eher düster, vielleicht durch die mit Seidenstoff überzogenen Wände. Im Vorzimmer hing eine große Darstellung aus der antiken Sagenwelt: Apollo, der nach einem musikalischen Wettstreit dem Verlierer Pan bei lebendigem Leib die Haut abzieht. Das Bild war uns unheimlich und es war unangenehm, daran vorbeizugehen.

Im Leuchtenberg-Palais: Kronprinzessin Antonia mit Heinrich, Editha und Irmingard

HOFFOTOGR.
TÖLZ

Ein langer Gang führte in Mamas Wohnung. Ihr Boudoir schaute noch auf den Odeonsplatz, das anschließende Schlafzimmer und ihr Salon auf das Odeon mit der Musikhochschule.
Mama hatte ein Badezimmer mit vielen Glaswänden, das etwa wie ein Gewächshaus aussah. Vom Badezimmer führte eine Wendeltreppe in den Zwischenstock, wo ihre Kammerzofe Gretchen Hilz regierte.
Auch Mamas Garderobe befand sich dort. Die Treppe führte von dort hinunter zur Portiersloge, wo Herr und Frau Kaimel mit ihrer Tochter Moni untergebracht waren. Moni war unsere Freundin.
An Mamas Salon, der mit roten Seidentapeten ausgestattet war, schloss sich der große Empfangsraum mit wunderschön eingelegtem Parkettboden an.

Wir Kinder waren im zweiten Stock untergebracht. Außer der Haupttreppe führte eine versteckte Holztreppe in den Salon unserer Mutter darunter.
Unsere Zimmer waren hoch und ziemlich dunkel. Miss Wright wohnte an einem Ende der Zimmerflucht. Dann folgten mein Zimmer und das meines Bruders Heinrich.

Im anschließenden Schulzimmer mit drei großen Fenstern unterrichtete uns Lehrer Breg, der schon Albrecht sowie seinen älteren, leider früh verstorbenen Bruder Luitpold unterrichtet hatte.
Neben dem Schulzimmer war das Spielzimmer der »Kleinen« und ihr Schlafzimmer, dann das Zimmer unserer »lieben Dalla«. Es war Zufluchtsort in allen Ängsten und Nöten.

Heinrich im Leuchtenberg-Palais

Im anderen Flügel wohnte Albrecht. Wir wurden des öfteren von ihm in seine Junggesellenbude eingeladen, wo er im ersten Jahr mit Marita, seiner späteren Frau, Bleisoldaten goss und schön bemalte. Er hatte auch zwischen zwei Türen eine Schnapsbar und verabreichte uns Likör. Dalla durfte das natürlich nicht wissen.

Im Leuchtenberg-Palais befand sich auch eine Kapelle; man konnte vom Gang aus in eine Loge gehen, von der aus man in die Kirche hinuntersah. In Nischen standen Urnen wie herzförmige Trinkbecher mit den Herzen der Leuchtenberger.
Jeden Sonntag kam ein Priester, um die heilige Messe zu zelebrieren.

Politik und Kultur

Hitler kommt nicht über die Schwelle

Unserem Vater war der Winteraufenthalt in München sehr willkommen. Er konnte dort viele Leute empfangen und war mitten im Geschehen: ein ständiges Kommen und Gehen von Künstlern, Professoren und Wissenschaftlern. So hatte er die geistige Anregung, die ihm lag.

Es gab Hauskonzerte, Diskussionen, inländische und ausländische Besuche von regierenden Häusern und von Verwandten. Natürlich kamen auch alte Militärs und politisch interessierte Menschen.

Nur Hitler und dessen Gesinnungsgenossen kamen nie über die Schwelle des Hauses, trotz einiger Versuche. Das mussten wir später hart büßen.
Hitler wollte am Anfang seiner Laufbahn nur zu gerne den Namen unseres Vaters, des Kronprinzen, für seine Propaganda benützen, so wie er es mit dem alten Hindenburg getan hatte. Die Leute sollten sagen: »Dieser Hitler ist vom Kronprinzen empfangen worden, also muss er doch ein anständiger und ehrenwerter Mensch sein!«

Die Person unseres Vaters war zu dieser Zeit sehr angesehen, sein Urteil galt noch viel. Er hatte treue Leute um sich, die ihn berieten und abschirmten. Einer der bemerkenswertesten war Graf Josef von Soden, ein durch und durch ehrenwerter und couragierter Mensch.

Konzerte und Ausstellungen

Unsere Mutter nutzte den Winteraufenthalt, um Konzerte und Ausstellungen zu besuchen.
Ich durfte mit ihr einmal die Don-Kosaken hören, die auf Tournee waren.
Bei den Hauskonzerten, die im großen Salon veranstaltet wurden, spielte Mama manchmal mit.
Ich erinnere mich an Rubinstein, der auf unserem Flügel spielte, und an Edith Voigtländer, eine Geigenspielerin, die mit Mama befreundet war.
Baron Redwitz, Adjutant bei Papa und Kabinettschef, spielte gut Cello und begleitete manchmal Mama beim Klavierspielen. Wir hörten gerne zu, wenn sie zusammen neue Stücke einübten.

Während des Münchner Aufenthaltes durften wir manchmal mit in die Oper. Wir hatten eine Familienloge auf der rechten Seite der Bühne. Die Königsloge lag in der Mitte und war seit der Revolution vom Staat übernommen.
Es war eine der schönsten Belohnungen für uns Kinder, in die Oper mitgehen zu dürfen. In der Pause kam einmal unser Chauffeur Herr Schatzl mit einer Suppenschüssel voller Bratwürste und Kraut direkt vom »Bratwurstglöckerl« am Dom zu uns.
Dirigent war zu dieser Zeit Knappertsbusch, ein königstreuer Mann. Wenn unser Vater dabei war, verbeugte er sich immer zuerst ostentativ zu uns hin, bevor er die Staatsloge grüßte. Es gehörte damals Zivilcourage dazu; denn von der Partei wurde alles aufmerksam beobachtet.

Miss Wright nahm uns auch in die verschiedenen Museen mit. Das Deutsche Museum war eines der interessantesten. Heinrich liebte die Maschinen und Flugzeuge, mich interessierte die Sternwarte mehr.

Im Völkerkunde-Museum beeindruckten mich die alten Ägypter und ihre Mumien. Von da an war ich fest überzeugt, dass meine Firmpatin Tante Arnulf von Ägypten gekommen sein müsse und ich fürchtete mich noch mehr vor ihr.
Sie veranstaltete einmal im Jahr eine Kindereinladung, bei der es dicke heiße Schokolade gab und Karamell-Pudding, den ich nicht leiden konnte. Danach war eine Verlosung, bei der ich ein Buch gewann, welches ich aber an eine Cousine, die Tante Arnulf mehr schätzte, abgeben musste. Meine Zuneigung zu ihr steigerte das nicht.

Papa und Mama nahmen uns mit in den Zirkus Krone. Es war für uns die größte Freude.
Unsere Eltern kannten die Familie Krone, die jedes Jahr nach München kam; Lilli Krone, die Tochter, dressierte Pferde, trat dabei in einer prachtvollen Uniform auf und legte auch einen ausgewachsenen Tiger um ihre Schultern. Ihr Vater war Dompteur.
Von da an wollte ich in den Zirkus eintreten und Zirkusreiterin werden. Papa war gar nicht begeistert von der Idee.

Gäste

Baronin von Stetten, von Mama »Bepina« genannt, kam öfters zum Tee. Sie hatte weiße Haare, ein rosa Gesicht und eine füllige Statur. Mama gab sie Stunden in Graphologie und hatte immer Kochrezepte parat.

Auch eine junge Gräfin war viel zu Gast, Hedwig von Obersdorf. Sie war spontan und geradlinig in ihrem Denken und in ihren Aussprüchen. Mama mochte sie gerne; leider starb sie jung an Tuberkulose beim Pflegen einer Kranken. Ich trauerte ihr sehr nach, da sie mir das Gefühl gab, ich wäre ihr Liebling unter meinen Geschwistern, was sonst äußerst selten war.

Tante Arnulf, eine gebürtige Prinzessin von Liechtenstein, war die Taufpatin meines Bruders. Sie hatte ihren Mann, Onkel Arnulf, sehr früh verloren und ihr einziger Sohn war im ersten Weltkrieg gefallen. Die große hagere Gestalt mit tiefliegenden Augen, stets schwarz gekleidet, mit Dreispitz und Witwenschleier, vertrieb mich mit kreischender Stimme, wenn sie mich erspähte, sagte stets »pfui, pfui« und ich musste verschwinden. Sie liebte nämlich meinen Bruder Heinrich, der nach ihrem Sohn benannt war und las ihm im Schulzimmer oft belehrende Geschichten vor. Sie war gekränkt, weil ich damals einige Zentimeter größer war als mein älterer Bruder.

Mama hatte den Vorsitz eines Wohltätigkeitsvereins inne, der vor allem verarmten Mitgliedern aus adeligen und bürgerlichen Familien half. Viele waren bei der Inflation nach dem ersten Weltkrieg um ihr gesamtes Vermögen gekommen und mussten nun in bescheidenen Verhältnissen leben. Es gab auch in Folge des Krieges viele Witwen und Waisen, die sich nicht helfen konnten, die sogenannten verschämten Armen. Der Verein hatte eine Gaststätte, die Mittelstandsküche, wo die Leute billig und gut verpflegt wurden und sich zu verschiedenen Anlässen treffen konnten.

Wir durften dabei das Essen servieren und die Leute unterhalten. Manchmal wurde eine Suppe ausgeschüttet, was uns peinlich war, aber nie verübelt wurde.

In den Ferien lud Mama regelmäßig einige aus diesem Kreis für ein paar Wochen ein, die Ferien mit uns in Hohenschwangau zu verbringen.

Privatschule

Unter Kindern

Nach einiger Zeit Privatunterricht beim guten Lehrer Breg wurden Heinrich und ich in eine öffentliche Schule geschickt, damit wir den Umgang mit anderen Kindern lernen sollten.
Ausgesucht wurde eine Privatschule, die von den zwei alten Schwestern Ebermayer geführt wurde.

Die Schule befand sich in einem typischen alten Münchner Haus im zweiten Stockwerk. Ein großes Treppenhaus, das nach Bodenwachs und Wirsing-Gemüse roch, führte hinauf. Fräulein Ebermayer saß in einem holzgetäfelten Zimmer mit schweren, dunklen altdeutschen Möbeln. Die unvermeidliche Zimmerlinde, gehäkelte Spitzendeckchen und allerlei Nippsachen verzierten den Raum. Die neue Lehrerin schaute uns über ihre Brille hinweg kritisch an. Wir sollten allerlei Fragen beantworten und etwas aufsagen. Alles verschwamm mir unter ihrem hypnotischen Blick. Ich sah nur den Kopf mit dem grauen, streng gescheitelten Haar, den kleinen Haarknoten im Nacken und das silbergraue Kleid mit Spitzenkragen. Grau dominiert, wenn ich an sie zurückdenke.

Wie es auch sei, wir wurden aufgenommen. Für uns war es ein ganz neues Erlebnis, die Klasse mit rund 25 Schülern, Knaben und Mädchen gemischt, zu besuchen, da wir keineswegs an andere Kinder gewöhnt waren außer bei seltenen Einladungen. Die meisten stammten aus gutbürgerlichen Familien, Söhne und Töchter von Rechtsanwälten, Ärzten und Münchner Geschäftsleuten. Auch einige Adelige waren darunter, wie die Söhne des Prinzen Arenberg, und die Söhne des Herrn von Rauscher, der das Vermögen unserer Familie verwaltete.

Die ersten Tage wurden wir vom Chauffeur hingebracht, was uns eher peinlich war. Deshalb verlangten wir, mit dem Schulranzen am Rücken und dem Pausebrot hinmarschieren zu dürfen wie andere Schüler auch.

Die Stunden waren unterhaltsam, weil alles neu war. Ich beneidete den Bäckersohn neben mir, weil er immer so gute Butterbrezen zur Pause hervorzog, und auch ein Mädchen namens Luise, die ein, oh-so schönes rotes Kleid trug. Ich war nämlich immer mit dem dunkelblauen Matrosenanzug und grauen kratzigen Gamaschen bekleidet, die ich hasste – im Sommer eventuell noch in hellblau oder weiß, aber immer gleich.

Tinte ist zum Schreiben da ...

Was mir gar nicht lag, war das Schreiben, die Schönschrift und auch die Orthographie. Einmal trank ich aus Verzweiflung das Tintenfass leer, um der Sache ein Ende zu machen. Es gab ein allgemeines Gelächter in der Klasse, ich saß aber als eine der Jüngsten in der ersten Reihe, wurde gleich entdeckt, und da Fräulein Ebermayer das durchaus nicht komisch fand, entsprechend bestraft. Ich glaube, ich musste hundertmal schreiben: »Tinte ist zum Schreiben da, nicht zum Trinken!«

Mutters Schreibübungen

Ich muss dem guten Fräulein schon sehr auf die Nerven gegangen sein. Jedenfalls erschien sie eines Tages bei meiner Mutter im Palais und sagte: »Es ist ein schwieriger Fall mit Ihrer Tochter: sie will weder die Schönschrift noch die Rechtschrift erlernen. Ich will Ihnen einmal zeigen, wie das geht«.
Meine Mutter musste sich an den Tisch setzen und nach Diktat schreiben: »Auf und Ab, Haar-Strich, Schattenstrich« usw. Fräulein Ebermayer war sehr genau und pedantisch!

Dazwischen kam ein Telefonanruf: Mama musste dabei das Zimmer verlassen. Als sie hinausgerufen wurde, kam Tante Sophie, die ihr sehr ähnlich sah, zufällig in den Salon, wo Fräulein Ebermayer wartete. Im Eifer gebot ihr das Fräulein, sich hinzusetzen und fuhr mit ihrem Diktat fort.
Meine Tante, in der Meinung, sie habe es mit einer Närrin zu tun, gehorchte brav, bis nach einiger Zeit Mama zurückkam und die arme Sophie befreite.
Es war das einzige Mal, dass ich Fräulein Ebermayer total verwirrt erlebte.

Münchner Spaziergänge

Im Englischen Garten

Auf dem Heimweg von der Schule waren wir mit Tante Hilda von Schwarzenberg, einer Schwester meiner Mutter, und unserer Engländerin Miss Wright verabredet, um zusammen im Englischen Garten Enten

zu füttern. Wir taten das gerne, bis Tante Hilda, eine ungeduldige Natur, uns nervte. Sie wollte weiter gehen, wir nicht.
Wir hechteten ins Gebüsch und versteckten uns.
Die arme Tante und Miss Wright suchten uns verzweifelt. Sie dachten schon daran, die Polizei zu alarmieren und kehrten nach einigen Stunden heim. Wir trabten inzwischen lustig durch die Stadt und stellten unterwegs allerlei Unfug an.
Triumphierend kamen wir nach Hause; Mama saß mit einigen Damen in ihrem Salon beim Tee und erlaubte uns nichtsahnend, uns mit Gebäck vollzuhauen. Allerdings gab es ein Nachspiel, als die Verantwortlichen sich erschöpft und verzweifelt meldeten.

Im Prinzregentenstadion

Meine Schwester Editha war dem Eiskunstlauf verfallen. Miss Wright begleitete sie einige Male in der Woche ins Prinzregenten-Eisstadion beim Friedensengel. Während Editha trainierte, trank sie ihren Tee und sah zu.
Editha hatte denselben Trainer wie Sonja Henie, die damals berühmteste Schlittschuh-Läuferin. Der Trainer sah aus wie ein Fuchs, er hatte buschige rote Augenbrauen. Editha tanzte Walzer mit ihm und drehte Pirouetten. Sie war im siebten Himmel. Allerdings wurde ihr nicht erlaubt, dass sie wie andere Mädchen das kurze samtene Schlittschuhröckchen trug – es musste beim Matrosenanzug bleiben. In Sachen Kleidung war Mama unerbittlich.

Hilda und Gabrielle im Hofgarten in München

Auf dem Viktualienmarkt

Mama besuchte gerne den Viktualienmarkt. Es gab dort schöne Sachen in den verschiedenen Buden, die Verkäuferinnen waren richtige Münchner Originale.
Wir entdeckten einen Stand, an dem junge Gänse angeboten wurden und wollten sie unbedingt mitnehmen. Nach langem Betteln wurden uns zwei genehmigt. Wir brachten sie heim ins Palais. Die kleinen Schwestern waren begeistert und erdrückten sie fast aus Liebe. Gott sei Dank hatte das Palais zwei große Innenhöfe mit Brunnen und einer Grotte. Dort wurden sie untergebracht.

Freundeskreis

Bei Graf Arco-Zinneberg

Unsere Nachbarn waren die Grafen Arco-Zinneberg. Auch sie hatten ein echtes Palais. Die Jüngste, das Sopherl, war in meinem Alter und so wurde ich nachmittags oft eingeladen.
Im Arco-Palais waren viele Jagdtrophäen, der Groß- oder Urgroßvater Arco war nämlich der berühmte Adler-Jäger und ein passionierter Trophäensammler. Man erzählte, er habe einen Kaminkehrer bestochen und sei in den Kamin eines Bekannten eingestiegen, um ein besonders starkes Hirschgeweih zu ergattern.
Sopherls Mutter war Witwe. Sie hatte ein schmales, gelbliches Gesicht, dunkle Haare und ging etwas gebeugt. Wir spielten und brachten das ganze Haus in Unordnung und machten viel Lärm. Sie sagte nie ein Wort und lächelte immer. Sopherl war groß für ihr Alter; sie hatte Stopsellocken wie Editha. Ihre englische

Gouvernante Miss Reagan war eng befreundet mit unserer Miss Wright. Beide waren schottischer Herkunft und lehrten uns die schottischen Nationaltänze, die Reels.
Sopherl hatte mehrere Brüder. Der älteste Bruder Max war ein guter Sportflieger. Er verunglückte bei einem Schlechtwetterflug. Die Nachricht kam, als wir gerade dort waren.
Die anderen Brüder waren lustig und wild; Lullu und Ulphi sahen sehr gut aus. Lullu spielte Geige.
Engel und Ferdinand waren richtige Playboys, wir beobachteten aus unserem Fenster, wie sie das gegenüberliegende Lokal, das Odeon-Kasino, besuchten, damals das schickste Nachtlokal.

Wir wurden öfters nach Maxlrain eingeladen in den Sommersitz des Grafen. Ulphi ließ mich auf der Lenkstange seines Fahrrades mitfahren, auch Editha durfte das. Mit Sopherl ging ich Blumen pflücken; wir dekorierten die Schlosskapelle damit.
Am Frühstückstisch waren alle Brüder vereint. In der Mitte des Tisches war eine Drehscheibe, auf der die Speisen standen; so brauchte man sie nicht herumzureichen. Die ausgelassenen Burschen aber drehten daran immer schneller, bis sämtliche Speisen durch die Gegend flogen: einer bekam die Milch ins Gesicht, einer die Butter oder den Kaffee, der andere wurde von oben bis unten mit Marmelade oder Rühreiern dekoriert. Wir waren belustigt und schockiert.

Toni Arco erschoss während der Revolution 1919 den Revolutionsführer Kurt Eisner; er hatte unter seinen Kameraden das Los gezogen. Doch dann wurde er selber von der Menge zusammengeschlagen und mit dem Bajonett gestochen. Nach einem Streifschuss am Kopf

blieb er als vermeintlich tot auf der Straße liegen. Das war sein Glück.
Er wurde von Freunden geborgen, in einem Kloster versteckt und von den Klosterfrauen und Professor Sauerbruch behandelt und betreut. So konnte er überleben; in unseren Kreisen wurde er als Held verehrt. Bei den Nationalsozialisten hatte er aber später keinen guten Ruf.
Gefragt, ob er auch auf den »Führer« schießen würde, erwiderte er kaltblütig: »Wenn ich es für nötig halten würde – ja!« Solche Aussprüche waren damals sehr gefährlich. Er wurde eine Zeitlang von den Nazis inhaftiert; man bangte um sein Leben, aber es gelang ihm, wieder frei zu werden.

Die falsche Mama

Tante Sophie und meine Mutter, die ihrer Schwester sehr ähnlich sah, verwirrten mich einmal sehr: Sie tauschten die Kleider und veränderten ihre Frisuren so, dass ich nicht mehr wusste, wer von beiden meine richtige Mama war und losheulte. Die falsche Mama verfolgte mich noch lange in meinen Träumen.

Die komische Tante

Im hinteren Teil des Leuchtenberg-Palais, zwischen den Höfen, waren Wohnungen. Dort wohnte auch eine unverheiratete Schwester von Papa: Tante Hildegard.

Karneval 1931: Welche ist die richtige Mama?

Sie war sehr talentiert, modellierte und malte und ließ uns öfters auf Besuch kommen. Wir gingen gerne zu ihr, es war immer etwas los. Sie hatte die verschiedensten Menschen um sich, oft schrullige Leute. Selber war sie seelengut, eher zerstreut und voller exzentrischer Ideen. So wollte sie z.B. aus Goldfischen Gold gewinnen. Papa empfahl ihr daraufhin, sie solle doch Frösche mit Schweinen kreuzen, um Froschschenkel so groß wie Schweinshaxen zu erhalten. Sie züchtete auch Foxterrier und brachte ihren Foxl zum Paaren in ein Frauenkloster, damit dort in klösterlicher Ruhe das Geschäft verrichtet werden konnte. Die Oberin war wenig entzückt.

Eine ihrer Verehrerinnen, ein gewisses Fräulein Tanzer, ging uns jedoch auf die Nerven. Sie hatte die Gewohnheit, am Ausgangstor zu stehen, und uns, den lieben Prinzesschen, mit überschwänglicher Tremolostimme Blümchen und Kusshändchen durchs offene Autofenster zu werfen.
Einmal gelang es ihr, ins große Empfangszimmer neben Mamas Salon einzudringen. Die Eltern waren erstaunt, aber wie immer höflich. Heinrich und ich standen im Hintergrund.
Sie machte vor den Eltern einen tiefen Hofknicks. In dem Augenblick, der Teufel muss mich wohl geritten haben, stürzte ich mich auf die Unglückselige und biss mich in ihrem Haarzopf fest. Sie fuhr auf, und ich baumelte in der Luft, immer noch fest verbissen, bis ich mit Gewalt heruntergerissen und verräumt wurde.

Tante Hildegard mit ihren Hunden

Der Kinderwagen kippt um

Albrecht hatte inzwischen vier Kinder und kam zeitweise von Kreuth aus, wo er den Sommer verbrachte, ins Palais. Pussi und Lotti, die Zwillingstöchter waren die älteren. Ihnen folgten die Söhne Franzi und Maxi. Wir spielten öfters zusammen. Als Franzi noch im Kinderwagen lag, betrachteten wir ihn als Puppe und stritten darum, wer ihn schieben durfte. Einmal kippte der Wagen dabei um. Wir erschraken sehr, Franzi schrie am Boden und Dalla eilte herbei: es ging noch gut aus, Franzi hatte zwar eine dicke Beule am Kopf, aber seine Mutter nahm es nicht zu tragisch.

Bayern gegen Preußen

Auch mein Bruder Heinrich schlug manchmal über die Stränge Bei einem Faschingsfest erschien ein Hohenzollern-Sprößling namens Bobby. Da er etwas viel angab, ging er Heinrich auf die Nerven. Ein Streit entstand, und dabei verlor Bobby einen Zahn.
Weinend ging er zu seinen Eltern und zeigte mit dem Daumen über die Schulter auf Heinrich: »Der fiese Junge da hat mir den Zahn ausgeschlagen.« Unseren Eltern war das peinlich.

Heinrich hatte viele Bleisoldaten, mit denen er spielte, es waren bayerische und preußische Regimenter. Natürlich mussten wir immer die Bayern gewinnen lassen. Die Preußen kamen in Gefangenschaft und wurden unter dem Papierkorb eingesperrt.
Nach den Auseinandersetzungen mit Bobby erging es ihnen noch schlimmer.

Tante Sophie aus Sachsen mit ihren drei Söhnen Timo, Gero, Dedo

Bayern gegen Sachsen

Tante Sophie wohnte in der Maria-Josefa-Straße. Sie hatte dort eine schöne Villa mit Garten. Wegen der Schulen war sie nach München gezogen. Die Ferien verbrachte sie zuhause im Schloss Moritzburg bei Dresden.

Wir gingen sie oft besuchen. Ihre Kinder hatten eine prachtvolle Rutschbahn, um die wir sie sehr beneideten. Einmal waren alle zum Kinderfasching dort versammelt; es ging wild zu.
Wir merkten nicht, dass der alte König von Sachsen mitten in die Balgerei hineinkam. Mein Bruder Heinrich saß eben rittlings auf Vetter Dedo und hämmerte auf ihn los, da tönte eine laute Stimme: »Nun gib ihm Saures!« Anscheinend hatte der König Gefallen daran, obwohl sein Enkel der Leidtragende war.

Ein Nazi-Spion

Wir hatten einen Diener namens Scheit im Haus. Er hatte ein starkes Kinn, glatte pomadierte Haare und er stank maßlos. Er servierte Miss Wright, Heinrich und mir das Frühstück im Schulzimmer. Ich riss immer alle Fenster auf, wenn er draußen war. Seine Spur konnte ich wie ein Hund durchs ganze Haus verfolgen.
Scheit ging mit Max Schüble, einem jungen Diener aus Berchtesgaden, in das elegante Esslokal »Hungaria« gegenüber dem Palais. Er lud einige Damen dazu ein. Dort gab er sich als »Herr Baron« aus und bestellte alles, was gut und teuer war. Nach dem Essen zeigte er auf den armen Max und sagte: »Mein Diener wird die Rechnung begleichen« und verließ schnell das Lokal. Max war verzweifelt, musste seinen Mantel verpfänden. Später stellte sich heraus, dass Scheit ein von den Nazis angestellter Spion war, der bei uns die Tischgespräche notieren sollte.

Heimweh

Max passierte wieder ein Unglück. Er war die Uniform und die weißen Handschuhe nicht gewöhnt und war äußerst nervös beim Servieren. Am Gang vor dem Esszimmer rutschte ihm die Platte aus und fiel zu Boden. Papa und die Gäste warteten.
Max nahm in seiner Verzweiflung alles mit den Händen und knetete es irgendwie in Form. Dann servierte er mit hochrotem Gesicht.
Er hatte immer Heimweh nach seinen Bergen und stieg in der Freizeit auf das Dach des Palais, wo er versuchte, mit dem Fernglas seine Berge zu erspähen. In der

Gräfin Pauli Bellegarde

Holzlege zeichnete er seinen Heimatberg, den Watzmann, an die Wände.

Wie schnell wird sie rot?

Mit Gräfin Pauli Bellegarde aus Graz kam eine neue Person ins Haus. Sie war erst zwanzig Jahre alt und war als Gesellschaftsdame für Mama ausersehen; nebenbei sollte sie uns Französisch beibringen.
Pauli war eine frische, lustige Person mit dichten blonden Locken und einer etwas langen Nase. Für uns wurde sie wie eine ältere Schwester.
Papa machte sich öfters einen Spaß daraus, auf seine Uhr zu schauen, wie lange es brauchte, um Pauli zum Erröten zu bringen. Da sie jung und äußerst geniert

war, ging das schnell, was Papa sehr amüsierte. Er wiederholte dies fast jeden Tag.

Der Besoffene in Mamas Bad

Das Bad unserer Mutter, ein seltsames Gebilde im Jugendstil, bunt bemalt, mit Glasdach, hatte über kleine Holztreppen Verbindung bis hinunter zur Portiersloge.
Eines Morgens, am Vortag war der Josephitag gewesen, wachte unsere Mutter auf und hörte lautes Stöhnen und anderen grässlichen Lärm aus ihrem Badezimmer.
Beherzt sprang sie aus dem Bett und sah nach. Da lag ein Mann am Boden und wälzte sich stöhnend in einer Lache Bier. Auch Gretchen Hilz eilte herbei im Nachtgewand und alarmierte das ganze Gesinde. Der Mann lallte unverständliche Sachen und wurde ziemlich unsanft auf die Straße befördert.
Tags darauf kam er wieder im Schlepptau seiner Frau. »Ich entschuldige mich vielmals für meinen Mann, die besoffene Sau, gerade schämen muss man sich«, sagte sie und fing an zu heulen wie ein Schlosshund.
Meinem Vater tat der arme Mann leid: Josephitag ist der Namenstag aller Josefs, Sepperln und Pepperln und da wird in Bayern gründlich gefeiert, natürlich mit Bier, wie es sich gehört. Unser Vater meinte, es wäre doch nicht so tragisch, ihr Mann habe vielleicht am Namenstag zu viel »Löwenbräu« genossen. »Na« sagte sie, »Paulaner war's – und fast wäre er ins Bett von der Gnädigen gefallen!«
So schwer war es also nicht, ins Palais zu kommen, trotz Portier und Wachen, aber vielleicht waren unter diesen auch viele Sepperln.

Zimmerbrand

Wir wohnten in großen hohen Zimmern, die teils noch mit Kachelöfen geheizt wurden.
Ich lag hellwach im Bett, schaute auf die Lichter und Schatten, die vorbeihuschten, und meinte, die großen dunklen Ahnenbilder an den Wänden rollten mit den Augen. Ich zog die Decke über den Kopf, schwitzend vor Angst – rufen traute ich mich nicht – dachte an Erschießen im Keller und hoffte, es würde bald hell!
Das wurde es auch, aber in der Ecke, wo der Ofen stand. Flammen schlugen hervor und bald war alles voll Rauch. Ich hustete.
Endlich konnte ich aufstehen, lief zu Miss Wright und weckte Heinrich, Dalla und die Schwestern. In Kürze war alles auf den Beinen, sogar die Herren Adjutanten: eine große Gesellschaft in Nachtgewändern, Hauben und Schlafmänteln.
Das Aufregendste jedoch war, dass die Feuerwehr auf der langen Leiter hereinkam, den Ofen mit Pickeln auseinandernahm und mit dem Feuerwehrschlauch hantierte.
Alles schwamm im Zimmer, auch mein Teddybär, es war aufregend – schauerlich schön.

Der Geizhals

Gar nicht gerne hatten wir Baron Zurein. Er war ein ausgedörrtes, kleines Männchen mit Zwicker und Stiftenkopf, hatte gelbliches Haar und schaute immer griesgrämig drein. Er herrschte über die Finanzen des Haushaltes und hielt die Angestellten knapp.
Wenn Mama um Erhöhung von Dallas Lohn bat – Dalla war schließlich schon bei den ersten Kindern von Papa

tätig und schon ewig im Haus – hintertrieb er es regelmäßig.
Er kam auch gelegentlich durch das Kinderzimmer und drehte uns viele Elektrobirnen aus, weil er meinte, soviel Licht wäre Verschwendung.

Kinderkrankheiten

Klistiere als Allheilmittel

Der Winter wurde sehr kalt und wir bekamen die Masern. Wahrscheinlich brachten wir sie von der Schule heim. Wir lagen im Bett in verdunkelten Zimmern und durften nicht aufstehen. Lesen konnte man auch nicht, es war langweilig.
Geheimrat Struppler, ein kleiner Mann mit Brille und Borstenschnitt kam uns anzusehen. Wir mussten die Zunge herausstrecken und »Ah« sagen. Dabei drückte er mit einem kalten Löffel auf die Zunge.
Wir mochten ihn nicht so gerne, weil er für alles Klistiere verordnete. Der Verurteilte wurde dann abgesondert in ein Zimmer gebracht, wo ein Literbehälter mit einem langen Schlauch an einem Haken über dem Sofa hing, und dort unter Protestgeschrei und Gestrampel verarztet.
Die anderen Geschwister versammelten sich vor der Türe und ließen Spottlieder ertönen. Es war für uns eine Degradierung.
Allerdings war Geheimrat Struppler zu seiner Zeit eine Kapazität. Er hatte vor Jahren Tante Adelgunde von Hohenzollern, Papas ältester Schwester, mit derselben Methode das Leben gerettet und seitdem bestand er auf diesem Allheilmittel.

Lieber mochten wir Professor Böhm. Er war ein schlanker, eleganter Herr und trug immer graue Gamaschen. Er verordnete uns keine Klistiere, höchstens bittere Säfte, aber die waren noch erträglich und nicht so entwürdigend.

Heinrich hatte Geburtstag im Krankenzimmer. Der Chef hatte sich eine besondere Überraschung ausgedacht: der Geburtstagskuchen kam mit weißem Zuckerüberguss, übersät mit roten Flecken: er hatte auch die Masern. Wir genossen den Scherz nicht gerade und der Appetit war uns verdorben.

»Jetzt wird's fein«

Ich bekam Mandelentzündung und wurde operiert. Man brachte mich ins Hals-Nasen-Ohren-Spital. Ich erinnere mich noch an die Hinfahrt mit Schatzl im Horch. Ich hatte den üblichen Matrosenanzug an, dunkelblau mit Faltenrock: für mich der Inbegriff von Unangenehmem, wie Autoreisen mit Übelkeit oder lästigen Besuchen. Miss Wright begleitete mich.
Ich wurde von der Krankenschwester ins Operationszimmer gebracht. Der Chefarzt, ein kleiner, vertrockneter Mann empfing mich und sagte: »Na Kleine, jetzt wird's aber fein!«
Ein zweiter Arzt griff mich von hinten, zog mich auf seinen Schoß, fesselte mir Arme und Beine mit seinen Händen und Knien und eine Schwester hielt mir etwas vor die Nase.
Ich dachte, ich müsse ersticken, alles verschwamm, und ich hörte lautes Piepsen. Das einzig Erfreuliche war, dass man mir nach einigen Stunden Erdbeereis brachte

– soviel ich wollte. Mein Misstrauen gegen Ärzte und weiße Schürzen aber wuchs.

Der Biss

Wen ich hasste, war der Zahnarzt Dr. Berten. Er hatte seine Praxis in der Leopoldstraße. Draußen standen Pappeln und flogen Tauben, auf die ich mich konzentrierte, wenn der Schmerz unerträglich wurde.
Dr. Berten war ein großer, schwerer Mann. Er hatte Schmisse im Gesicht von den Mensuren aus seiner Studentenzeit. Ich hatte leider immer Löcher in den Zähnen. Dr. Berten bohrte in meinen Zähnen herum, bis ich Funken sah. Schmerz zu zeigen war bei uns verpönt.
Ich hatte das Gefühl, langsam spiralförmig auseinander gezogen zu werden – dann kam ein Elektroschlag. Er war am Nerv angelangt. Zufrieden nahm er einen Gummischlegel und schlug den Zahn heraus. Das war unlogisch, das hätte er auch gleich ohne zu bohren machen können, dachte ich, und als er dann meinte: »Schön den Mund aufmachen!« und mit seinen dicken Fingern hineinfuhr, um die Lücke zu betrachten, sah ich rot und biss zu! So bekam er einen Denkzettel – ich zwei, das war mir jedoch egal!

Narkose

Zum Eiersuchen durften wir nach Leutstetten. Als wir einmal von einem solchen Ausflug nach Hause kamen, fand Dalla Editha mit verdrehten Augen am Boden liegen. In der Hand hatte sie einen kleinen Wollhasen. Dalla erschrak gewaltig, denn Editha schien im Koma zu liegen. Sofort wurden Mama und Prof. Böhm gerufen.

Die Kronprinzessin mit Irmingard, Heinrich und Editha

Endlich klärte sich das Rätsel auf: Editha hatte ein Putzmittel erwischt, Spektrol, das mit Äther angesetzt war, womit der Hase getränkt war. Daran hatte sie fleißig gerochen. Nach einer Behandlung mit kaltem Wasser wachte sie zur großen Erleichterung der armen Dalla aus der Narkose auf.

Sünde und Beichte

Boxkampf mit Mama

Meine Hobbys waren Zeichnen und Malen. Stundenlang konnte ich mich damit beschäftigen.
Ich wünschte mir sehnlichst einen Malkasten. Endlich bekam ich ihn zu Weihnachten. Ich war glücklich und schaute ihn immer wieder an.

Eines Tages war er weg; ich fand ihn bei meinen kleinen Schwestern, die ihn zerlegt, die Pinsel zerzupft und alles verschmiert hatten. Wütend riss ich alles an mich. Mama kam dazu und sagte, ich müsse ihn auch den Kleinen zum Spielen lassen. Ich wehrte mich, war es doch mein Geschenk!
Da meinte Mama: »Wollen wir boxen?« und machte mit den Fäusten Boxbewegungen. Unbeherrscht holte ich aus und der Schlag traf sie voll. Es war arg, ich hatte Mama geschlagen. »Wer Vater und Mutter schlägt, soll sterben«, heißt es in der Bibel. Ich war in Acht.
Der Malkasten war mir vergällt, ich hatte eine Todsünde begangen. Noch lange wurde es mir vorgehalten und ich wurde von allen Unternehmungen ausgeschlossen.

Beichte in Sankt Bonifaz

Abt Wöhrmüller von Sankt Bonifaz war unser Religionslehrer. Wir legten bei ihm auch unsere erste Beichte ab.
Der Beichtstuhl war am Ende eines langen, dunklen Ganges im Kloster, wo viele Besen standen. Ich erinnere mich noch mit leichtem Gruseln an den Gang dorthin, obwohl Abt Wöhrmüller äußerst gütig war. Auch die Kleinen hatten bei ihm Religionsunterricht. Die arme Gabrielle war einmal dem Weinen nahe, als er sie rügte: »Aber Kind, nicht einmal das Glaubensbekenntnis kannst du!«

Düstere Ahnungen

Das Familiengespenst

In unserer Familie gab es ein Familiengespenst, die »schwarze Frau«. Sie war eine Prinzessin von Sachsen gewesen, Maria Anna Kunigunde. Ihr Vater, August der Starke, war König von Sachsen und Polen. Sie war mit einem Wittelsbacher verheiratet, als sie verwitwet war, wurde sie Äbtissin.
Man sagte, sie käme, um Todesfälle anzukündigen und stehe dann hinter den Todeskandidaten.
Ihr Bild hat mich zeitlebens verfolgt. Es hing ursprünglich in Berchtesgaden, anschließend im Leuchtenberg-Palais. Jetzt hängt es in Leutstetten.

Die schwarze Frau wurde öfters bei Familienanlässen gesehen. Bei der Hochzeit einer meiner Cousinen wurde sie unter den Hochzeitsgästen erblickt. Diejenigen, die sie sahen, wunderten sich über die große, vollständig in Schwarz gekleidete Dame, die immer hinter Prinz Hans von Sachsen, dem Bruder des Königs, stand. Es war im Schloss Nymphenburg kurz vor dem Tod von Onkel Hans.

Meine Mutter und Tante Sophie saßen eines Nachmittags beim Tee im Palais. Miss Wright war auch dabei. Da sah Miss Wright die große Dame in der Türe, ganz in Schwarz gekleidet, und redete meine Mutter an: »Your Majesty, da steht schon seit fünf Minuten ein Gast in der Türe, soll ich ihn hereinbitten?«
Alle sahen auf, aber der Spuk war verschwunden. Man lief ins Vorzimmer, den Gang entlang, nichts war zu sehen. Kurz darauf wurde Tante Sophie sterbenskrank.

Nach Verabreichung der Sterbesakramente erholte sie sich zwar noch einmal, starb aber als erste der fünf Schwestern.

Die Nazis in München

Inzwischen war auch in München die Stimmung gespannt. Des öfteren sahen wir Gruppen, die sich auf der Straße bekämpften: Kommunisten, die gegen die SA-Männer vorgingen.

Erwachsene im Haus tuschelten über Gerüchte von verschleppten oder verschwundenen Personen. Wir konnten nicht alles begreifen, doch es war unheimlich.
Ein alte Frau im Haus erzählte uns von der Revolution in Frankreich und Russland und meinte dann: »Arme Kinder, seid froh, wenn sie euch nicht alle erschießen.«

Manchmal kamen gutmeinende Wichtigtuer ins Haus, abwechselnd hieß es dann: »Morgen wird die Monarchie ausgerufen!« oder »Der Kronprinz soll fliehen, er ist hier in Todesgefahr!«

Unsere Mutter schirmte uns ab, so gut es ging, aber etwas kriegten wir trotzdem mit. Oft saßen nächtelang Vertraute in der Portiersloge, um Wache zu halten.

Die Nazi-Umtriebe wurden immer auffälliger. Bei der Feldherrnhalle wurde ein Mahnmal für die beim Hitler-Putsch erschossenen Kameraden errichtet. Man hatte es mit erhobener Hand zu grüßen, wenn man vorbeiging.
Die findigen Münchner anderer Gesinnung fanden zwar bald eine Lösung: eine kleine Verbindungsgasse hinter dem Preysing-Palais wurde als Umweg benützt, um

»Gesslers Hut« zu entkommen, im Volksmund »Drückeberger Gasserl« getauft.

Unsere Großmutter Maria Anna von Luxemburg hatte das braganzische Temperament und war äußert energisch. Sie ging einmal erhobenen Kopfes am Mahnmal mit den Posten vorbei, sagte: »Pfui Teufel« und spuckte auf den Boden.
Jeden Deutschen hätte das den Kopf kosten können, aber in den ersten Jahren konnten die Nazis es sich noch nicht leisten, prominente Ausländer anzugreifen. Großmama hatte noch gesiegt.

In Schlössern und Hütten

Colmar-Berg

Vorbereitung eines Festes

Unsere Großmama, Großherzogin Maria-Anna von Luxemburg, Tochter des letzten Königs von Portugal Miguel, feierte ihren 70. Geburtstag in ihrem Schloss Colmar-Berg.
Sie war eine gescheite und temperamentvolle Frau, hatte prachtvolle, ausdrucksstarke schwarze Augen und ein bezauberndes Lächeln. Ihre Hände waren schlank, unglaublich jung aussehend, mit vielen Ringen geschmückt. Sonst trug sie außer einer Perlenkette und Perlenohrringen kaum Schmuck.

Mama und ihre Schwestern beschlossen, zum Geburtstag mit uns Kindern nach Luxemburg zu fahren. Wochenlang vorher wurde geprobt. Wir alle mussten die Luxemburgische Hymne singen lernen und zwar auf Luxemburgisch und ein Lied über die Luxemburger Eisenbahn.
Zwei Tage vor dem Geburtstag wurden wir in München in den Zug verladen: Mama mit sämtlichen Kindern, Kinderschwestern und vielen Koffern. Tante Sophie und Tante Lissy kamen mit Kindern und Anhang.

Großmama Luxemburg mit Heinrich, Irmingard, Editha, Hilda und Gabrielle

Es war eine lustige Reise mit den drei Sachsen-Buben Dedo, Timo und Gero sowie mit Anselm und Iniga von Thurn und Taxis, den Kindern von Tante Lissy.
Den Rhein entlang schauten wir dauernd zum Fenster hinaus. Bei Bingen – ich erinnere mich noch genau an den Ort – lehnte ich mich gerade hinaus, da flog mir eine Papiertüte ins Gesicht und platzte. In dem vorderen Wagon war jemandem schlecht geworden; der Inhalt lief mir nun über Gesicht und Bluse. Es roch säuerlich. Dalla wusch mir das Gesicht und die Hände mit Kölnisch Wasser und schimpfte.

Am Rhein entlang bewunderten wir die alten Schlossruinen. Gabrielle meinte: »Magda, schau, schon wieder eine Urine!«
Unsere Kinderschwester Magda wollte Gabrielle aufklären: »So heißt das nicht, es heißt Ruine, das kommt von ruinieren, kaputtmachen.«
Es half nichts, sie blieb bei ihrer Urine.

Die Geburtstagsfeier

Gleich nach der Ankunft in Schloss Colmar-Berg sollte am Nachmittag die Feier stattfinden. Wir waren alle schon schön angezogen für die Feier.
Doch zuerst liefen wir in den Park und fanden ein Wasserreservoir, einen hohen betonierten Hügel, eine ideale Festung. Heinrich, der gerne Krieg spielte, verschanzte sich mit mir auf der Festung. Die übrigen, zwölf an der Zahl, attackierten uns. Das Unglück war, dass die Umgebung der Festung feuchter, roter Lehm war.
Die Luxemburger Vettern sowie die übrigen Vettern und Cousinen versuchten, unsere Festung im Sturm zu nehmen. Johny übernahm die Führung. Wir ver-

Château de Berg, Sitz von Großmama, der Großherzogin Maria-Anna von Luxemburg

teidigten uns tapfer und schmissen die Angreifer den rutschigen Steilhang hinunter in den Morast.
Es endete damit, dass wir uns alle im Lehm balgten. Die Spitzenkleider und Seidenanzüge sahen dementsprechend aus: alles rot.
Tante Hilda trennte uns mit Besenschlägen; sie hatte das Kriegsgeschrei vernommen. Die verschiedenen Kinderschwestern nahten laut klagend und rissen ihre Schützlinge an sich.
Dann begann der Streit zwischen ihnen: wer hatte wen angefeuert und wer hatte wen geschlagen und beschmutzt? Dazu gesellten sich zu allem Überfluss die Luxemburger Lakaien. Sie verfolgten uns böse Bayern, weil wir ihre luxemburgischen Prinzessinnen und Erbprinzen geschlagen hatten.

Es war ein allgemeines Fiasko und das kurz vor der Gratulation! Irgendwie wurde die Situation doch noch gerettet und alles löste sich in Wohlgefallen auf.

Wir sangen im Chor, etwas zerzaust, fleckig und erhitzt, aber Großmama wurde gebührend gefeiert und sie verstand Spaß!

Erlebnisse im Schloss

Wir blieben einige Zeit in dem Schloss, in dem Mama aufgewachsen war.
Es liegt auf dem Land, die Alzet fließt am großen Schlosspark vorbei.
Johnny hatte ein elektrisch angetriebenes Auto: er und sein Vetter Jacques fuhren damit im Park herum. Johnny war sehr nett und ließ uns alle eine Fahrt mitmachen. Wir waren glücklich und stolz, ein Auto fahren zu dürfen.
Großmama wollte das auch probieren. Sie zwängte sich mit ihrem langen Rock hinter das Steuerrad und fuhr los. Die Wege zwischen den Beeten waren eng und Großmama fuhr temperamentvoll, rasant nahm sie die Kurven und fegte Blumentöpfe und was sonst noch im Weg herumstand um. Wir fanden das großartig und bekundeten laut unseren Beifall.

Die Cousinen hatten Kinderschwestern. Die wichtigste war Fräulein Justine, aber wir fanden sie lange nicht so lieb wie unsere Dalla. Justine war entschlossen und streng; wir hatten großen Respekt vor ihr. Fräulein Knaff, die Gouvernante, las uns am Abend vor, meist dieselbe Geschichte von einigen braven Kindern und ihren guten Taten, manchmal auch von einer

Hexe und von einem bösen Zauberer. Das war interessanter.
Auf Spaziergängen mussten wir mitsingen: »Das Wandern ist des Müllers Lust«. Sie klatschte dabei in die Hände. Uns war das eher peinlich.

Der Hauslehrer war nett, nicht schön, ältlich und unscheinbar, aber sehr gemütlich. Professor Probst, so hieß er, verstand viel von Archäologie und Geologie und nahm uns auf Ausflüge ins Müllertal mit. Es ist eine romantische Gegend mit zerklüfteten Sandsteinfelsen, es gibt unzählige kleine Steige mit vielen Treppen. Alles ist voller Höhlen; viele Funde aus der Steinzeit wurden dort gemacht.
Wir durften mit Professor Probst nach alten Tonscherben oder Werkzeugen aus der Steinzeit graben. Man fand sie meistens in Höhleneingängen.
Ich kroch in eine Höhle, in einen schmalen Gang, der immer enger wurde. Da konnte ich nicht mehr weiter, aber auch nicht mehr umdrehen. Ich steckte fest. Nach langer Zeit, mir kam es wie die Ewigkeit vor, entdeckte mich Charly, Johnnys kleiner Bruder. Er hatte mein Rufen gehört und war mir nachgekrochen. Da er viel kleiner war, konnte er sich mehr bewegen und mich mühsam herauszerren.

Die Cousinen ritten gerne. Sie hatten Ponys und den Schimmel Mona. Sie durften aber nicht alleine reiten, ein Polizist musste sie zu Pferd begleiten.
Jahre später, wenn wir gelegentlich aus dem englischen Internat zu Besuch kamen, durften wir allein reiten und machten schöne Ausritte in den großen Buchenwäldern. Einmal machten wir alle zusammen mit Mama und den Tanten einen Ausflug zum Aale-Weiher, einem langge-

zogenen Waldweiher mit vielen Krebsen. Wir hatten flache Krebsteller aus Netzen gebaut. Man ließ sie an einer Schnur ins Wasser, rohe Leber war daran befestigt. Sobald die Krebse aus ihren Löchern kamen und sich festbissen, musste man die Teller herausziehen und die Krebse hinter den Scheren fassen. Das war ein sehr aufregender Sport. Wir hatten schnell einen großen Korb voll Krebse.
Am Abend gab es ein großes Krebsessen mit Großmama.

Onkel Felix war herzensgut, aber manchmal jähzornig; wir hatten großen Respekt vor ihm.
Im Schloss war ein Aufzug, der eigentlich für Großmama und die älteren Leute bestimmt war. Wir spielten gerne damit. Einst waren wir wieder dort und fuhren lustig auf und ab.
Onkel Felix stand im Erdgeschoss und wollte einsteigen. Wir fuhren hinauf und hörten dabei seine zornige Stimme, die uns Einhalt gebot. Wir fuhren hinunter, er brüllte noch lauter. Voller Angst drückten wir wieder auf den Knopf: der Aufzug raste hinauf, auf und ab, bis dem guten Felix die Luft ausging.
Schnell stiegen wir aus und rannten um unser Leben. Onkel Felix traten wir einige Tagen nicht mehr unter die Augen.

Schloss Hohenburg, Witwensitz von Großmama

Hohenburg

Das Schloss

Nachdem Großmama die Regierungsgeschäfte von Luxemburg ihrer Tochter Marie-Adelheid übergeben hatte, bezog sie ihren Witwensitz in Schloss Hohenburg, einem Besitz der Luxemburger. Es liegt bei Lenggries an der Isar. Hohenburg ist ein großer, rechteckiger Bau; ein weitläufiges Treppenhaus am Eingang führt in die zwei oberen Stockwerke. Die Marmortreppe hat ein schönes Stuckgeländer mit Säulen. Auf der Vorderseite des Schlosses war ein schön angelegter französischer Garten mit Blumenrabatten in Rot und Blau, die die Buchstaben M und A formten, zu Ehren von Großmama Maria Anna.

In der Mitte plätscherte ein Springbrunnen, umgeben von zwei liegenden Hirschen aus Bronze. Dahinter sah man weit in die Landschaft, bewaldete Berge im Hintergrund. Auf der Rückseite des Schlosses war eine angebaute Veranda mit korbgeflochtenen Möbeln; im Sommer trank man dort am Nachmittag Tee. In einer Ecke stand ein Baumstrunk, um den eine ausgestopfte Riesenschlange gewunden war, die wir immer streicheln wollten.

Im ersten Stock waren große Gemälde von luxemburgerischen Jagdrevieren. Darunter standen Gedichte von Urgroßvater Adolph von Nassau.

Wir fanden einmal einen alten Zeitungsausschnitt mit einem Bild von Urgroßpapa und einer langhaarigen Frau. Es soll eine Einsiedlerin gewesen sein, die in einem hohlen Baum lebte und sich mit ihren Haaren bedeckte, kaum glaubwürdig in unserem Klima. Urgroßpapa soll sie auf einem seiner Jagdstreifzüge entdeckt haben.

Seitlich vom Schloss waren Wirtschaftsgebäude. Die Beschließerin Fräulein Brück wohnte dort mit ihrem Hund Flock, den sie abgöttisch liebte und von dem sie uns immer erzählte, dass er so ein armes Tier sei und so »blutswenig« fresse. Dabei war das Tier fett und rund und kläffte den ganzen Tag.

Angestellte

Großmama hatte ein gut geführtes Haus und war in der ganzen Lenggrieser Gegend bekannt und beliebt. Viele der Dienstboten stammten aus der Gegend, Töchter und Söhne von ansässigen Bauern. Großmama und ihre

Töchter besuchten oft die Bauern auf ihren Höfen: da waren der Herren-Bauer und der Reiser-Bauer, die sie mit Frau Nachbarin anredeten.

Die Angestellten im Haus trugen Trachtenanzüge, die Frauen weiß-blau karierte Dirndl. Nur die Lakaien, die aus Luxemburg mitgekommen waren, trugen Livreen, blau und orange, die Farbe der Nassauer.

Eine Hofdame war Gräfin Margarete Lynar aus einem alten preußischen Geschlecht. Sie war groß, steif, mit Strichmund und hatte ein Doppelkinn. Wir nannten sie den »Truthahn«, weil sie sooft rot anlief und dann loskullerte.

Von den Kammerjungfern blieb mir Fräulein Dionis besonders im Gedächtnis: sie schaute wie eine Rokoko-Dame aus mit ihren schwarzen Augen, den fein gewölbten Brauen und den weißen Haaren. Sie saß meistens in der Garderobe, wo die Hutständer und Kleider waren, und diskutierte mit den anderen. In ihren Bewegungen lag etwas sehr Vornehmes.

Walli, die Flicknäherin, war bescheiden und nett, nur saß ich ungern auf ihrem Schoß: es roch nicht gut. Großmama aber roch immer nach Veilchen.

Herr Putz, ein kleiner Mann mit Glatze, wohnte in der Portiersloge. Vor seiner Wohnung am Eingang hing eine Schwarzwälder Kuckucksuhr. Sie hatte einen ganz besonderen Schlag, der für uns Hohenburg versinnbildlichte.

Treffpunkt der Familie

Schloss Hohenburg wurde zum Treffpunkt der Familie. Die sechs Töchter von Oma kamen gerne hierher, allein und mit ihren Männern und Kindern.

In einem Holzhäuschen dem Schloss gegenüber hatte die verstorbene Tante Maus, die älteste Tochter Großmamas, ihre Schmetterlingssammlung in großen Glasschränken an der Wand.
Tante Maus, sie hieß eigentlich Marie-Adelheid, war noch einige Zeit regierende Großherzogin von Luxemburg, trat aber dann in ein strenges Kloster ein und starb früh.
Tante Lotti folgte ihr in der Regierung von Luxemburg nach.

Tante Adelgunde war klein, hatte runde, kaviarfarbene Augen und hochfrisiertes Haar. Sie hatte keine Kinder, aber neun Fehlgeburten. Trotzdem war sie sehr lieb zu uns und gar nicht verbittert. Großmama behandelte sie wie ein Kind und Adelgündchen folgte brav. Zum Abendessen bekam Tante Adelgunde immer einen extra Teller mit einer gesottenen Kartoffel und einem Stück Butter und ein kleines Silbermesser. Ich hätte das auch furchtbar gerne gehabt.

Tante Hilda war temperamentvoll wie ihre Mutter und neckte meinen Vater oft, der sich dann bei passender Gelegenheit rächte.
Eines Morgens, mein Vater saß eben in der Badewanne, schlich sich Tante Hilda an, bewaffnet mit einem Kübel voll eiskaltem Wasser, riss die Badezimmertüre auf und schüttete den Inhalt Papa über den Kopf. Papa, ein gewandter Turner, sprang mit einem Satz heraus und verfolgte Hilda.

Am Gang stand Gräfin Lynar. Als der Kronprinz nackt, nur mit vorgehaltenem Handtuch, hinter der flüchtenden Tante vorbeibrauste, muss sie sich einige Gedanken gemacht haben. Dennoch machte sie einen tiefen Hofknicks und lispelte mit niedergeschlagenen Augen »Majestät«.

Im Gang vor Großmamas Zimmer hing ein großer ausgestopfter Adler und ein Auerhahn saß auf einem Ast. Die hatte Mama in ihrer Jugend geschossen. Die Luxemburger Töchter gingen alle gern auf die Jagd.

Die Tanten gingen viel spazieren. Als sie – ich glaube es waren Großtante Adelgunde und Tante Marie José – wieder einmal den Herren-Bauern besuchten und mit der Bäuerin und deren Tochter redeten, erzählten diese Mama, die Tanten wären so liebe Menschen, aber sie würden leider immer Englisch mit ihnen reden, das Hochdeutsche verständen sie nicht.

Nach dem Essen saß Großmama, ihr Rauhaardackel Floh zu ihren Füßen, mit den sonstigen Gästen um den Tisch im Rauchsalon, wobei sie schwarzen Kaffee aus kleinen Tassen tranken. Großmama und ihre Schwestern rauchten lange, schwarze Zigarren, ein portugiesischer Brauch.
Da sie alle schon verwitwet waren, trugen sie schwarze Kleider. Nur die Bänder, die man damals um den Hals trug, waren im Sommer weiß.
Wir Kinder und auch der Hund bekamen nach dem Essen im Rauchsalon einen »canard«, das war ein in Kaffee getauchtes Zuckerstück, etwas Besonderes bei Großmama.

Am Plateau im ersten Stock standen die »vier Jahreszeiten«, schöne Statuen aus weißem Marmor, nackte Schönheiten. Man musste, um ins Esszimmer zu gelangen, daran vorbei.
Als Großmama im Gefolge der Tanten und der Gräfin Lynar einmal die Treppe herunterkam, blieben alle wie gebannt stehen: die Statuen waren behaart, und zwar an peinlichen Stellen. Die Haare waren so schwarz wie Tante Hildas Haare und mit der Brennschere gekräuselt. Ich glaube, Papa steckte dahinter.

Auf einem Hügel hinter dem Weiher lag die Ruine des alten Schlosses Hohenburg. Heinrich und ich besichtigten mit dem Schretzmayer Martin, dem Sohn des Verwalters, die Burgruine. Bei unserer Expedition fanden wir einen tiefen Schacht, wahrscheinlich war es ein alter Ziehbrunnen, und gewahrten in der Tiefe etwas Weißes. Wir dachten, es wäre ein Totenschädel und waren beeindruckt.
Wir meinten auch, einen Schatz im Hirschbach hinter der Brauerei entdeckt zu haben. Beim Bergen entpuppte er sich als alte Konservenbüchse. Die Enttäuschung war arg.

In der Nähe des Schlosses stand eine alte Trauerweide mit herabhängenden Zweigen. Wir kletterten hinauf bis zum Gipfel. Die Buben stiegen wieder hinunter, ich saß oben und hörte den Vögeln zu, sie hatten ein Nest dort und brachten Futter ein. Als ich merkte, dass ich alleine war, wollte ich auch hinunter. Die Abstände der Äste waren groß und es gelang mir nicht, sie mit den Füßen zu erreichen

Endlich, es war schon höchste Zeit zum Essen, erinnerten sich die Buben an mich und retteten mich.

Die Keller des Schlosses waren weitläufig. Sie gehörten früher zur Brauerei. Die Gewölbe waren voller weißer Stalaktiten, die von der Decke hingen wie Eiszapfen. Es war märchenhaft schön dort, für uns ein beliebtes und ideales Gebiet für Räuberspiele.

Wenn wir in den Winterferien ein paar Tage in Hohenburg verbrachten, gab es lustige Rodelschlittenfahrten vom Kalvarienberg hinunter. Danach traf man sich beim heißen Tee. Manchmal spannte Mama unsere Schlitten hinter ihr Auto, alle hintereinander in einer langen Reihe.
Auf verschneiten Waldwegen ging es dann durch die kleinen Bauerndörfer. Der letzte in der Reihe hatte am meisten zu kämpfen, da es ihn gewaltig um die Kurven riss und er leicht umkippen konnte.
Gefährlich war es damals nicht, da die Autos noch sehr langsam fuhren und es kaum Verkehr gab. Großmamas alter Wagen, den der walrossbärtige Chauffeur Obanski lenkte, war außer Mamas Fiat wohl das einzige Automobil im ganzen Umkreis.
Mama erzählte uns, dass sie als junge Frau Nuntius Eugenio Pacelli spazieren gefahren und damals schon gesagt habe: »Ich werde später berichten können, ich habe einen Papst gefahren.«

Einmal meldete sich der preußische Kronprinz zu Besuch an. Großmama, die die Preußen gar nicht schätzte, deklarierte: »Ein Preuße kommt mir nicht über die Hausschwelle!«

Es war peinlich, da es eine Beleidigung hätte werden können. Gräfin Lynar verzog bei der Bemerkung von Großmama das Gesicht, total sauer und persönlich beleidigt.
Schließlich fand man eine Lösung: der preußische Kronprinz wurde auf der Veranda empfangen und bewirtet.

Abschied

Ich erinnere mich noch immer an den Klang der Schlossuhr, die die Stunden schlug, an die Schritte des Gärtners auf den Kieswegen, das Geräusch des Rechens, das Wetzen der Sense, den Schrei des Gockelhahnes und den Gesang der Amseln beim Aufwachen, auch an den Mond, der durch die langen weißen Vorhänge schaute und bläuliche Schatten warf.

In Hohenburg war ein Platz, nicht weit vom Schloss entfernt, wohin Großmama uns manchmal führte; er hieß »Auf Wiedersehen«.
Ein großes Kreuz stand in der Mitte; Großpapa Nassau und etliche Verwandte ruhten dort. Es war ein schöner Platz, der uns beeindruckte und mich traurig stimmte.

Das Mösl im Karwendel

IM KARWENDEL

Das Mösl

Der Großherzog von Luxemburg, unser Großvater, war Eigentümer der Jagd im Vorderriß. Er war ein begeisterter Jäger gewesen und hatte Bayern überaus geliebt. Großmama hatte sich nach dem Tod ihres Mannes von der Regierung zurückgezogen. Ihre Ehe muss eine sehr große Liebe gewesen sein. Leider wurde Großpapa früh krank und musste die letzten Jahre seines Lebens im Rollstuhl verbringen, was seinen damals noch kleinen Töchtern einen schmerzhaften Eindruck hinterließ. Tante Lotti Luxemburg, die Mama sehr nahe stand – ich glaube sie war ihre Lieblingsschwester – war Nachfolgerin des Großherzogs.

Sie ließ unserer Mutter in ihrem Revier eine Almhütte ausbauen, ungefähr eine Fußstunde von ihrer Jagdhütte entfernt.
Mama, die die Berge und besonders das Karwendelgebirge liebte, da sie doch in Hohenburg eine schöne Jugendzeit verbracht hatte, war glücklich, endlich eine eigene Hütte zu besitzen. Sie verbrachte so viel Zeit wie nur irgendwie möglich dort; uns nahm sie mit, wenn es ging.
Die alte Alm war niedrig und breit gebaut, mit weit vorstehendem Schindeldach. Es gab eine große Stube mit Esstisch und Herrgottswinkel. Eine Eckbank lief um den Esstisch und um den Kachelofen.
Vom Stüberl aus konnte man durch eine Klapptüre in den Keller hinuntersteigen. Dort wurden Butter und Schweineschmalz in großen Steinguttöpfen gelagert. Käse war in Salz, Eier waren in Kalk eingelegt und Speck und Schinken hingen von der Decke, sodass die Mäuse nicht daran konnten.

Mama hatte im hinteren Teil der Hütte eine Toilette und ein Bad einbauen lassen. Das Wasser wurde im Badeofen geheizt. Für uns, die wir fast den ganzen Tag im Freien verbrachten, viel barfuß liefen und in kurzen Lederhosen spielten, war das Baden kein Luxus.

Wir wohnten im Speicher. Man gelangte per Leiter hinauf. Oben war es sehr gemütlich. Man hörte beim Einschlafen, wie Mama unten noch herumwerkelte und bei schlechtem Wetter hörte man den Regen aufs Dach trommeln.

Wir liebten das »Mösl«, es war so gemütlich in der kleinen Hütte mit der niederen Decke. Alles war aus Holz, das gut roch, und das Schönste war: Mama gehörte uns den ganzen Tag, ohne Hofschranzen und Kinderschwestern, die dazwischen funkten. Es war auch bei Nacht nicht unheimlich, denn wir wohnten alle dicht beisammen.

Von Fall nach Vorderriß

Die Reise zur Hütte war manchmal etwas beschwerlich, besonders in den Winterferien. Es gab damals nur enge, ungeteerte Straßen, im Winter unmöglich mit dem Auto zu befahren. So ging es am ersten Tag mit dem alten offenen Fiat nach Hohenburg zur Großmama, bepackt mit Rucksäcken voller Kleidungsstücke und Proviant. Der Wagen war zum Bersten voll.

Manchmal fuhren wir noch bis Fall, einer kleinen Wohnsiedlung. Der Rissbach und die Isar fließen dort zusammen und ein schönes, altes Wirtshaus, der Faller-Hof, lag auf einer Anhöhe über den Isar-Auen.

Dort spielte die Geschichte vom kühnen Wilderer, dem »Jäger von Fall«, in Schrift und Bild geschildert: Er sprang, als er von Jägern gestellt wurde, von einem hohen Felsen in die Riss hinab, durchschwamm sie, den Gamsbock auf den Rucksack geschnallt, und entkam so seinen Verfolgern.

Das Wirtsehepaar, die Karpfhammers, waren beide wohlbeleibt und freundlich. Wir Kinder blieben gerne in Fall, manchmal einige Tage.

Es gab eine nette Bedienung, die Dora. Sie besorgte auch die Zimmer und schimpfte nicht, wenn sie uns mit der Katze im Bett fand.

Interessant war es für uns, wenn die Fuhrknechte und Jäger abends zum Bier in der Wirtschaft erschienen und

wilde Geschichten erzählten von Raubüberfällen und Wilderern.
Auch die Flößer mit ihren hohen Stiefeln waren beeindruckend. Sie mussten die Baumstämme bei Hochwasser bis Tölz und von dort aus weiter bis München flößen, ein gefährliches Unternehmen. So mancher wurde dabei von den Stämmen zerquetscht oder ertrank.

Zu unserer Zeit fuhr noch der Postillion auf seinem Pferdewagen von Lenggries über Fall bis Vorderriß. Von weitem hörte man das Blasen des Hornes.

Gefährliche Wagen- und Schlittenfahrten

An einer der Brücken erzählte uns Mama immer dieselbe Geschichte:
Ihr Großvater, der alte Großherzog Adolph von Nassau, dem Hohenburg und das Vorderrisser Jagdrevier gehörten, war ein begeisterter Kutschfahrer. Er hatte die besten Pferde und fuhr immer vierspännig und sehr schnell.
Er liebte auch schöne Frauen. Auf seinen Fahrten mussten ihn jeweils einige Hofdamen begleiten und vorne bei ihm auf dem Bock Platz nehmen. Eines Tages nahm er eine Kurve zu rasch und kippte mit dem Pferdewagen von der Brücke. Gott sei Dank wurde niemand schwer verletzt, die armen Hofdamen aber scheuten sich von da an noch mehr, trotz der Ehre, mitfahren zu dürfen.

Im Winter und im Frühjahr musste man von Fall aus mit dem Pferdeschlitten weiter. Meistens fuhr uns der Steger Hans. Er hatte zwei kräftige Pferde, ich erinnere mich noch, wie wir in den Schlitten gepackt wurden

mit vielen Decken, Fußsäcken aus Fell und mit metallenen Wärmflaschen.
Es war trotzdem empfindlich kalt, meistens kam man erst bei Dämmerung ans Ziel, und es war gut, dass man bei Steigungen öfters aussteigen und nebenher laufen musste.
Frau Karpfhammer gab uns immer ausreichend Proviant mit, einen Korb mit belegten Broten, heiße Suppe und Kaffee in Thermosflaschen.
Schön war es so dahinzufahren durch den verschneiten Wald. Der Schnee knirschte unter den Kufen, die Glocken klingelten und es roch nach dampfenden Pferden und frischem Schnee.

Als wir einmal von Vorderriß über die Rissbrücke wollten, war diese nicht mehr vorhanden, weggerissen vom wild angeschwollenen Fluss.
So mussten wir rittlings auf einem Baumstamm hinüberrutschen. Man wurde leicht schwindelig bei solchem Unternehmen; am besten sah man geradeaus und nicht in die schäumende Flut hinunter.

Mein Wipp macht Ärger

In Vorderriß gibt es eine Wirtschaft und ein Forsthaus, die Geburtsstätte des Volksschriftstellers Ludwig Thoma, des Förstersohnes. Wir machten dort öfters Station und blieben auch über Nacht.
Jeden Sommer kam ein Ehepaar aus der Tschechei zu Gast dorthin: Baron und Baronin Squoschak.
Ich hatte meinen Hund Wipp bei mir, einen Rauhaardackel. Beim Essen im Wirtshaus bellte er die Baronin an, was sie sehr empörte. Sie sagte mir, ich solle sofort

meinen Hund Wipp entfernen. Auch die Kühe sollte ich wegtreiben, die oft nachschauten, was auf den Wirtstischen geboten wurde, und die ich dafür mit Brot belohnte.

Eines Morgens entkam mir Wipp. Die Türe der Squoschaks war vermutlich nicht gut verschlossen. Wipp sauste hinein, ich hinterher, um ihn zu fangen. Da lagen die beiden Squoschaks in grotesken Nachtgewändern und mit Gummimasken im Gesicht, um die Falten auszuglätten. Ich erschrak ob des Anblicks und sie kreischte: »Einbrecher, Hilfe, Hilfe!«
So schnell lief ich noch nie aus einem Zimmer, doch Wipp musste ich von da an verstecken; sein Anblick löste Schreianfälle aus.

Aufstieg zum Mösl

Von Vorderriß war es noch eine gute Viertelstunde bis zur österreichischen Grenze. Wir gingen zu Fuß über die Grenze bis zur Abzweigung zum Mösl.
Um zur Hütte zu gelangen, mussten wir erst die Riss überqueren, einen reißenden Gebirgsfluss, schnell fließend, türkisblau und durchsetzt mit Felsbrocken.
Hinter der Brücke ging es ein Stück durch die Auen; dort waren Altwässer, da sich der Fluss bei Hochwasser immer neue Wege bahnte. Es wuchsen Latschen und Zwergseidelbast, der im Juni blühte und stark nach Hyazinthen roch.
In den Altwässern zwischen dem Geröll fand man manchmal Fische, die vom Hochwasser übrig geblieben und zum Austrocknen verurteilt waren. Auch fand man gelegentlich Wassernattern und Kaulquappen, die

wir in alten Marmeladegläsern mitnahmen, um sie in den Tümpeln am Almboden auszusetzen.
Der Pfad ging steil bergauf. Während des Steigens durfte man nicht reden, um Kraft zu sparen. Es musste ja alles auf dem Rücken hinaufgetragen werden, und jeder von uns hatte einen Rucksack voll mit Kleidern und Proviant. Nach Durchquerung einer Fichtenschonung führte eine schmale Brücke über eine tief eingeschnittene Klamm. Unten schäumte der Fischbach mit kleinen Wasserfällen und tiefen Gumpen. Große, blaue Klematisblüten hingen von den Felsen über dem Wasser und schaukelten im Wind. Es war faszinierend, hinunter zu schauen und den Wirbeln mit kreisenden Schaumkronen zuzusehen.
Danach kam das steilste Stück. In engen Serpentinen ging es bergauf. Es war eine Erlösung, wenn man endlich den Giebel der Hütte erspähte.
Sie lag auf einem Almboden, hundertjährige Eschen standen auf der langen Wiese hinter der Hütte, vorne war eine Buckelwiese, dahinter ein Wald und eine breite Schlucht, die uns von einer langen Gebirgskette trennte. Ganz hinten sah man die Risser-Falken und die Laliderer Wände.

Sommer und Winter

Gerne spielten wir am kleinen Bach in der Nähe der Hütte, wo wir Dämme bauten und Hütten aus Rinden und Moos für unsere Spielzeughasen. Wir hatten ein ganzes Regiment davon, jedes Ostern kam einer dazu in einer anderen Farbe. Sie führten Krieg, Heinrich organisierte das, oder fuhren auf gebastelten Schiffen den Fluss auf Entdeckungsreise hinab.

Es war der schönste Spaß, eine Schlucht am Fischbacherl hinunter zu rutschen. Gabrielle, die Jüngste, stürzte um ein Haar ab, ich erwischte sie noch am Ärmel. Im Bach war ein großer Felsblock. Er sah aus wie eine Kirche mit zwei Türmen; wir versuchten, die Türme zu ersteigen, sie waren locker und wackelten.

Einmal spielten Heinrich und ich in der Schlucht des Fischbaches. Das Wasser war eiskalt, reißend, es reichte uns bis zu den Hüften. Unten lag eine alte, zusammengefallene Hütte, der Hundsstall. Wahrscheinlich war früher ein Hundezwinger für die Jagdhunde dort. Jäger Richter hatte uns davon erzählt. Wir fanden dabei auch seine Fallen in der Nähe, ein armer Marder mit zerquetschtem Kopf lag drin. Seitdem mochte ich Richter nicht mehr.

Vor dem Mösl waren Flecken von Sauerampfer und Lattich, am Ausfluss des Brunnens. Dort wimmelte es von Bockkäfern, Goldkäfern und Raupen. Wir sammelten sie und spielten »Zoologischer Garten« damit. Jede Sorte bekam ein eingezäuntes Revier mit einem kleinen Häuschen.

Neben der Hütte war ein Heuschober, ein prachtvolles Spielrevier für uns. Man konnte von den Firstbalken ins Heu hinunterspringen und Höhlen darin bauen.
Heinrich und ich durften einmal dort übernachten. Wir nahmen Taschenlampen und Decken mit. Den Kleinen war es nicht erlaubt. Wir waren froh darüber, wir brauchten sie nicht.

Die Kleinen hatten es nicht leicht

Wir erfanden ein Spiel. Es hatte etwas mit dem Tiroler Volkshelden Andreas Hofer zu tun. Andreas Hofer, der biedere Gastwirt aus Tirol, sammelte den Mist für seine Felder.
Diese Ehre bekam Hilda. Sie musste in einem Korb Hirschlosung sammeln. Wir waren sie somit los.

Gabrielle musste mit auf das Köpferl. Es ging steil hinauf und wir trieben sie vorwärts unter Androhung von Kratzspinnen im Genick; auch sie war bedient.

Editha war romantisch, bei ihr war es weitaus schwieriger, sie zu schrecken. Sie spazierte gern durch den Wald und sang dabei voll Andacht: »Da gehet leise, auf seine Weise, der liebe Herrgott durch den Wald.« Wir lauerten ihr auf und machten hinter einem Buschwerk einen Höllenspektakel. Vorher hatten wir von Wilderern und Schlawinern erzählt, Schmugglern aus dem Walsertal. Davor fürchtete sie sich sehr, sie lief heim und erzählte Mama atemlos, dass sie fast von Schlawinern erwischt worden wäre. Mama bemerkte sofort den Zusammenhang.

Gabrielle war Editha treu ergeben, folgte ihr überall wie ein Hund und führte alles Befohlene brav aus. Einmal war Gabrielle allein mit uns auf dem Mösl. Die ersten Tage weinte sie jeden Abend brav zu Edithas Gedenken. Mit der Zeit wurde die Andachtsstunde kürzer und ich glaube, sie genoss sogar bald ihre Freiheit.

Heinrich und ich gingen wieder einmal ins Blumental; – wir nannten es so, weil viele Leberblümchen dort wuchsen – in blau, rosa und weiß. Unter einer Tanne sahen wir einen verendeten Hirsch liegen. Neugierig gingen wir hin, um ihn zu betrachten. Da raschelte es, und sein Bauch bewegte sich. Entsetzt sprangen wir zurück, ein noch entsetzterer schwarzer Kolkrabe kroch aus dem Bauch und flog mit Gekrächze davon, schwer beleidigt, wir hatten ihn bei der Mahlzeit gestört.

Wir hatten einen Kult: Jeder Berg hatte bei uns einen speziellen Namen und ein Gesicht, und wir machten ihn verantwortlich für Regen, Wind und Unwetter. Um ihn zu beschwichtigen, führten wir Tänze auf bei Dämmerung und im Morgengrauen.

Gabrielle und Irmingard als Köchinnen auf der Almhütte

Wir haben Mama für uns

Mama war mit uns am Mösl sehr großzügig, wir durften uns ohne Aufsicht frei bewegen; einzige Bedingung war, pünktlich zum Essen zu erscheinen oder bei längeren Touren zur versprochenen Stunde zurück zu sein.
Abends erzählten wir ihr alles, was wir erlebt hatten, und dann nahm Mama ihre Ziehharmonika aus dem Eck und spielte uns vor.
Wenn unser zweiter Chauffeur Honold da war, der uns öfter begleitete, spielte er auf seiner Mundharmonika Weisen aus dem Bayerischen Wald, von wo er stammte.

Wir bekamen Beschäftigung. Mama hatte einen Gemüsegarten und einen kleinen Kartoffelacker vor dem Heuschober angelegt. Wir sollten Brennnesseln jäten und umgraben, eine Arbeit, vor der wir uns gern drückten.

Dann gab es auch die großen Wäschetage. Wir hatten einen Kessel im Freien, darunter wurde ein Feuer entfacht. Man musste die Wäsche ständig mit einem Holzschlegel umrühren und das Feuer nachschüren. Dann wurde die Wäsche auf langen Seilen zum Trocknen aufgehängt. Der Wind und die Sonne taten das übrige, gebügelt wurde nicht.

Im Herbst gingen wir mit großen Körben auf Pilzsuche. Es war aufregend, wer die meisten und schönsten Pilze fand. Wir waren ziemlich bewandert in Pilzkunde, doch einmal brachten wir einen Pilz heim, den wir nicht kannten.

Mama schaute in ihrem Pilzbuch nach. Es war offenbar ein »schuppiger Ritterling«, dabei stand: »Wert unbekannt«. Er sah schön aus. So briet ihn Mama und probierte ein kleines Stück, uns ließ sie zuschauen. Es war gut so, kurz danach bekam sie nämlich starke Herzstörungen und erweiterte Pupillen.
Gott sei Dank reagierte sie richtig und schluckte eine Mischung von Senf und Salzwasser, damit sie sich erbrechen konnte. Honold, der Chauffeur, der gerade da war, um Proviant zu bringen, wurde ins Tal geschickt und musste sofort in Lenggries den Arzt holen. Es dauerte Stunden, bis sie zurückkamen. Hätte Mama nicht so schnell reagiert, wäre jede Rettung unmöglich gewesen.

Jeden Abend kam Mama zu uns Kindern auf den Speicher herauf, um uns »Gute Nacht« zu sagen und mit uns zu beten. An diesem Abend gab es ein besonderes Dankgebet dafür, dass sie noch bei uns war.

Mama züchtete Gebirgsschweißhunde, eine Rasse, die man im Gebirge zum Jagen braucht. Sie hatte zwei Hündinnen, die Riss und die Vef. Die eine war schwarz-rot, die andere etwas dunkler. Riss bekam vier Junge, die wir mit Pauli Bellegard im Rucksack aufs Mösl mitnahmen.
Wir spielten viel mit ihnen, aber Riss hatte eine schlimme Eigenschaft: sie jagte gerne selbständig. Einmal kam sie nicht heim trotz Pfeifen und Rufen. Wir suchten sie verzweifelt und fanden sie erst nach langer Zeit in der Nähe des Peindls in einer Schlagfalle des Jägers. Sie lebte noch und wir konnten sie retten, denn die Falle war für Marder gebaut, die kleiner sind.

Prinzessin Antonia mit ihrer Hundezucht auf dem Mösl

Wir wollten Mama eine Überraschung bereiten. Jeden Monat erhielten wir vier Mark Taschengeld und an Geburtstagen so viele Markstücke, wie wir Jahre zählten. Die lagen dann im Kreis um den Geburtstagskuchen. Wir hatten eine schöne Summe gespart. Die Hütte war inzwischen um drei Zimmer erweitert worden und wir meinten, Mama müsse ein eigenes Bad haben. Der Schreinermeister Adelwarth wurde ins Bündnis mit aufgenommen. Er organisierte Träger, der Chauffeur bekam den Auftrag, das nötige Zubehör zu besorgen. So kam zu Mamas Geburtstag am 7. Oktober das Bad, Stück für Stück, mit schwitzenden Trägern an. Den Badeofen, das schwerste Stück, musste der schwarze Kaspar tragen.
Mama bereitete allen eine besonders gute Brotzeit und Bier gab es auch dazu.

Besuche

Einmal kam Liesl mit, ein Kindermädchen aus Niederbayern, ein richtig nettes, frisches Landmädchen mit dicken braunen Zöpfen, die sie sich um den Kopf wickelte. Es waren damals zwei unserer Kleinen dabei. Liesl sollte auf sie aufpassen.
Mit ihr durften wir lange Ausflüge machen, zu den hochgelegenen Säuernseen oder zum Erdbeer- und Himbeerbrocken an die Kahlschläge vom hintern Peindl. Mama machte dann rote Grütze daraus, die man mit Rahm aß, oder sie rührte die Walderdbeeren mit Zucker an, was sie von der Jägersfrau gelernt hatte. Nie wieder schmeckte es so gut.

Die Luxemburger Verwandten kamen in den Sommerferien auf ihre Hütte, das Peindl. Ich erinnere mich noch an das alte Peindl, wo Groß- und Urgroßpapa ihre Jagdtage verbrachten, eine kleine zweistöckige Hütte, die noch zu der Zeit von Jäger Richter stand. Später wurde sie für die große Luxemburgische Familie umgebaut.

Wenn die Vettern und Cousinen da waren, gab es ein ständiges Hin und Her. Bald durften einige von uns drüben übernachten oder die anderen kamen zu uns ins Mösl.
Bei uns war es gemütlicher: man durfte Kissenschlachten machen und am Abend länger aufbleiben und Mama kochte, was uns schmeckte.

Im Peindl regierte Fräulein Justine, die Kinderfrau der Cousinen. Sie war sehr streng und duldete keinen Widerspruch. Man musste sich viel waschen und abends gab es Brei, den wir hassten. Stehen lassen durften wir nichts.

Wir fanden, sogar die Cousinen rochen süß wie Brei; sie sagten, wir würden wild riechen wie Lederhosen.

Im Winter wurden die Hirsche gefüttert. Wir gingen mit Herrn Hafner, dem Jäger, aufs Peindl. Dort nahm er den großen Schlitten, den Schnabler, und transportierte das Heu in die aufgestellten Futterraufen. Auch Kastanien und Eicheln wurden in die Tröge geschüttet. Das sonst so scheue Rotwild kam in Scharen aus dem Wald und ließ sich von Hund und Jäger, die mitten unter ihnen standen, nicht stören.

Mit dem großen Schnablerschlitten wurde auch Holz und sonstiges zu Tal transportiert. Das Holzschleifen war nicht ungefährlich. Der Mann, es musste ein starker sein, saß vorne zwischen den Kufen und bremste nur mit den genagelten Schuhen. Viele hatten Krampen aus Eisen in Hufeisenform auf den Sohlen. Wenn der Weg zu steil und der Schlitten zu schwer beladen war, gab es oft böse Unfälle.
Wenn wenig zu transportieren war, ließen uns die Holzknechte manchmal aufsitzen.

Auch geschah es, dass wir im Winter, wenn der Proviant knapp wurde, mit Liesl oder mit Georg, ihrem späteren Mann, per Ski oder mit Schneeschuhen bis Vorderriß marschieren mussten, um im Wirtshaus Nachschub zu holen.

Einmal kam General Jäger zu Besuch. Wir gingen ihm entgegen und trafen ihn bei der Brücke. Er hatte einen großen Rucksack und schnaufte arg. Bei den steilen Serpentinen wurde es immer schlimmer. Er fing an zu keuchen, schwitzte und blieb alle paar Schritte stehen. Ich nahm ihm den Rucksack ab, der mich fast zu Boden drückte, wir gingen langsam weiter. Auf einmal sackte er zusammen und blieb liegen. Wir wussten nicht, dass er schwer herzkrank war. Ich hielt Wache bei ihm; Heinrich lief hinauf, um Hilfe zu holen. In Mamas Apothekenschrank fand sich eine Medizin, die half, ihn wieder auf die Füße zu bringen. Georg musste ihn hinunter begleiten und heimfahren.

Frau Richter, die Hebamme, war eine große, stattliche Frau, etwas blass, voller Prinzipien. Als junges Mädchen war sie sicher sehr schön gewesen.
Mama lud sie für einige Tage zu uns aufs Mösl ein. Wir waren nicht begeistert. Sie maßregelte uns dauernd. Um etwas aus der Schublade zu holen, musste man sie mit List und Tücke ablenken; es waren Lebkuchen und Schokolade dort gelagert, nach dem Essen durften wir uns ein Stück holen. Sie hielt das für ungesund.

Hilda sagte ihr eines Tages: »Du bist so blass, geh doch in Urlaub!« Sie war zwar gerührt, aber es half nichts, sie blieb.

Doch sie verabscheute Mäuse; das wussten wir. Und bald war überall eine Mäuseplage: Mäusedreck schwamm im Tee, eine verendete Maus war im Pantoffel, eine andere im Bett, eine ertrank sogar im Bad. Das wirkte.
Frau Richter musste bald dringend heimfahren. Wir sagten, es täte uns leid und winkten ihr zum Abschied.

Abschied vom Mösl

Bei schönem Wetter saßen wir zum Frühstück vor der Hütte am Treppenabsatz. Jeder hatte seine spezielle

Tasse, die wir am Viktualienmarkt ausgesucht hatten. Die Ringamseln und Drosseln sangen, man hörte den Specht klopfen, die Buckelwiesen waren übersät mit blauem Enzian, den »Schusternageln« und gelben Dotterblumen. Der Wind strich durch die Tannenwipfel, wie war ich glücklich, die Welt war so schön!

Zum letzten Mal gingen wir zum geliebten Mösl mit Pauli Bellegard und Mama. Es war Winter, schon war es dunkel in einer glasklaren Nacht.
Mama deutete auf ein Sternbild und sagte:»Das ist das fröhlichste Beisammensein. Wenn ich nicht mehr bei euch bin und du es siehst, denk daran: Wir werden alle wieder beisammen sein, bei Gott, unserem Vater!«

Sommer in Hohenschwangau

Märchenhaftes Wohnen

Bis zum Jahre 1933 verbrachten wir die Sommerferien in Hohenschwangau, in einem der schönsten Winkel Bayerns.
Hohenschwangau war ein alter Rittersitz der Hohenstaufer und später der Ritter von Schwangau. Wie die meisten Burgen wurde auch Hohenschwangau im Bauernkrieg zerstört.
Max II., unser Urgroßonkel, erwarb die Ruine und baute sie neugotisch wieder auf. Es sind zwei Gebäude: das Schloss und der Kavaliersbau mit vielen Türmen und Zinnen, beide durch einen versteckten Gang verbunden.

Die Burg liegt auf einer Anhöhe umrahmt vom Alpsee und Schwansee, zwei märchenhaften, tiefblauen Gebirgsseen. Das Schloss schaut weit über das Land, nach Norden über eine mit waldigen Hügeln und Moorseen durchsetzte Landschaft, nach Süden über den Alpsee in die Tiroler Berge.

Gegenüber, etwas höher gelegen, liegt Schloss Neuschwanstein, ein aus weißem Marmor gebautes, phantastisches Schloss mit hohen Türmen.
Erbaut hat es der Märchenkönig Ludwig II., unser Großonkel.

Nach Hohenschwangau fuhren wir mit dem großen sechssitzigen Horch, Mama mit ihrem Fiat, das Hauspersonal mit dem Zug voraus bis Füssen.

Unterwegs wurde in Murnau beim Prantl-Bräu eingekehrt. Der Besitzer hatte mehrere Kinder etwa in unserem Alter und älter.

Wenn wir dort ankamen, mussten sie die Hände waschen und sich säubern, um uns zu begrüßen. Ich traf sie später wieder als Erwachsene; da gestanden sie, dass sie deswegen unseren Besuch gar nicht schätzten, was sehr verständlich war.

Meistens wurde es später Nachmittag, bis wir in Hohenschwangau ankamen, und es war stets eine große Aufregung, wenn man die Schlösser von weitem erspähte. Ich erinnere mich noch genau an den Ton des Motors, wenn wir bei der Schlossauffahrt durch den letzten Hohlweg mit den roten Felsen fuhren.

Zwei Tore musste man passieren, ehe man in den Schlosshof kam: Am ersten war das bayerische Wappen angebracht und im Torbogen war ein enger Raum, wo man durch ein seitliches Loch hineinschlüpfen konnte. Wir saßen gerne drinnen und beobachteten die Touristen.
Am zweiten Torbogen standen zwei Ritter, die das Tor bewachten. Im Hof selber war ein Brunnen an der Mauer unter alten Linden mit einer Muttergottesfigur.
Vom Schlafzimmer unserer Eltern aus sah man in den Hof und hörte den Brunnen plätschern.

Schloss Hohenschwangau, ein alter Rittersitz der Hohenstaufer

Wir wohnten im Flügel, der auf den Ort und den See herunterschaut. Auf der anderen Seite des Hofes führt eine Treppe hinauf zum alten Schloss. Es wurde zu unserer Zeit nicht mehr bewohnt, außer dem obersten Stock unter dem Dach. Das übrige war zur Besichtigung freigegeben.

Dem Brunnen gegenüber kam man durch ein schmiedeeisernes Gittertor in den kleinen Schlossgarten. Er ist ummauert, über eine steile Böschung sieht man hinab in den Ort und zum See. Ein Springbrunnen mit einem Schwan befindet sich im ersten Gärtchen, von Rosen umrahmt. Gegenüber führt eine Türe aus rotem Glas ins »Rosenbad« im Felsen, in dem man früher in Rosenblättern badete.

Zwei drehbare Tabernakeltüren führten ins Innere. Es soll ein Geheimausgang, ein Fluchtweg, gewesen sein. Dem Schloss entlang führte ein Kiesweg mit Phloxbeeten, die stark dufteten und voller Schmetterlinge waren, eingefasst von geschnittenen Buchshecken.
Drei Stufen führten hinunter in den letzten Garten mit einem großen Brunnen, vier wasserspeiende Löwen standen in der Mitte des Beckens und trugen ein zweites Becken mit Springbrunnen. Eine Mauer mit Zinnen umrahmte die Anlage und alte Bäume beschatteten die Sitzbänke in den Erkern.

Wir spielten gerne dort und es gab kaum ein Jahr, in dem nicht eines von uns in den Brunnen fiel, nicht immer ungewollt.

Dalla wohnte im selben Gang wie wir; daneben die drei kleinen Schwestern, dann kam mein Zimmer; Heinrich wohnte im letzten Zimmer.

Im Stock darunter waren die Gäste untergebracht und der Hauslehrer. Auch eine kleine Bibliothek befand sich in einem der unteren Zimmer.
Heinrich besorgte Lektüre von dort, die er uns vorlas. Wir saßen dabei dicht gedrängt auf dem Fensterbrett, zwischen Fenster und Vorhang. Es waren schauerliche Gespenster- und Räubergeschichten.

Überall im Schloss herrschte der Schwan als Motiv. Die Lederpolster der neugotischen Stühle, die Waschschüsseln, Wasserkrüge, Seifenschüsseln und Vasen waren mit Schwänen verziert und kleine Porzellan- und Glasschwäne standen überall herum. Sogar das Schlossdach war mit einem überlebensgroßen Schwan gekrönt. Auf seinem Rücken trug er die Fahnenstange mit unserer weiß-blauen Rautenfahne. Sie wurde aufgezogen, wenn das Schloss bewohnt war.

Von unserem Flügel führte eine hölzerne Wendeltreppe zur Schlossküche und in die Räume der Eltern sowie zum Speisezimmer und zum Salon. Vor unserem Zimmer war ein langer, holzgetäfelter Gang. Auf der gegenüberliegenden Seite lagen die Besenkammer, das Frühstückszimmer, die Kaffeeküche und das Bad; dieses war altmodisch mit Holzofen zum Wasseranheizen. Im Bügelzimmer herrschte die »Bügel-Rosa«; sie war ältlich, klein, hatte einen großen Buckel, war immer unwirsch und redete wenig.
Unterhalb der Treppe wohnte Anderl, der Holz trug und spaltete. Max half ihm dabei in der Holzlege. Auch dort hinterließ Max Spuren: Bilder von seinem geliebten Watzmann bedeckten die Wände; sein Heimweh war arg.

Am Ende unseres Ganges führte eine Türe auf den Balkon. Davor wuchs eine hohe Trauerweide.
Einmal wollte Editha Dalla imponieren und sich wichtig machen. Sie stürzte auf den Balkon hinaus, schlug ein Bein über das Geländer und simulierte einen Selbstmord. Hildas Zwergmaus Zirze stürzte aber dabei wirklich ab, nur blieb sie in den Ästen des Baumes hängen und verschwand. Hilda hatte die seltene Maus gefunden; Küchenchef Heinrich Hoffmann hatte ihr, um Hilda zu erfreuen, immer ein extra Menu gemacht und auf einer Untertasse serviert. Wir machten uns über Hilda lustig und behaupteten, sie habe eine Glatze auf der Nase, wo Zirze ihren Schwanz rieb, wenn Hilda sie liebkoste.

Heinrich Hoffmann, der Küchenchef, war dunkeläugig, hatte scharfe Züge und behaarte Arme. Er hatte viele Freundinnen und beschenkte sie reichlich aus dem Vorrat der Wildkammer, die sich im Verbindungsgang befand. Den Schlüssel dazu trug er am Gürtel.

Ein Briefbeschwerer für Großmama

Großmama aus Luxemburg kam an ihrem Geburtstag. Sie liebte Hohenschwangau und wohnte im Alten Schloss im oberen Stock. Dort war eine prachtvolle Aussicht nach allen Richtungen.
Es gab ein schönes Wohnzimmer, bemalt mit Fresken aus dem Leben und der Geschichte der Schwangauer Ritter und der Hohenstaufer, daneben drei Schlafzimmer, ein Frühstückszimmer und ein Badezimmer mit tiefer, silberner Badewanne.

Mama übte mit uns ein Lied ein, das wir vorsingen sollten, und jeder bemühte sich, ein kleines Geschenk zu finden.
So marschierten wir die Treppe hinauf zur Großmama. Hilda hatte eine Flasche mit Kölnisch Wasser erstanden, stolperte und die Flasche zersprang. So konnte sie nur mehr den Flaschenhals präsentieren und vor lauter Tränen nicht mehr singen.

Großmama sagte, der Flaschenhals sei doch wunderschön; sie könne ihn gut als Briefbeschwerer gebrauchen.

Fischen, Jagen und Baden

Mama mit der Schleppangel

Schön war es an Sommertagen aufzuwachen: wir liefen ans Fenster, die alte vertraute Turmuhr vom Schlossbräustüberl schlug die Stunden, die Sonne spitzte über die Tiroler Berge, der See glitzerte.

Mama war eine Frühaufsteherin. Sie ging zum Fischen an den Alpsee. Herr Rossmarkt, der den Schlossgarten und den Gemüsegarten pflegte, ruderte sie hin.
Oft durfte jemand von uns mit, meistens Heinrich. Wir gingen zusammen den Schlossberg hinunter, kein Mensch war unterwegs, die Drosseln sangen und der Kuckuck rief.

Am Alpsee bei Hohenschwangau

An unserer Bootshütte wartete Herr Rossmarkt. Er hatte ein rotes, zerfurchtes Gesicht, einen großen Schnauzbart und große rissige Hände. Er ruderte rings um den See, schön ruhig und gleichmäßig. Gefischt wurde mit einer Schleppangel, die Mama hinter sich herzog. Die beste Stelle war am Ende des Sees, wo ein Bach zwischen Schilf hereinfließt, am Marienwinkel, früher der liebste Bade- und Aufenthaltsort der Königin Marie, zu unserer Zeit stand schon ein Gedenkstein für sie dort.

Papa auf Jagd

Mit Papa durften wir Großen hie und da in die Lechauen; die Jäger Riesch oder Geiger begleiteten uns. Da saß man im Morgengrauen am Hochsitz und wartete ganz still, bis der Rehbock kam.

Einmal war Papa allein bei einem furchtbaren Unwetter draußen. Wir saßen daheim zusammen und beteten: durchs Fenster schien der schwefelgelbe Himmel, überdurchzogen von drohenden Wolken. Bald prasselte es aufs Blechdach wie von tausend Trommeln. Im ganzen Lechtal ging ein wahnsinniger Hagel nieder, in Füssen schlug es viele Dächer ein. Sogar erschlagene Tiere fand man auf den Feldern.

Papa kam zurück, in der Tasche brachte er uns Hagelkörner mit, groß wie Gänseeier. Hohenschwangau war verschont geblieben, wir glaubten an die Kraft unseres Gebetes.

Kronprinz Rupprecht auf der Jagd

Sonst war uns schlechtes Wetter gar nicht unwillkommen. Wir spielten dann im langen, hölzernen Verbindungsgang. Gretchen Hilz verkleidete sich als Hexe und lauerte im Dunkeln. Es gab ein großes Hallo, wenn sie herausschoss und uns mit dem Besen verfolgte.

Auf Spaziergängen fand man bei Regenwetter viele schwarze Salamander, Bergmanderln genannt, und tausend kleine braune Waldfrösche.

Öffentliche Badeanstalt

Natürlich war es bei Sonnenschein schöner. Da ging es am Nachmittag zum Schwimmen an den Alpsee. Wir hatten unsere eigene Bootshütte und ein Floß davor verankert, von dem aus man ins Wasser stieg oder sich darauf sonnte.

Lustiger aber war es für uns allerdings in der öffentlichen Badeanstalt am Ende des Sees. Es gab zwei lange Stege, einen für die Herren, den anderen für die Damen, auch ein Sprungbrett, eine Wippschaukel und schöne Liegewiesen vor dem Wald.

In der Badeanstalt lernten wir viele Kinder des Ortes kennen. Da waren die Müllerischen und die Kainz, deren Eltern Hotels in Hohenschwangau führten, und viele andere.

Herr Left, der Bademeister im weißen Leinenanzug mit Turnschuhen, beherrschte den Platz. Er brachte uns das Schwimmen bei. Wir wurden an einem angelähnlichen Apparat befestigt, ins Wasser gelassen und zappelten im Geschirr. Er kommandierte dabei die Bewegungen; wenn man nicht parierte, wurde man getaucht und schluckte Wasser.

Manche Jahre gab es eine Maikäferplage, da schwammen ganze Inseln von Maikäfern im See. Anfangs versuchten wir Rettungsaktionen, aber bei der Menge war es aussichtslos und die toten Käfer stanken grauenhaft. Wipp, mein Hund, fraß sie gern und schmatzte dabei.

Meine kleinen Schwestern spielten mehr mit den Mädchen, Editha wusste sie glänzend zu organisieren und übernahm bald die Führung. Ich hielt mich mehr an die Buben, da ich immer mit Heinrich zusammen war. Später fand Heinrich zwei Freunde und schloss sich ihnen an: Rudi Kainz, ein dunkelhaariger Bursche mit schmalem Gesicht, Sohn des Hoteliers Kainz, und Willi, ein starker, untersetzter rotblonder Jüngling, Sohn des Baumeisters Heiserer. Sie bauten ein kleines Holzhaus am Perzen-Kopf über dem Alpsee, nicht weit vom Schloss entfernt. Ich wurde zur Seite geschoben und litt darunter.

Freunde und Streiche

Schwarzfischen

Nach einiger Zeit schloss ich aber Freundschaft mit Rudis jüngerem Bruder Wolfi, der auch von den Älteren unterdrückt wurde. Zusammen unternahmen wir allerhand: Wir gingen die Pöllat hinauf, der Gebirgsbach kommt durch eine Klamm hinter Neuschwanstein heraus. Wolfi war ein geschickter Schwarzfischer und lehrte mich, wie man Forellen mit der bloßen Hand unter den Steinen herauskitzelt und fängt. Auch kleine Steinkrebse fingen wir im »Kalten Bach«, der unterhalb des Schlosses durch den Park aus dem Schwansee fließt.

Einmal gingen wir zur Pulvermühle, die außer Betrieb war. Als wir uns vorbeistehlen wollten, um schneller zum Bach zu gelangen, riss sich der Wachhund von der Kette los und attackierte uns. Wolfi war im Handumdrehen auf ein Scheunendach geflohen und zog mich nach. Da saßen wir festgenagelt, bis der Besitzer kam und uns arg beschimpfte. Wir wurden heimgeschickt; für diesen Tag war uns die Fischerei gründlich verleidet.

Auf Dächern und Mauern

Heinrichs Freunde, Wolfi und die Kinder vom Hotel Müller durften uns im Schloss besuchen. Da gab es wilde Spiele im dunklen Verbindungsgang und Hetzjagden durchs ganze Schloss.
Am liebsten stiegen wir aufs Dach. Man konnte auf einer Leiter hinauf zum Schwan klettern und dann hinunterrutschen. Freilich wurden die Kleider dabei rot, das Blechdach war gestrichen und färbte ab.
Die arme Dalla litt Qualen, dass einer ihrer Schützlinge abstürzen könnte, denn zwischen den Zinnen waren große Lücken. Wir kletterten auf den Rücken des Schwanes, und als Dalla mit Strafe drohte, kletterte ich die Fahnenstange hoch und fing an, droben zu schaukeln, solange bis die Strafe zurückgezogen wurde. Arme Dalla; sie starb fast vor Angst!

Ein anderer Sport war, mit Rollern und Rad schwungvoll auf den Mauern, die die Auffahrten säumten, hinunterzufahren. Die Mauern waren hoch und fielen zum Teil gegen den Alpsee ab. Ein Wunder, dass nichts passierte, und ein noch größeres, dass Dalla das überstand.

Frau Käsedirektor

Dem Schlossbräustüberl gegenüber wohnte der Schlossverwalter Käsberger mit Frau. Beide waren sehr beleibt und würdig. Wir liebten sie nicht. Papa hatte ihnen unsere Gänse Aka und Martin geschenkt, die wir als Küken auf dem Viktualienmarkt in München gekauft und im Hof des Palais großgezogen hatten. Die Käsbergers hatten sie verspeist, und wir betrachteten sie deswegen als Feinde.

Frau Käsberger gab oft Kaffeekränzchen in ihrem Garten neben der Straße. Sie wollte als »Frau Direktor« angesprochen werden, denn der Name Käsberger war ihr nicht fein genug. Als sie wieder einmal mit sämtlichen feinen Leuten aus Hohenschwangau beim Kaffee saß, organisierten wir unsere Freunde: sie sollten in kurzen Zeitabständen vorbeigehen und freundlichst über den Zaun grüßen: »Grüß Gott, Frau Käse – eh- Käsedirektorin!«
Diese lief rot an, konnte sich aber nicht wehren. Wir genossen das Schauspiel in einem Versteck.

Unfromme Ministranten

Zur Messe kam an Sonntagen der Pfarrer aus Schwangau, ein resoluter Bauernsohn. Willi und Rudi ministrierten. Wir saßen in der vordersten Reihe der Schlosskapelle auf gotischen Betstühlen mit roten Samtpolstern. Rechts und links waren in bunten Glasfenstern Kaiser Ludwig der Bayer und Kurfürst Maximilian dargestellt.

Einer vom Ort spielte auf dem Harmonium und die Kirchenbesucher sangen dazu. Willi und Rudi, die Ministranten, waren rechte Lausbuben. Sie rutschten hin und her und verpassten sich dabei Stöße. Auf einmal drehte sich der Geistliche um, breitete die Arme aus und sang »Dominus vobiscum«, im nächsten Augenblick hatten beide Ministranten eine kräftige Ohrfeige. Der Pfarrer aber betete weiter, als ob nichts geschehen wäre.

Von einem Preußen geschlagen

Eines Nachmittags saß ich unter dem Schlosstor; es war sandig dort. Ich warf den Sand in die Luft, es staubte so schön. Ein norddeutscher Tourist mit gelber Lederhose, weißen Beinen, dickem Bauch und Spazierstock kam mit seiner Frau Gemahlin.
Empört über den Staub herrschte er mich an, sofort damit aufzuhören. Ich spielte weiter.
Da nahm er seinen Spazierstock und haute auf mich los. Man darf nie weinen oder Schmerz zeigen; so lachte ich ihn nur aus. Er schlug wütend weiter. Als Leute kamen, musste er aufhören; ich lief ins Schloss.

Zuhause erzählte ich niemandem von der Sache, denn von einem Preußen geschlagen zu werden, war ungefähr die ärgste Schande, die einem passieren konnte.

Die Mumie im Speicher

Heinrich war oft bei der Familie Kainz, die in einem kleinen Holzhaus nahe am Wald wohnte, da Rudi Kainz sein Freund war. Er nahm mich einmal mit zu seinen Freunden. Es gab Kaffee und Kuchen. Dann sagte Willi, sie müssten mir im Speicher etwas Schönes zeigen. Mir schwante Böses, aber ich ging mit. Vorsichtshalber hatte ich mir im Vorbeigehen das große Küchenmesser geschnappt, das bei der Torte lag.

Der Speicher war stockfinster, Heinrich leuchtete mit der Taschenlampe herum. In der Ecke stand eine Totenbahre mit einer in Leinen gewickelten Mumie wie im Völkerkundemuseum. Willi und Heinrich zerrten mich hin.
Da richtete sich die Mumie auf und stöhnte; es war grauenhaft. In der Verzweiflung riss ich mich los, zog das Messer hervor und wollte es in die Mumie stoßen und schrie: »Ich bring dich um!«

Schon stürzten Rudis Eltern herein; sie waren am Eingang gestanden, um das Schauspiel mitzukriegen und hielten mich fest. Aus der Mumie aber kroch erschüttert Rudi hervor.

Eine Rose für Hilda

Hilda verehrte Rudi sehr. Er hatte so schöne schwarze Augen. Heinrich erzählte es ihm prompt, Rudi schenkte ihr daraufhin eine Rose. Hilda versteckte die Rose und trug sie unter ihrer Jacke wie ein Heiligtum. Wir entdeckten das natürlich und ließen unseren Spott an ihr aus.

Gefangen

Auch Gabrielle kriegte ihren Teil ab. Wir gingen am Sonntag in die Schlosskapelle zur Messe über den Hof. Gabrielle war immer etwas langsamer als die anderen und trippelte hinterher. An der Treppe stand eine große

Laterne aus rotem Glas. Schnell rissen wir die Türe der Laterne auf und sperrten Gabrielle hinein. Die Kirchengänger vom Ort staunten. Sie war darin zusammengekauert und schaute verschreckt wie aus einem Aquarium heraus.
Bald wurde sie befreit und wir Großen bekamen nach der Kirche einen gehörigen Krach mit Strafe.

Ein anderes Mal spielte Heinrich mit Willi und Rudi im alten Schloss. Es war Sonntag und keine Führung wie während der Woche. Irgendwie gerieten die beiden in Streit und Heinrich gelang es, beide ins Schreibzimmer des Königs einzusperren.
Ich glaube, sie verbrachten einige Stunden dort, ehe der Schlossführer sie hörte und befreite.
Jahre danach fand ich im Schreibtisch eine Klageschrift der beiden.

Blumenverkauf

Es war Jahrmarkt in Füssen und wir brauchten Geld. So wollten wir selber etwas verkaufen, Blumen waren im Sommer das einfachste.
Im Park pflückten wir viele Sträuße, sie wurden schön gebunden. Wir machten einen Stand auf und hielten sie zum Verkauf feil und verdienten genug.

König-Ludwig-Lied

Einmal kamen Musikanten in den Hof. Sie standen am Brunnen unter der alten Linde und spielten das »König-Ludwig-Lied«, das Drama vom Märchenkönig Ludwig II., der im Starnberger See ertrunken ist.

Wir standen mit unseren Eltern auf dem Balkon und lauschten tief beeindruckt. Das Lied vom Märchenkönig, von seinen Bergen und Schlössern und von seinem tragischen Tod sollten wir noch oft hören.

Immer wenn ich nach Hohenschwangau komme, klingt es mir noch in den Ohren: »In den Bergen wohnt die Freiheit, in den Bergen ist es schön!«

Die Umgebung

Vom Schloss aus kann man auf das Schlossgut Bullach-Berg sehen. Prinz Raphael von Thurn und Taxis wohnte dort; sein Bruder war mit Tante Lissy, einer der jüngeren Schwestern meiner Mutter, verheiratet gewesen. Sie war verwitwet und lebte in Füssen, vier Kilometer von uns entfernt. Ihr Sohn hieß Anselm, die Tochter Iniga; wir sahen sie oft.

Raphael fuhr begeistert mit der Pferdekutsche. Er hatte zwei flotte Braune und holte uns öfters ab. Wir liebten das, besonders wenn wir neben ihm auf dem Kutschbock sitzen durften.

Manchmal konnten wir auch mit Fräulein Lina Bayer im Pferdewagen fahren. Sie mietete eine Kutsche; mit dieser fuhren wir die Fürstenstraße hinauf über die Tiroler Grenze nach Schluxen zu einer schönen Gaststätte, wo Fräulein Bayer für uns Schokolade bestellte und Torten aller Art. Editha schockierte einmal unseren Religionslehrer in Hohenschwangau, den guten Pater Roland, weil sie ihm erklärte, sie brauche keinen Himmel, wenn sie genug Torten mit Schlagrahm hätte und viele, viele Puppen.

Mama nahm uns lieber in Wirtshäuser zu Schnitzel und Schweinshaxen mit. Wir fuhren mit ihr in die Hochmoore und Wälder, wir fischten in den Moorgräben nach Unken und Molchen, bauten Dämme an den Bächen und beschmierten uns mit Schlamm. Es war wunderbar.

Ein beliebter Ausflug ging zu den Ruinen von Falkenstein oder Freiberg und Eisenberg. Der Falkenstein liegt ganz hoch oben auf einem Felsengipfel; König Ludwig hatte noch ein Schloss dort geplant, aber nie gebaut; das Geld ging ihm aus.
Von Freiberg und Eisenberg erzählt man, die beiden Burgen hätten zwei feindlichen Brüdern gehört. Wir krochen in dem Gemäuer herum und spielten Raubritter.

Manchmal durften wir auf die Bleckenau, ein Jagdhaus unseres Urgroßvaters, des Prinzregenten Luitpold, und noch höher zur Jägerhütte.
Es gab prachtvolle Almwiesen um die Jägerhütte herum, voller schöner Alpenblumen, Bäche, Wasserfälle und stille Waldlichtungen. Überall konnte man Gemsen begegnen. Im Herbst hörte man bei Dämmerung Hirsche röhren, ein vielstimmiges Konzert von allen Seiten; es hatte etwas Uriges an sich. Im Frühjahr balzten die Birkhähne voller Temperament, Kolkraben und Bergdohlen kreisten über den Gipfeln. Manchmal sah man auch einen Adler; er hatte seinen Horst an der Wand des Straußbergs.

Auf den Almen waren Hirten mit Jungvieh und einigen Milchkühen. Sie machten Käse, der im Herbst in Form von großen Rädern ins Tal gebracht wurde. Man konnte dort Milch trinken und bekam auch Brot mit Butter. Am liebsten hatten wir den dicken Rahm, den wir wie Butter aufs Brot strichen.

Abends machten wir oft ein Lagerfeuer, brieten Fleisch und legten Kartoffel in die Glut. Erst wenn der Abendwind durch die Wälder strich und der Ruf der Eulen ertönte, kehrten wir mit Mama heim.

Beim Essen erzählte Papa oft interessante und lustige Geschichten. Man kam auf die Bergnamen zu sprechen. Die Allgäuer sind ein derbes Gebirgsvolk und dementsprechend waren auch die Namen, die sie den Bergen gaben.
Königin Marie liebte das Gebirge und machte viele Wanderungen. Sie traf einen Jäger und fragte ihn nach den Namen der Berge. Er antwortete ganz treuherzig »Majestät, der da, das ist der Hundsvott, und der da drüben, das ist der Metzen-Arsch.«

Der Zeremonienmeister, der dabei war, war entsetzt und sofort kam Befehl, die Bergnamen zu ändern. Sie wurden auf königlichen Befehl umgetauft und bekamen zivile Namen.

Weiss-blau oder Hakenkreuz?

Ein Besucher kam nach Hohenschwangau, allerdings nicht ins Schloss: Hermann Göring. Es war im letzten Jahr unseres Aufenthaltes dort.
Im Ort war große Aufregung, die roten Hakenkreuz-Fahnen erschienen und Braunhemden marschierten auf.

Unsere Eltern ignorierten alles, aber wir Kinder – neugierig wie Kinder eben sind – stiegen aufs Schlossdach und betrachteten durchs Fernglas den dicken, mit Orden geschmückten Mann, wie er aus seinem Wagen stieg. Eine ganze Kolonne von schwarzen Mercedes-Wagen stand dort.
Viel sah man nicht, weil Wachsoldaten und hohe Nazis um Göring herumstanden. Trotzdem war es interessant und aufregend für uns. Wir standen sicher auf dem Dach des Schlosses, und die weißblaue Fahne wehte vom Schwan.

Dass wir später einmal von Amerikanern in Görings gepanzertem Mercedes spazieren gefahren würden, konnten wir nicht ahnen.

Wohnsitz in Schloss Leutstetten

Die bayerischen Grosseltern

Das Schloss

Als wir in München zur Schule gingen, durften wir öfters nach Leutstetten hinaus, bevor wir 1933 ganzjährig dorthin zogen.

Schloss Leutstetten liegt südlich von München, nicht weit vom Starnberger See entfernt.

Es war ursprünglich der Herrensitz einer Augsburger Patrizierfamilie, um 1568 von Urmüller erbaut: ein Renaissancebau mit einem hohen Giebel und zwei dicken Türmen mit Kuppeldächern auf beiden Seiten. Das Schloss liegt in einem schönen Park mit uralten Bäumen, etwas erhöht, und schaut nach Süden. Der Blick schweift über ein rotbraunes Moor mit schönen Baumgruppen, meist Birken und Fichten.

Ringsum sind Hügel mit Buchenwäldern und am Horizont sieht man die ganze Alpenkette. Der Starnberger See schließt die sumpfigen Wiesen ab, die Würm, Abfluss des Starnberger Sees, durchzieht die Ebene und bildet im Schlosspark einen schilfumrahmten Weiher voller Seerosen. Die Würm fließt mit mehr Gefälle zur alten Mühle und weiter nach Nymphenburg, wo die Schlosskanäle von ihr gespeist werden.

Von München aus ist Leutstetten leicht zu erreichen, deshalb erstand es unser Großvater, König Ludwig III. Er musste wegen der Regierungsgeschäfte viel in München sein.

Großmamas Steingarten

Unsere bayerische Großmama, eine geborene Erzherzogin von Österreich-Este, starb vor unserer Zeit.
Sie war botanisch sehr gebildet und hatte viele seltene Blumen. In Leutstetten war noch ihr Steingarten: unterschiedliches Gestein und entsprechender Humus; in der Mitte ein kleines Becken mit Seerosen und Goldfischen, Pflanzen ringsum auf dem Miniaturgebirge sorgfältig angelegt. Der Professor vom Botanischen Garten hatte sie beraten. Allerdings hatte sie wenig Zeit, diesem ihrem Vergnügen nachzugehen.
Sie hatte dreizehn Kinder geboren, von denen zehn erwachsen wurden, und hatte viele Verpflichtungen. Wie ich von den Leuten hörte, die sie noch kannten, muss sie eine sehr gütige und warmherzige Frau gewesen sein.

Großpapa, der »Milli-Bauer«

Großpapa, König Ludwig III., war ein etwas schwieriger Charakter, äußerst korrekt mit einem starken Gerechtigkeitssinn. Er interessierte sich für Technik und Fortschritt und hielt bei seinen Söhnen auf strenge Zucht.

König Ludwig III. und seine Gemahlin Marie-Therese, geborene Erzherzogin von Österreich-Este, die bayerischen Großeltern

Schloss Leutstetten, nahe am Starnberger See

Papa, der älteste der Söhne, bekam die Launen seines Vaters am meisten zu spüren.

Großvater war ein begeisterter Landwirt und kaufte zwei Güter bei Leutstetten: die Schwaige, an welche ein schöner Waldbesitz bis zum Forstenrieder Park angrenzt, und Gut Rieden oberhalb von Starnberg.
In Gut Rieden errichtete er einen Musterstall für Milchkühe mit prämiertem Zuchtvieh. Deshalb wurde er vom Volk der »Milli-Bauer« genannt.

Die Tanten erzählten uns, dass sie jeden Tag nach dem Mittagessen mit ihrem Vater Stallvisite machen mussten, natürlich in langen Kleidern mit Hüten und Handschuhen.

Wir machten oft Spaziergänge zu den Gütern. Dalla hatte große Angst vor Stieren. Wir fütterten die Kühe mit altem gesalzenen Brot.
Dalla schaute uns zu und lehnte sich an die Wand, wie sie dachte. Sie fiel aber plötzlich in den Futtertrog der Kühe, aus Versehen hatte sie sich auf den Kopf von Viktor, einem der Zuchtbullen, gelehnt.
Im Ort vor Leutstetten hatte Großpapa ein Vollblutgestüt mit guten Reitpferden aus Ungarn.

Großmamas Familienbesitz

Seine Frau Therese hatte bei der Heirat mehrere Besitzungen mitgebracht, da sie die Letzte aus dem reichen Haus Österreich-Este war:
Sarvár in Ungarn, eine alte fünfeckige Burg, die ein Wallgraben mit Brücke umgab. Dazu gehörten einige Güter, ein großer Waldbesitz mit einer Sägemühle, eine Brennerei und das Gestüt. Es war auch eine ausgezeichnete Hirsch-, Reh-, und Niederwildjagd. Die Großeltern verbrachten viel Zeit dort und unser Groß vater starb dort im Jahre 1921, ein Jahr vor Heinrichs Geburt. So lernte ich auch ihn nie kennen.
Der jüngere Bruder unseres Vaters, Prinz Franz, hatte zu unserer Zeit dort seinen Wohnsitz.

Juanouice war ein Schloss mit schönem Besitz in Mähren, das unser Vater geerbt hatte; der Krieg hat es uns genommen.

Dann war noch eine Villa in Lindau am Bodensee, Villa am See genannt, mit wunderschönem Park am Seeufer. Tante Marie wohnte dort mit ihrem Mann Onkel Nando von Bourbon-Sizilien und den Kindern.

In Schloss Wildenwarth, einem romantisch gelegenen Schlösschen beim Chiemsee, wohnten zwei unverheiratete Schwestern unseres Vaters, Tante Hildegard und Tante Helmtrud. Auch diesen Besitz hatte Großmama Therese mit in die Familie gebracht.

Umzug nach Leutstetten

München war mit der Machtübernahme Hitlers zu unruhig geworden. So zog unsere Familie nach Leutstetten. Von den Ortseinwohnern wurden wir feierlich empfangen: da waren Abgeordnete von Trachtenverein und Feuerwehr, der Schullehrer mit Kindern, allerdings auch schon ein Hitlerjugendführer im braunen Hemd und eine Abordnung von Hitlerjungen.

Ankunft in Leutstetten

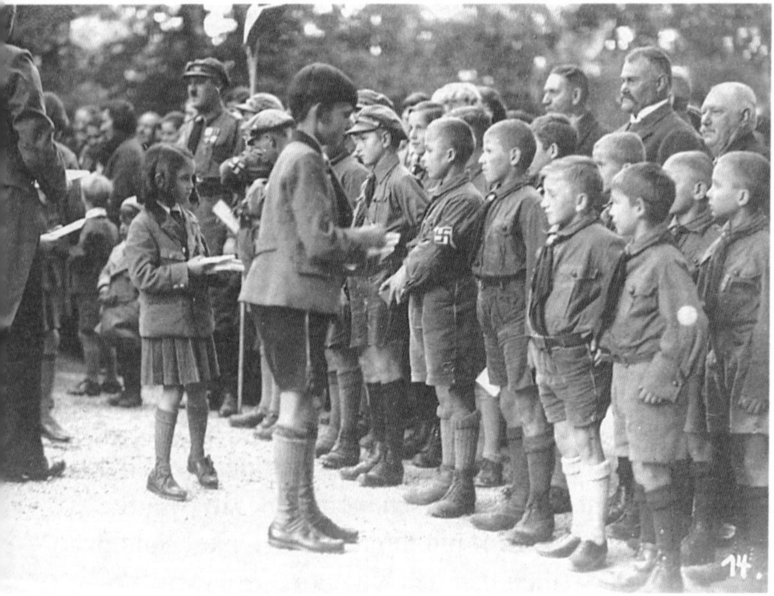

Empfang in Leutstetten

Wir bekamen Blumensträuße von den Kindern, Editha und Gabrielle, die so schöne Stopsellocken hatten, die meisten. Die arme Hilda, die sich geniert im Hintergrund hielt, ging leer aus und schämte sich noch mehr. Leutstetten war kleiner als die anderen Wohnsitze; wir fühlten uns wohler dort als im Leuchtenberg-Palais. Ein Gang mit vielen alten Stichen und Hirschgeweihen an den Wänden führte durch die Mitte des Hauses; es waren Trophäen aus dem Forstenrieder Park, der vor der Revolution noch königliches Jagdrevier gewesen war.

Die untersten Räume hatten Gewölbe; dort befanden sich die Küche, das Esszimmer und Gästezimmer.

Im ersten Stock wohnten die Eltern. Im Gang waren Waffen und eine schöne Turnierrüstung Christophs des Starken, eines Wittelsbacher Herzogs aus den 15. Jahrhundert, eines berühmten Kämpfers. Auch ein Schwert, ein Geschenk des Papstes, hing dort und ein schönes Bild des Kurfürsten Maximilian von Bayern, der im Dreißigjährigen Krieg eine große Rolle gespielt hatte.

Im zweiten Stock wohnten wir Kinder mit Kinderschwestern, Miss Wright und Pauli Bellegard.

Ganz oben im dritten Stock waren unser Schulzimmer und die Zimmer fürs Personal.

Vor dem Schloss war eine große Terrasse; eine Mauer trennte den Garten vom Park. Auf einer kleinen Terrasse stand ein Teehaus, das Salettel. Rechts und links führten Laubengänge zu den Nebenhäusern vor dem Schloss, die von den restlichen Bediensteten und von den verschiedenen Herren bewohnt wurden. Eines hieß der Kavaliersbau, das andere das Jagerhäusl.

In Leutstetten mussten erst Bäder eingebaut werden. Der König hatte als guter Landwirt ein Bad für die Kühe, welches er in Gut Rieden installiert hatte, für wichtiger gehalten.

Die Toiletten waren noch nicht mit Wasser bedienbar, man musste stattdessen eine Schaufel voll Torf hineinwerfen und bei starkem Wind schnell den Deckel schließen, damit man nicht wie ein Neger herauskam.

Als 1935 unsere kleine Schwester Sophie hier geboren wurde, musste ein Flügel angebaut werden.

Der Schlossweiher

Im Sommer waren wir oft am Wasser. Am Schlossweiher hatten wir ein schönes Bootshaus mit Badekabinen. Ein Steg führte den Weiher entlang, da es bei Regen öfters Überschwemmungen gab. Man lief über die Bretter zwischen hohem Schilf und gelber Iris. Vorne war ein Sprungbrett, ein großes Floß lag dort verankert, wo wir badeten und gerne picknickten. An schönen Sommertagen, wenn gerade keine Gäste da waren, durften wir dies abends.

Prinz Heinrich im Kahn

Der Weiher war voller Seerosen, die untergehende Sonne spiegelte sich im dunklen Moorwasser und hie und da hörte man einen dicken Fisch nach Fliegen schnappen. Enten, Gänse, Schwäne und Scharen von Blesshühnern nisteten im Schilf. Auch Haubentaucher und blaue Eisvögel waren zu sehen. Wenn die Sonne unterging, fing das Froschkonzert an.
Papa kam jeden Vormittag zum Baden. Manchmal begleiteten ihn einige Herren. Dann durften wir nicht stören, aber wir schauten voller Bewunderung zu, wie Papa – er war damals schon über siebzig – Kopfsprünge und Saltos vom Sprungbrett aus machte. Die anderen Herren konnten das lange nicht so gut. Er sprang sogar durch einen hochgehaltenen Reifen im Hechtsprung, den Kopf voraus.
Im Bootshaus waren ein Ruderboot und Heinrichs Faltboot, und Onkel Franz hatte seine Reusen, Netze und Angelgeräte dort. Er war ein passionierter Fischer, aß aber selber keinen Fisch.
Es lag auch ein kleines Segelboot dort, die Nussschale, die der Onkel selber gebaut hatte, da er das Bootsbauerhandwerk erlernt hatte. Großpapa hatte nämlich darauf bestanden: jeder der Söhne muss zusätzlich zu einem Studium ein Handwerk erlernen.

Der Dorfkommunist

Dem Schloss gegenüber lag der kleine Bauernhof des Zeiss-Bauern, des Dorfkommunisten.
Seine Schwester Hilde war eine Zwergin, deren Beine zusammengewachsen waren; sie konnte nicht gehen. Großmama Therese, die Königin, ließ sie in München operieren und so konnte sie lernen zu gehen. Vielleicht war uns Zeiss deswegen wohlgesonnen.

Vor seinem Haus war ein großer Misthaufen, ein kleines Holzhäuschen stand darauf, seine Toilette. Dort saß er häufig bei offener Tür, um sein Geschäft zu erledigen, und rauchte seine Pfeife dabei. Wenn wir vorbeikamen, führte er von seinem Thron aus lange Gespräche mit uns. Wir wurden dann auch ins Haus gebeten und bekamen frischen Apfelmost.

Hilda in der Jauchegrube

Eines Tages waren wir wieder beim Zeiss. Es pfiff und wir wollten heimlaufen. Da rutschte Hilda aus, als wir auf einem Brett über die Jauchegrube liefen und fiel hinein. Sie kam stinkend und braun gefärbt nach Hause. Da stand schon Papa mit der Uhr in der Hand, hinter ihm einige Gäste. Papa war vom Militär her sehr pünktlich.

Als er Hilda sah, drehte er sich zu den Gästen und sagte: »Ich stelle Ihnen meine Tochter vor, Odelheid, die schöne Maid!« Hilda versank fast vor Scham; Dalla steckte sie ins Bad.

Milchgesichter

Eines Tages lud uns der gute Baron Kress zu sich ein. Mama warnte ihn, da sie Böses ahnte. Unterwegs fuhr er am Jachtclub vorbei, um seinen Sohn Jobst mitzunehmen. Er und sein Sohn waren Mitglieder dort und begeisterte Segler. Jobst war braungebrannt und betrachtete uns verächtlich: »Ihr seid mir schöne Milchgesichter«, sagte er.

Das konnte sich Heinrich nicht gefallen lassen. Auf dem Rücksitz des Autos gab es eine richtige Rauferei und bald flogen Krawatten, Hüte, Schuhe und sonstiges zum Fenster hinaus. Wir wurden lange nicht mehr eingeladen.

Das rote Dirndl

Gerne gingen wir zu den Aretins. Dort waren fünf Kinder, drei Buben und zwei Mädchen ungefähr in unserem Alter. Sie lebten in einem kleinen Schlösschen in Vagen bei Bruckmühl. Vor dem Haus war eine Gartenanlage mit einem großen Wasserbecken, in den sich stufenweise ein kleiner Wasserfall ergoss. Es war auch ein Gutshof dabei und hoch oben am Hang eine kleine Almhütte für die Kinder.
Die Aretins waren uns von Anfang an sympathisch, und wir wurden gute Freunde. Auch sie liebten Tiere, hatten viele davon und auch so eine nette Kinderschwester wie unsere Dalla, die Dedda hieß.
Große Attraktionen waren für uns die Alm, die verschiedenen Tiere und natürlich auch das Wasser. Oft fuhren wir auf einem kleinen selbstgebastelten Floß herum, bis es auf einmal umkippte. Es war herrlich, und die schönste Belohnung war, dass ich zum Trocknen ein schönes rotes Dirndl von Melli, der ältesten Tochter, ausleihen durfte. Für so einen Lohn wäre ich gerne auch in unseren Weiher gestürzt, aber zu Hause hätte mir das nichts derartiges gebracht.

Reiten und Spielen

Von Reitern wie General Wachter, Baron Redwitz oder Oberst Hunlinger, meinte Papa, sollte ich etwas lernen. Er dachte, dass ich mit ihnen weniger Unfug anstellen

könnte als mit Gabrielle. So wurde ich mit ihnen ins Gelände geschickt.
Wir hatten später neben Pax noch ein größeres Pferd, das in den Sommerferien von einem Reitstall aus München gemietet wurde, den braunen Rappen Mohr. Die Schwestern, hauptsächlich Gabrielle, ritten damit gerne.
Editha spielte lieber mit Mädchen und Puppen und Hilda war gegen Pferde allergisch.

Im Park hatten wir ein kleines Holzhäuschen, das noch von den Tanten stammte und mit hübschem Porzellangeschirr und Besteck ausstaffiert war. Wir spielten gerne dort. Es gab dort Turngeräte, eine Wippschaukel und ein Kaninchengitter.
Heinrich und seine Freunde Ernst und Erwin Höss, die Lehrersöhne vom Dorf, machten oft Überfälle auf uns. Gefangene wurden gemacht. Sie wurden am Kaninchengitter festgebunden und dem Mückenfraß überlassen. Manchmal wurden sie auch auf die Wippschaukel gesetzt und geprellt. Das war unangenehm und schmerzlich.

Merkwürdige Menschen

Wir durften nicht mit allen Kindern im Dorf spielen. Sie wurden vom Lehrer oder vom Pfarrer ausgesucht und empfohlen. Dazu gehörten die Lehrerkinder und der Sohn vom Posthalter.

Im Dorf gab es damals auch viele asoziale Familien, zum Teil Analphabeten und einige Halbtrottel. Natürlich waren die besonders interessant und ich traf sie heimlich am untersten Parktor. Sie erzählten uns von ihrem Zuhause, von betrunkenen Eltern, die sie schlugen und zum Stehlen anleiteten, und von Raubüberfällen. Das beeindruckte mich sehr und nur zu gerne wäre ich mit ihnen auf Abenteuer ausgegangen.

So stand ich auch Wache für sie, wenn sie in den Park eindrangen, um im Weiher zu baden oder zu fischen. Einige wussten, an welchen Plätzen man am besten versteckte Legangeln stellt. Kam jemand, warnte ich sie mit einem lauten Pfiff. Manchmal gab es Meinungsverschiedenheiten und Streit, der in Rauferei endete.

Ein Vetter, ein älterer Herr schien er mir, war Antonius Coburg. Seine Mutter Mathilde war eine jüngere Schwester unseres Vaters: sie hatte den etwas verrückten alten Herzog von Coburg geheiratet und ihre Kinder schlugen dem verrückten Vater nach. Die Mutter war jung an Schwindsucht gestorben.
Sie hatte ein trauriges Leben, schrieb sentimentale Gedichte – einen Band besitze ich noch. Doch sie muss eine Schönheit gewesen sein. Ein Bildhauer verewigte sie auf ihrem Grabmal in der Kapelle von Gut Rieden: dort liegt sie, in Marmor gemeißelt, friedlich schlafend, das Haar fällt über ihre Schultern, mit wallendem Kleid auf der Grabplatte. Ihr zur Rechten und Linken sitzen zwei kleine Engel – oder sollten es Kinder sein – und halten Wache.
Es hat uns sehr beeindruckt und traurig gestimmt. In ihren sentimentalen Gedichten spiegelt sich ihr ganzes Leben.

Antonius war unangenehm für uns, erschreckend. Er bellte, wenn er sprach, hatte ein großes herabhängendes Kinn, das auf der Brust aufsaß, strähnige dunkle Haare und eine krumme Haltung mit leichtem Buckel.

Wir flüchteten bei seiner Ankunft.
Er brauchte immer Geld und machte krumme Geschäfte mit noch krummeren Freunden. Tante Helmi (Helmtrud), die in Wildenwarth wohnte und herzensgut war, nahm ihn immer wieder bei sich auf, was ihr viele Schwierigkeiten einbrachte und nicht ungefährlich war, denn Antonius wurde manchmal gewalttätig, wenn er verärgert war.

Herr Ludwig Wimmer war unser Jäger. Er sah gut aus, war groß und stark und liebte hübsche Mädchen. Der neue Flügel des Schlosses wurde gerade fertiggestellt und der neuen Küche entlang zog sich ein Graben, von dem man in die Küche und in die Kellerfenster sehen konnte. Wir schauten oft hinein. Dort saß der fesche Jäger, ein kicherndes Küchenmädchen auf dem Schoß, das kreischte. Wenn er es zwickte, schien das Mädchen es zu genießen, denn es kuschelte sich an ihn, ein aufregendes Schauspiel. Komisch benahmen sich die Erwachsenen!

Schulzeit

Privatunterricht

Anfangs hatten wir in Leutstetten einen Hauslehrer, Dr. Wilpert, einen jungen Doktoranden aus München. Heinrich musste auch Latein und Griechisch lernen, wir Schwestern nicht. Mir tat Heinrich leid wegen der vielen Extrastunden und ich wollte ihm helfen.
Ich nahm einen Strohhalm, steckte ihn ins Schlüsselloch und als ich ihn anzündete, fuhr der Strohhalm zi-

schend durchs Zimmer, denn ich hatte aus einer Jagdpatrone Pulver eingefüllt.
Dr. Wilpert kam herausgeschossen und suchte den Übeltäter. Ich versteckte mich im Speicher und so verging die Schulstunde.

Dr. Wilpert ging an die Universität und wurde durch Dr. Martz ersetzt. Der war sehr jung, spielte Geige, tat sich aber schwerer, sich bei uns durchzusetzen. Er versuchte es mit Sentiment.
Er gab uns auch Turnunterricht, obwohl er kein Athlet war; er hatte Hängeschultern und weiße Haut und war stark behaart.
Als er mir eines Tages erklärte, die Haare am Körper wären »der Stolz des Mannes«, war es mir zuviel; ich fand Haare grauslich. Er stand mit uns am Schlossweiher auf dem Badesteg mit gespreizten Beinen. Da zündete ich den Urwald seiner Beine hinten an. Er hechtete ins Wasser – und ich bekam endlich Prügel.

Privatunterricht wurde nicht mehr anerkannt; in öffentliche Schulen wollten uns die Eltern nicht schicken; wir wären dann automatisch in die Hitlerjugend oder in den Bund Deutscher Mädchen, den BDM, gesteckt worden.

Der »Musterschüler« in Ettal

Heinrich war einige Jahre in Ettal im Internat bei den Benediktinermönchen. Ich besuchte ihn dort, mir graute vor dem Riesenbau und den vielen Mönchen in ihren Kutten mit Kapuzen.

Heinrich war weitaus der Jüngste und Kleinste der Klasse. Er wurde von den Größeren oft tyrannisiert. Sein Glück war, dass er schlau und voller Erfindungsgeist war und sich dadurch zu wehren wusste.

In der Pause nahm ihm ein Großer jedesmal seine belegte Semmel weg. So schlich Heinrich einmal kurz vor der Pause davon, füllte eine Handvoll Mistkäfer, die er auf der Straße gesammelt hatte, in die ausgehöhlte Semmel und stopfte sie wieder gut zu.
Der große Knabe kam, schnappte sich wie immer Heinrichs Semmel und biss kräftig hinein. Sein Mund war voller halbzerbissener und noch krabbelnder Mistkäfer. Er spuckte und schrie, nie mehr rührte er Heinrichs Semmel an.

Ein andermal bat Heinrich unseren Chauffeur Schatzl, eine Gaspistole mitzubringen.
Es gab einen Gang mit Toiletten im Kloster. Ein Spalt war unten offen, so dass man kontrollieren konnte, welche besetzt waren. Heinrich wusste, dass kurz vor Mittag die lehrenden Patres sich dorthin begaben, um ihr Geschäft zu erledigen. Er nahm zu der Zeit seine eingeschmuggelte Gaspistole und schoss in jede Lücke, in der priesterliche Sandalen zu erspähen waren.
Es läutete zu Mittag und alle Knaben strömten den Gang entlang. Da öffneten sich zugleich viele Toilettentüren. Heinrich sagte: »Ich habe noch nie so ein Sackhüpfen gesehen«. Hustend und spuckend, mit heruntergelassenen Hosen, kamen die Patres herausgestürmt.
Heinrich versenkte die Pistole im Dorfweiher. Es kam nie auf; so blieb ihm ein Rausschmiss erspart.

Da er spielend leicht lernte, gelang ihm mit sechzehn Jahren sein Abitur; dann kam er nach Oxford ins Christchurch College.

Ein Traumpferd

Das Weihnachtsgeschenk – Pax

Im ersten Jahr in Leutstetten gab es zu Weihnachten eine große Überraschung:
Im Gang vor der Treppe stand ein Pferd: ein ewiger Wunschtraum von mir ging in Erfüllung.
Natürlich wollte jeder von uns es füttern und streicheln. Mama musste dazwischen fahren, um Ordnung zu stiften – so bekam es den Namen »Pax« – damit jede Streiterei vermieden werden sollte.

Pax war schon ein älteres erfahrenes Pferd, aber noch voller Energie und Kraft. Es hatte eine hellere Nasenpartie, war braun mit schwarzen Beinen, schwarzer Mähne und schwarzem Schweif.

Ich hatte schon eine Ahnung vom Reiten, da ich als kleines Kind in München öfters ein Pony, das den Krupp-Bohlen gehörte, reiten durfte. Später ritt ich auch in einem Reitstall in der Königinstraße mit Sopherl Arco zusammen.
Wir hatten damals einen Reitlehrer, Balin, der uns auf den Ritten im Englischen Garten begleitete. Er war dick und musste alle Augenblicke absteigen, um in die Büsche zu verschwinden. Ich glaube, er liebte das Bier zu sehr.

Unser Liebling Pax

Pax spielte eine große Rolle und musste für alles herhalten. Wir bekamen nun Reitunterricht von Baron Redwitz, wobei sich Hilda und auch Heinrich die Arme brachen. Heinrich musste dabei sofort wieder aufsitzen und schmerzverzerrt weiterreiten; Schmerz hatte man zu ignorieren, als Mann besonders.

Die Dorf-Ratsch'n

Im Leutstettener Gestüt arbeitete ein Mann namens Wutz. Er hatte ein rotes Gesicht und struppige schwarze Haare. Wenn er uns sah, rief er immer: »Pax bei der Hax!« und lachte. Wir mochten das nicht: eine Beleidigung für unser Pferd. Seine Frau schaute ihm ähnlich

und war sehr geschwätzig; man nannte sie die »Dorf-Ratsch'n«.
Im unteren Stockwerk ihres Hauses wohnte Frau Huber, eine kleine, arme Frau. Wir waren mit ihrem Sohn Schorschi befreundet.
An einem unserer Geburtstage brachten wir Frau Huber und dem Schorschi ein großes Stück unserer Geburtstagstorte.
Frau Wutz, sehr neugierig, lehnte sich weit aus ihrem Fenster und verzog das Gesicht. Heinrich ärgerte sie, und als sie gar zu schimpfen anfing und das Fenster zuhaute, rief er: »Frau Wutz, machen Sie auf, Sie bekommen ein Stück Torte.«
Geschmeichelt öffnete sie das Fenster. Im selben Moment brauste ein Wasserstrahl hinein; Heinrich hatte nämlich den Feuerwehrschlauch entdeckt. Es muss böse ausgeschaut haben in der Wohnung.

Wallfahrt nach Andechs

Nach einem Jahr ritt ich schon alleine und die Kreise wurden immer weiter. Ich stand um fünf Uhr auf, sattelte Pax und war verschwunden.

So ritt ich nach Andechs, zu dem Benediktinerkloster auf einem Hügel, ungefähr 15 km entfernt, einem beliebten Wallfahrtsort. Es gibt gutes Bier dort; das wollte ich kosten. Zuhause war es den Erwachsenen vorbehalten.
In Andechs stellte ich mein Pferd beim Dorfschmied ein und pilgerte auf den heiligen Berg. Ein Kind mit Reithosen und Stiefeln war damals eine Sensation, schon gar an einem Wallfahrtsort, und so wurde ich von allen Seiten begafft.

Ich war so frech, zog meine Reitmütze vom Kopf, hielt sie der Menge hin und sagte: »Eine kleine Spende fürs Ansehen, bitte!«
Die Leute hatten Humor, bald hatte ich genug Münzen für eine Maß Bier und ging in die Schenke. Der Pater dachte, es wäre für den Herrn Papa und gab mir das Gewünschte. Ganz schaffte ich sie nicht, aber es war trotzdem ein Triumph, ich fühlte mich sehr erwachsen. Auf dem Heimweg war ich etwas angeschlagen, aber der brave Pax schaffte es allein.

Im Winter wollte ich den Pilgerritt wiederholen; ich nahm Gabrielle auf Skiern mit. Wir hatten zu Weihnachten ein Skikjöring-Geschirr bekommen, so konnte ich sie mit Pax gut ins Schlepptau nehmen.
Unterwegs kamen wir durch Perchting. Es war kalt und wir hatten Hunger und Durst. So beschlossen wir einzukehren und freuten uns schon auf das verbotene Bier. Im Wirtshaus wollten wir gerade bestellen, da kam, oh Schreck, die Gestütsmeisterin von Leutstetten, Frau Hillenbrand, mit ihrer Schwester, der dortigen Wirtin, heraus und begrüßte uns herzlich: »Ja so eine Freude, dass uns unsere Prinzessinnen besuchen«, sagten sie und wir wurden zu Kaffee und Plätzchen eingeladen. Aus war es mit dem Biertrinken; wir wollten nicht mehr nach Andechs weiterpilgern.

Die Pferde

Im Gestüt waren einige Vollblüter von Großpapa, vier Stuten und der wertvolle Hengst Laudon.
Wutz musste die Boxen ausmisten, er war ziemlich grob. Wenn ein Pferd nicht schnell zur Seite rückte, stach oder schlug er danach mit der Mistgabel.
Einmal attackierte ihn Laudon mit gefletschten Zähnen, packte ihn beim Kragen und hielt ihn hoch. Wutz schrie um Hilfe, und der Gestütsleiter musste ihn befreien. Seitdem hatten alle Respekt vor Laudon.

Ich wusste nichts von der Geschichte und besuchte Laudon jeden Tag in seiner Box. Da saß ich unter seinem Futtertrog, gab ihm Rüben und Zucker und redete mit ihm. Man fand mich; Wutz schlug Alarm. Ich wurde herausgezogen und bekam Stallverbot. Das war schlimm, sowohl für mich als auch für den alten Laudon.

Wir bekamen einen Pferdewagen. Pax wurde eingespannt. Es machte uns große Freude, weil dadurch alle mitkonnten. Aber Pax war nicht an Autos gewöhnt. Ein Ungeheuer auf Rädern kam daher. Pax scheute, ging durch, der Wagen kippte und dabei brach einiges in Scherben. Herr Hillenbrand ging gerade spazieren, sah das Pferd mit den Resten des Wagens daherkommen und fing es ein. Wir kamen mit dem Schrecken davon.

Hilda, Gabrielle und Editha

Unsere Kleintierhaltung

Neben Pax hatten wir noch viele andere Tiere:
Editha hatte eine weiße Ziege Aka. Sie war ein schlaues Tier. Am liebsten fraß sie die teuren Zigarren der Herren und war dabei Expertin im Öffnen von Schachteln. Noch lieber hatte sie die Rosen von Papa, die er mühsam pflegte.

Ich hatte mehrere Kaninchen, die sich ständig vermehrten, und viele, viele Tauben. Diese Tiere hielten wir im kleinen Turmhaus des Schlossgartens.

Unten befanden sich der Stall und die Gartengeräte; der Taubenschlag war in das Treppenhaus eingebaut und mit einer Leiter erreichbar.
Hilda hatte zwei graue Angorakatzen, die Papa von einer Reise mitgebracht hatte. Papa liebte Katzen.

Außerdem hatten die kleinen Schwestern Gimpel, die ihnen Doktor Brenner nach ihrer Blinddarmoperation mitgebracht hatte. Jeder Gimpel sang ein anderes Lied. Hildas Gimpel: »Mit dem Pfeil und Bogen« und Gabrielles: »Der Jäger aus Kurpfalz«.

Ende der Tierherrlichkeit

Die Tiere gingen Papa allmählich auf die Nerven, da sie viel Schaden anrichteten, und eines Tages sagte er: »Wenn diese Ziege noch einmal meine Rosen vertilgt, ist sie weg!«
Wir passten besser auf, aber einmal waren wir unterwegs und da hatte sie jemand herausgelassen. Als wir heimkamen, war Aka weg. Große Empörung! Ich war damals sehr ungezogen und fasste es als Verrat auf. Angefeuert von den Geschwistern griff ich Papa an. Ich wurde aber schnell auf meinen Platz verwiesen.
Aka hatte es nicht schlecht: Papa hatte sie einem Händler geschenkt, der sie gut pflegte und glücklich darüber war, seine eigene Milch zu haben.

Schlimmer ging es den Kaninchen. Editha stellte sich eines Tages vor Papa hin und sagte altklug: »Ich weiß jetzt, was du mit Mama treibst; ich habe es bei den Kaninchen gesehen!«

Papa sagte gar nichts, schien es aber nicht gut aufgenommen zu haben. Es gab eine Bartholomäus-Nacht. Am nächsten Morgen lagen alle unsere Kaninchen mit durchgeschnittenen Kehlen in einer Blutlache im Stall. Wir waren völlig entsetzt und untröstlich. Die gute Miss Wright erklärte uns, es wäre der Marder gewesen; in Wirklichkeit war es einer der Diener. Papa hatte ihm gesagt: »Die Tiere müssen weg«, denn derartigen Sexualunterricht fand er unnötig.
Der Diener Josef aber fand es am einfachsten, ihnen die Kehlen durchzuschneiden. Miss Wright hörte den Lärm, wollte ihn stoppen, kam aber zu spät; der letzte unserer Lieblinge war bereits unter dem Messer.
Wir erfuhren, Gott sei Dank, die Wahrheit nicht. Dem »Marder« Josef wäre es schlimm ergangen.

Uns blieben nur noch die Tauben und die Katzen. Die Tauben wurden immer mehr und flogen uns überall nach, auch in die Zimmer. Sie bekamen Namen aus der Verwandtschaft, je nach Ähnlichkeit.
Als wir nach England mussten, wurden auch sie verschenkt.

Fledermäuse und Maikäfer

Unter der Schlossterrasse war ein Kellerraum, ein früheres Kommunalgefängnis. Eine offene Feuerstelle war in den Gewölben und eine zugemauerte Treppe. Für uns war es der Räuberkeller. Am offenen Feuer brieten wir erlegte Mäuse und Kartoffeln. Lange konnte man es da unten nicht aushalten, da der Rauch durch den Raum zog. Aus dem Treppenhaus kam dann eine Wolke von Fledermäusen heraus. Sie hingen untertags in dicken Trauben von der Decke. Das inspirierte uns.

Baron Kress war einer der Adjutanten von Papa, ein sehr lebhafter, kleiner, etwas beleibter Mann; er hasste Fledermäuse. Eine Fledermaus versteckte ich in meiner Tasche. Die Geschwister machten sich an Baron Kress heran und redeten eifrig mit ihm. Er trug immer eine kleine Krawatte, eine Fliege.
Während die Schwestern ihn ablenkten, indem sie ihm etwas zeigten, wobei er sich drehen und bücken musste, hängte ich ihm vorsichtig die kleine Fledermaus mit dem Kopf nach unten an seine Krawatte. Eine Zeitlang verhielt sich das Tierchen ruhig, doch dann streckte es die Flügel aus und flatterte. Baron Kress gewahrte es mit Entsetzen, fuchtelte wild und schrie um Hilfe. Wir machten uns schnell aus dem Staub.

Maikäfer schwirrten über den Kastanienbäumen und brummten gegen die Fensterscheiben. Beim Schlafengehen machten wir oft verstohlen die Lampe an, um Käfer und Nachtfalter anzulocken und zu fangen. Dazu musste man die Fenster weit öffnen und lauern.
Einmal kam eine Fledermaus, vom Licht angezogen, herein, gerade als Magda, eines der Kindermädchen, das Licht löschen wollte. Sie hatte lange Haare mit Gretchenfrisur. Entsetzt warf sie die Schürze über den Kopf und floh, sehr zu unserer Freude. Wir konnten ungestört die Käferjagd fortsetzen.

Gäste

Die Tante zwischen General und Bischof

Gäste kamen zum Essen: eine alte Tante, verschiedene Herren, darunter auch ein General und ein Bischof.

Wir hatten kurz vorher einen Zauberkasten geschenkt bekommen mit einer Schere, die zwei Meter herausschoss, wenn man sie zusammendrückte. Ich hatte dieses Instrument, das mir gut gefiel, in die Tasche gesteckt. Das Essen dauerte ungewöhnlich lange und die Erwachsenen redeten ununterbrochen. Wir Kinder wollten aufstehen. Vorsichtig zog ich die Schere heraus, visierte damit unter dem Tisch die Beine der Tante an, die zwischen General und Bischof saß. Sie war prüde und steif.
Auf der Seite des Generals sollte sie nun zuerst in Angriff genommen werden; ihr linkes Bein wurde von meiner Schere gezwickt. Die Tante wurde noch steifer, sah empört Richtung General und rückte näher zum Bischof. Doch das war nicht von langer Dauer: auch von dieser Seite sollte sie ins Bein gezwickt werden. Völlig verstört fuhr sie in die Höhe.
Das Resultat lohnte sich für uns: automatisch standen alle auf; die Tafel wurde aufgelöst und wir waren befreit. Den Grund erfuhr niemand, denn »über solche Sachen« redete man nicht.

Besuch aus Ungarn

Im Hochsommer kamen unsere Vettern und Cousinen aus Ungarn. Sie wohnten im Samerhof, dem ehemaligen Gästehaus, dem Schloss gegenüber.

Onkel Franz, der jüngere Bruder unseres Vaters, und Tante Isy hatten sechs Kinder; wir verstanden uns recht gut, obwohl alle, außer Rasso, älter waren als wir.
Ludwig, der Älteste, war sehr sportlich, ein guter Reiter, Segler und Skifahrer. Ich bewunderte ihn; er hatte einen weißen BMW-Sportwagen und viele Freunde,

mit denen er im Jachtclub zum Segeln ging. Wir Kleinen interessierten ihn natürlich nicht.

Deidi, eigentlich hieß sie Maria, war damals schon mit einem Prinzen Orleans-Braganza, einem direkten Nachfolger des letzten Kaisers von Brasilien, verlobt. Auch er war mit zu Besuch, ein nicht sehr großer, dunkeläugiger Mann. Abends ging das Brautpaar Hand in Hand spazieren und saß auf der Bank unter den Kastanien. Wir fanden das komisch und fragten, was sie da tun. Da sagten ihre Schwestern: »Sie gehen Schnecken sammeln«. Wir konnten uns darunter nicht viel vorstellen.

Mit den anderen konnte man mehr anfangen. Muck, die nächste, war voller Ideen.

Mama und Tante Isy hatten am selben Tag Geburtstag, obwohl zehn Jahre zwischen ihnen lagen.

Theater und Zirkus mit den Gästen

Wir beschlossen, zusammen mit den Gästen aus Ungarn ein Theaterstück aufzuführen. Wir einigten uns schließlich auf den »Ritter Blaubart«, da wir alle eine entsprechende Rolle darin fanden: Ritter Blaubart wurde von Loll übernommen, die auch im Leben gerne Theater spielte. Muck spielte dessen Gefährten, Editha mit ihren langen Locken natürlich die Prinzessin und Hilda deren Schwester Anna. Für mich musste unbedingt Pax dabei sein: so spielte ich den jungen Ritter zu Pferd, der als Retter erscheinen musste. Die beiden Jüngsten, Gabrielle und Rasso, waren Pagen und verteilten die Theaterkarten.

Feierliche Einladungen mit schön bemalten Karten wurden ausgegeben und Stühle aufgestellt. Alles spielte sich im Garten ab. Der Taubenturm repräsentierte das Schloss. Die Eltern beider Seiten erschienen. Papa brachte einige Herren mit und das ganze Hauspersonal fand sich ein.

Editha erschien im langen rosa Gewand am Fenster vom Taubenturm mit wehendem Schleier: »Schwester Anna, Schwester Anna, siehst du nichts?« schrie sie und fuchtelte mit den Armen.
Schwester Anna, von Hilda dargestellt, stürzte ebenfalls ans Fenster, blieb aber dabei hängen, der Hut mit Schleier stürzte ab.
Unten im offenen Treppenhaus baumelten schon die sechs erhängten Frauen des Ritters Blaubart, von uns kunstvoll ausgestopfte Figuren. Es ging mehr oder weniger nach Programm, bis ich einreiten musste.
Ritter Blaubart stürzte auf seine Braut los, packte sie fest und verpasste ihr einen Kuss. Das war nicht vorgesehen. Er erhielt dafür eine kräftige Ohrfeige von der erbosten Prinzessin.
Ich stürzte mich mit erhobenem Schwert auf Blaubart und hieb mit aller Kraft auf seinen Kopf ein. Er brüllte: »Du Trottel!«

Nun sollte ich die Prinzessin retten und versuchte, sie aufs Pferd zu ziehen. Sie wehrte sich und schrie. Pax scheute, das Publikum bog sich vor Lachen und die ganze Vorführung platzte.

Ein anderes Jahr veranstalteten wir einen Zirkus. Die Vorstellung klappte besser: Die Cousinen turnten sehr geschickt, Editha vollführte einen Seiltanz, die anderen Schwestern unterhielten das Publikum mit russischen Tänzen und jonglierten mit Bällen, Rasso machte den Clown, ich zeigte Kunststücke zu Pferd. Als Zirkusreiterin galoppierte ich auf dem Pferd stehend durchs Dorf und sprang mit Pax über Gartenbänke und Tische.

Allerdings landete ich dabei im Kies mit aufgeschlagenen Knien, dann kehrte Pax allein in den Stall heim. Armes Pferd, es musste viel aushalten.

Mamas Papagei

Lustig war Mamas grauer Papagei Jaco. Marie Daschinger pflegte ihn. Auch er ahmte gerne alles nach, was er hörte. Wenn der Gong zum Mittagessen schlug, rief er laut mit Breunings Stimme: »Königliche Hoheit, es ist serviert.«
Auch Papas Lachen und Händereiben ahmte er nach. Es war Papas Gewohnheit, sich die Hände zu reiben, wenn er sich freute oder wenn er sich ärgerte.

Jaco mochte keine Herren mit weißem Haar und keine geistlichen Herren in schwarzen Gewändern. Wenn er vor seinem Käfig saß, oben im Treppenhaus, kreischte er ganz abscheulich beim Anblick solcher Menschen und biss sie in die Finger, wenn sie zu nahe kamen. Papa, der weiße Haare hatte, wurde angefeindet. Jaco liebte nur Mama und die Daschinger Marie.

Geburtstagsbowle

Im Mai hatten wir eine Serie von Geburtstagen: Gabrielle und ich, auch Albrecht und Papa.
Um diese Zeit ist in den Leutstettener Buchenwäldern alles voller Waldmeister, einer kleinen weißblütigen

Vorführung als Zirkusreiterin

Pflanze, die herrlich duftet. Man setzt sie in Weißwein an. Papa liebte das besonders, so gab es an seinem Geburtsstag Maibowle, natürlich nur für die Erwachsenen; wir durften kosten.
Als nach dem Essen alle in den Rauchsalon hinüberwechselten, nützten wir den Augenblick, um zum Tisch zu laufen und sämtliche Gläser mit Bowleresten auszutrinken.
Heinrich erwischte die Bowlenschüssel mit dem restlichen Inhalt, versteckte sich damit und löffelte sie mit Genuss aus. Der Erfolg war katastrophal; es wurde ihm sterbensübel. Er übergab sich dauernd, sein Kopf schmerzte und er dachte, er müsse sterben.
Verzweifelt stieg er die Leiter hinauf und verkroch sich im Taubenschlag. Dort fand ihn nach Stunden Editha, der er erklärte: »Nie wieder im Leben trinke ich diesen Wein!« Dabei geblieben ist es nicht!

Uns Schwestern passierte Ähnliches erst später bei der Frau unseres Chauffeurs Schatzl. Sie kochte gut. Wenn wir ihre Tochter Lotti heimbegleiteten, lud sie uns ein: ihre Knödel mit Schwammerl oder der Schmarrn schmeckten selbstverständlich viel besser als das noch so feine Essen im Schloss.
Frau Schatzl machte auch Johannisbeer-Wein aus Beeren aus dem eigenen Garten. Er war süß und stark, das merkte man aber erst nachträglich. Da er uns so gut schmeckte, war die Wirkung dementsprechend. Wir wankten heim.

Nächtliche Bootsfahrt

Heinrich und ich planten einmal einen Nachtausflug. Erst mussten wir dem Haushofmeister mit List und Tücke den Hausschlüssel entführen und dann Mitternacht abwarten, bis wirklich das ganze Haus schlief.
Wir schlüpften in unsere Kleider, nahmen gehorteten Proviant mit und schlichen uns vorsichtig aus dem Haus. Alles wurde im Ruderboot verstaut, das Boot ins Wasser gelassen und wir ruderten los. Es war wunderschön, obwohl etwas unheimlich auf dem dunklen, langsam fließenden Fluss.
Das Schilf raschelte und der Mond warf lange Schatten. Merkwürdige Rufe tönten aus dem Moor und aus den entfernten Wäldern. Wir ruderten gut eine Stunde flussaufwärts, bis wir in den Starnberger See gelangten. Der See ruhte still.
Mit der Strömung ging es schneller zurück; so machten wir noch eine Pause am Galgensee, einem kleinen Weiher, den die Würm durchfließt. Er hat den Namen, weil am Hügel daneben früher der Galgen stand, die alte Richtstätte.
Wir befestigten unser Boot an einem Baumstrunk. Heinrich hatte eine Blechschale mitgebracht und Brennspiritus, auch eine Flasche mit Benzin. Damit entfachten wir ein Feuer im Schiff auf dem Blechuntersatz, um die mitgebrachten Würste zu braten. Sie waren zwar halb verkohlt von der Stichflamme, aber wir aßen sie trotzdem.
Zuhause schlichen wir uns ins Bett, um in der Früh beim Wecken ganz unschuldig aufzustehen. Alles ging gut ab.

Radtouren

Pauli Bellegard machte mit uns Radtouren. Wir sollten dabei Französisch lernen, was selten gelang. Einer der beliebtesten Ausflüge ging zum Kloster Schäftlarn: ein sehr schöner Weg durch kleine Bauerndörfer und blühende Wiesen. Beim Kloster durften wir uns im schattigen Biergarten eine Radlermaß bestellen.

Mit Mama im Moor

Mama machte mit uns Ausflüge ins Moor, durch große Buchenwälder hinaus in den Torfstich und ins Wildmoos. Eine kleine Schänke stand mitten drinnen. Dort wohnte das Torfstecher-Ehepaar Anzenhofer. Zilli schenkte Bier unter der alten Esche aus.

Torfstechen ist eine sehr harte Arbeit; der Torf muss nach dem Stechen sorgfältig aufgeschichtet werden zum Trocknen.
Wir wollten helfen, aber nach einiger Zeit waren wir völlig erschöpft und widmeten uns lieber den Unken, die wir aus den Torfgräben fingen.
Zilli lud uns oft zur Brotzeit ein oder zum Hollerküicherl-Essen, die niemand so gut machte wie sie.
Zillis Mann rauchte Pfeife und lernte uns Watten und Schafkopfen, zwei Kartenspiele, bei denen gewettet und gemogelt wird. Manchmal gesellte sich der Pfarrer aus Wangen, dem nächsten Ort, dazu.
Wir liebten solche Sonntag-Nachmittage und kamen uns dabei sehr erwachsen vor. Anzenhofer ließ uns nämlich auch Bier trinken.

Studienausflüge

Das Forsthaus Mühltal war ein beliebtes Ausflugsziel, da sehr gut gekocht wurde. Dahinter erhebt sich der Karlsberg mit spärlichen Resten der Karlsburg. Kurz vor Gauting ist die alte Reismühle, von der es heißt, sie sei der Geburtsort Karls des Großen.
Wir machten mit Doktor Martz Studienausflüge zu diesen Plätzen. Ich hatte trotzdem keine große Sympathie für Karl den Großen, da er die Schule eingeführt haben soll.

Interessanter fand ich die keltischen Hockergräber, die überall im Wald verstreut lagen, kleine Hügel, einige wurden ausgegraben mit Skeletten in Hockerstellung wie Föten im Mutterleib. Auch Waffen und Schmuck wurde gefunden. Auch der Thier-Kopf war so eine Kultstätte, dem Gott der Germanen Thor geweiht. Ich verbrachte mit Lotti Schatzl, unserer Freundin, eine Nacht dort, aber kein Geist erschien.

Schlitten- und Skifahren

Im Winter fuhren wir gern mit dem Schlitten. Herr Hillenbrand hatte zwei Pferde, die er einspannte, die Paula und die Pöcking. Er nahm uns mit und lehrte uns kutschieren. Als wir selber einen Schlitten bekamen, spannten wir Pax ein; die meisten hingen sich mit ihren Rodeln am großen Schlitten an.
Autos durfte man nicht begegnen; es gab sie selten aber Pax scheute dann und galoppierte ohne Rücksicht auf Verluste heim. Wir hatten mindestens so viel Angst vor Autos wie Pax.

Wir hatten Skiunterricht mit Sopherl Arco und Miss Wright. Diese hatte ein elegantes Paar Skier, aber mit ihren dünnen Beinchen war dieser Sport für sie eine Qual und so erbte ich ihre Skier und war sehr stolz.

Unser Vetter Ludwig fuhr Ski mit seinen Freunden in Garmisch. Eines Tages kehrte er verletzt zurück. Er hatte sich seinen Skistock durch die Wade gerammt. Lange lag er im Krankenhaus in München bei Professor Magnus, einem berühmten Unfallchirurgen. Sein Bein vereiterte schwer und man sprach schon von Amputieren. Penicillin gab es noch nicht. Ludwig weigerte sich. »Ein Guter hält das aus«, sagte er – und er hatte Glück, das Bein blieb erhalten.

Skiunterricht in Leutstetten mit Miss Wright

Sophie, Gabrielle, Hilda, Editha, Irmingard und Heinrich

Sophies Geburt

Mama, die schön schlank war, wurde unförmig. Sie schien deprimiert und redete mit uns Großen öfter vom Sterben. Es war uns recht unheimlich. Schließlich sagte sie uns, sie erwarte ein Kind. Die Geburt unserer jüngsten Schwester Gabrielle lag schon einige Jahre zurück und Mama dachte, es könne diesmal nach so langer Pause vielleicht schief gehen.

Sie wurde nach Starnberg ins Krankenhaus gebracht. Die früheren Geburten hatte sie alle zuhause durchgestanden mit Hilfe von Frau Richter, der Hebamme. Im Krankenhaus, welches damals noch sehr klein war, hatte Doktor Brenner, Internist und Chirurg, ein gebürtiger Russe, die Leitung.

Am 22. Juni 1935 kamen wir mit Miss Wright von einem Spaziergang heim. Ich erinnere mich noch gut daran, es war ein strahlender Sommertag, ich hatte in den Kornfeldern roten Mohn und blaue Kornblumen gepflückt, einen großen Strauß. Auf dem Weg kam uns Dalla entgegen und sagte: »Ihr habt ein neues Schwesterlein und Mama geht es gut!«

Wir durften Mama schon am Nachmittag besuchen und ich brachte ihr den Strauß. Das Schwesterlein Sophie konnten wir nur kurz ansehen, dann wurde sie von einer Klosterschwester weggebracht. Wir waren sehr enttäuscht: Sophie war klein, runzelig und rot, gar nicht schön. Mama schaute erschöpft, aber glücklich aus. Es war eine schwere Geburt gewesen.

Firmung

Mit zwölf Jahren sollte ich gefirmt werden. Kardinal Faulhaber, der Erzbischof von München und Freising, sagte zu, die Firmung in seiner Privatkapelle in München zu spenden.

Der Kardinal war eine bedeutende Persönlichkeit, gerade denkend und fromm. Er hatte oft harte Auseinandersetzungen mit dem Hitler-Regime, da er sich nicht scheute, in seinen Predigten und Rundschriften die Wahrheit zu sagen und einige Prinzipien und Richtlinien der Regierung zu kritisieren und zu verdammen. Er bekam deshalb immer wieder Predigtverbot, was ihn wenig störte. Auch ein Attentat wurde auf ihn verübt: er war beobachtet worden, zu welcher Zeit er an seinem Schreibtisch zu sitzen pflegte, und vom gegen-

überliegenden Haus wurde genau zu der Zeit durch sein Fenster geschossen.
Der Schreibtischsessel hatte in Kopfhöhe einen Einschuss, doch der Kardinal war zufällig in seiner Kapelle. Gott hat ihn beschützt.
Die Tat wurde so gut wie möglich vertuscht, da Kardinal Faulhaber in München sehr beliebt war.

Heinrich, Editha und ich wurden von ihm gefirmt, mit uns auch Sopherl Arco, unsere Spielgefährtin.

Mittags kamen wir nach Schloss Leutstetten zurück. Zufällig waren an dem Tag Königin Friederike von Griechenland und ihr Mann, König Paul, zu Tisch.
Wir kamen an, noch in Weiß gekleidet, und wurden vorgestellt.

Da hörten wir, dass in unserem Weiher ein großer Fischfang stattfände. Er sollte gründlich ausgefischt werden. Wir hatten nichts Eiligeres zu tun, als möglichst schnell zu verschwinden und im Nu waren wir am Weiher.
Überall hatte man Netze aufgespannt und der Weiher wurde richtig durchgesiebt. Wir alle standen bis über die Knie im Wasser und halfen, die Fische aus den Netzen zu befreien. Große Zuber standen herum, in die wir sie hineinwarfen. Es war ein unglaublicher Fang. Riesige, uralte Karpfen kamen zum Vorschein, Hechte wie kleine Krokodile, Waller von einem Meter Länge und darüber und eine Menge anderer Fische. Wir hatten in kurzer Zeit mehrere Zentner beisammen.
Völlig verdreckt, voller Fischschuppen und Schlamm kamen wir ins Schloss zurück, stolz ob der reichen Beute. Wir platzten in den Salon, Königin Friederike war noch da. Die Eltern tranken schwarzen Kaffee mit

ihr und schauten entsetzt, als wir so in den Firmungskleidern erschienen.
Der Besuch aber lachte nur und ging sogar mit, die Beute zu besichtigen.

Hitlers »Braunes Band«

Das Pferderennen

Onkel Franz war Mitglied im Rennverein und ging zu allen großen Pferderennen in Riem. Wir durften einmal mit den Cousinen dabei sein.

Christian Weber, eines der frühesten Parteimitglieder beim Hitler-Putsch, verteilte die Preise für das »Braune Band«, so hieß zu Hitlers Ehren das Rennen. Bei der Siegerehrung standen alle auf und statt des Deutschlandliedes wurde die Hitlerhymne »Die Fahne hoch« gespielt. Die Menschen schrieen »Heil Hitler« und streckten die Hände hoch.

Uns war das äußerst unsympathisch, wir ließen die Hände unten und blieben sitzen. Das Pferderennen war uns verleidet, und wir wollten nie mehr mit.

Ratlos und bedrückt

Es war eine brenzlige Situation: Hitler hatte Österreich angeschlossen und war in der Tschechoslowakei einmarschiert. Er saß fest an der Macht.

Papa war zu seinem Bruder Franz nach Ungarn gereist. Heinrich war in Italien in Pianae, einem Besitz der Luxemburger bei Pisa, mit Tante Lotti und deren Kindern, die beiden kleinen Schwestern waren mit Miss Wright in Rohrenfeld, einem Gut in der Nähe von Ingolstadt, das unserer Familie gehörte. Sie wurden dort vom Förster und dessen Frau versorgt.
Mama fuhr mit Editha und mir nach Rimini an der Adria.

Sie war sehr bedrückt und konnte nicht schlafen, wahrscheinlich hatte sie große Sorgen um unsere Zukunft wegen der politischen Lage.
Wir merkten das und schoben unsere Betten zu ihr ins Zimmer. Am Abend ging Mama mit uns in die Kirche zum Nachtgebet durch einen kleinen Pinienhain. In der Kirche war es dunkel. Wir dachten jedes Mal, hinten im Chorstuhl einen zusammengekauerten Mönch zu sehen, der ganz im Gebet versunken schien. Am Ende unseres Gebets war er verschwunden. Es war etwas unheimlich, gut dass Mama dabei war und sich nichts daraus machte.

Einmal kam uns Heinrich mit Tante Lotti, Onkel Felix und dessen Bruder René besuchen. Die Erwachsenen redeten sehr ernst.

Als wir uns alle wieder in Leutstetten trafen, mussten wir bald ins Internat nach England.

Internatsjahre in England

Roehampton

1936 kamen Editha und ich ins Internat nach England und blieben etwas über zwei Jahre dort, zusammen mit den zwei ältesten Cousinen aus Luxemburg, Elisabeth, die mein Alter hatte und Marie Adelheid, Edithas Altersgenossin. Meine jüngeren Schwestern Hilda und Gabrielle sollten ein Jahr später nachkommen.
Editha freute sich auf das Internat, weil es dort viele Mädchen gab. Mir graute davor. Die Vorstellung, unter lauter Mädchen eingesperrt zu sein und dazu die vielen Klosterfrauen! Unser geliebtes Zuhause zu verlassen, unsere Eltern, Geschwister und Tiere, vor allem Pax, die Berge aufzugeben und die Freiheit!
Ich hasste jede Art von Disziplin, Ordnung und Zwang. Von Natur aus war ich eher ein Einzelgänger mit großem Freiheitsdrang.

Es half nichts: wir wurden in Luxemburg in ein Auto mit dem Fahrer Herrn Schon verladen. Mama, Tante Lotti und ein Aide de camp, Herr De Portoli, begleiteten uns.
Es ging durch den Östling, ein Hochplateau in Luxemburg. Ich erinnere mich noch an die Straßenbegrenzung mit Katzenaugen, die aussahen wie Weihnachtskerzen im verschneiten Tannenwald. Schon bekam ich Heimweh.

Unser Chauffeur war blasenkrank und musste oft stehenbleiben und Wasser lassen. Es roch scharf und ich brachte den Geruch immer in Verbindung mit »Hameschmeer« – das sind Schinkenbrote, die er uns unterwegs immer besorgen musste. Der Bauernschinken vom Östling ist berühmt.
Über die belgische Grenze fuhren wir weiter nach Ostende zur Fähre. Die Überfahrt dauerte an die drei Stunden und das Meer war sehr unruhig. Ich hasste diese Schiffsfahrten. Mir wurde sterbensübel; ich lag in einer Kabine mit üblem Gestank und mir schien, es nähme kein Ende.
Das erste Mal ahnten wir nichts von der Seekrankheit und bestellten uns Hummer mit Majonaise, riesige Platten wurden serviert. Aber sobald der rauhe Seegang anfing, verging uns der Appetit und einer nach dem anderen wurde bleich und verschwand. Nur Tante Lotti und Mama blieben standhaft, aber allein konnten sie die vielen Hummer auch nicht bewältigen.

In Dover nahmen wir den Zug nach London. Die weißen Felsenküsten von Dover sind mir bis heute in unangenehmer Erinnerung: wenn sie auftauchten, bedeutete dies für mich eine lange Zeit hinter Klostermauern.

In London übernachteten wir im Hotel Claridge, einem alten, soliden englischen Hotel. Viel schlief ich nicht in der Erwartung der Dinge, die kommen sollten. Ich hatte ein unangenehmes Gefühl im Magen. Die Wartezeit verbrachten wir am Fenster, beobachteten die Passanten und den regen Verkehr in der Großstadt. München war ein Dorf dagegen! Alles war voll bunter Lichtreklamen, zweistöckige rote Busse fuhren vorbei. Wir waren nervös und gestresst. Zum Zeitvertreib erfanden wir arge Spiele:

Wir machten mit der Ofenzange an den kleinen Gasöfen, die in jedem Zimmer standen, Pfennige heiß und warfen sie aus dem Fenster auf die Straße. Dann beobachteten wir die Leute, die sie aufhoben und schnell wieder fallen ließen. Mama schimpfte uns aus.
Es gab ein sehr gutes Frühstück im Hotel, ganz anders als zuhause: Grapefruit, Cornflakes, Speck und Eier; wir genossen das.

»Sacre Cœur« in Roehampton liegt einige Kilometer außerhalb Londons, ein langgestrecktes Gebäude mit vielen angebauten Flügeln. Vorne waren die Tennisplätze, die große Wiese, wo Hockey und Kricket gespielt wurde, ein Park mit schönen alten Bäumen und ein Teich. Eine hohe Mauer, über die man nicht hinweg sehen konnte, umgrenzte das ganze Gelände.

Wir kamen dort an, das große eiserne Tor öffnete sich und eine Klosterfrau mit weißer Plisseehaube und schwarzem Schleier und Habit empfing uns. Sie umarmte uns alle und küsste uns, ihre kalte Nase und ihre steife Spitzenhaube berührten unsere Backen.
Mama und Tante Lotti waren noch bei uns. Wir wurden alle weitergeschoben ins Empfangszimmer. Dort saß die Mater Oberin und der Ritus wiederholte sich. Einiges wurde mit den Müttern besprochen, dann verabschiedeten sich Tante Lotti und Mama – und wir waren allein mit den Nonnen.

Immer mehr kamen, um uns mit ihren kalten Nasen zu küssen. Dann wurden wir ins Innere geführt; endlose Gänge entlang.

Die Internatsschule Roehampton in England

Überall standen Marien- oder Heiligenfiguren, vor denen man während des Gehens eine Kniebeuge machen musste.

Erst wurden uns die Klassenzimmer gezeigt und das große, mit Eichenholz getäfelte Refektorium. Mädchen in allen Altersstufen standen herum und betrachteten uns kritisch und neugierig. Sie trugen alle die Schuluniform, dunkelblau mit weißem Kragen, darüber Schürzen, in schwarz die Großen, die Jüngeren blau und die Kleinen rosa. Manche waren mit Ordensbändern und Medaillen geschmückt: blau, grün und rosa, je nach Altersstufe.

Dann wurden wir in die Schlafräume geführt und eingekleidet. Meine jüngeren Schwestern Hilda und Gabrielle mussten ein Jahr später zunächst ins große Dormitorium, wo die Betten nur mit Vorhängen abgetrennt waren und eine Nonne zur Beaufsichtigung wohnte.

Wir hatten viele Ausländerinnen in der Schule. Da waren die zwei Schwestern Rospigliosi, Töchter des Prinzen Rospigliosi in Rom; Martine Legg, eine Französin mit spitzer Nase und langem schwarzen Haar, Freundin von Editha; Rosita Prado aus Peru, dick, klein und dunkel, mit flinken Insektenaugen; Mädi und Mimi, die blonden Hohenzollern-Zwillinge; Irinnen, Schottinnen und viele andere.

Sehr beliebt bei den Nonnen sowie bei den Schülerinnen waren die Kennedys, die älteste der Schwestern war in der letzten Klasse. Sie war ausgesprochen fair und angenehm. Joan und Patrizia, die beiden jüngeren, waren verwöhnter. Wegen der hohen Stellung des Vaters hatten sie eine Sonderstellung in der Schule.

Klosterordnung

Wir hatten einige weltliche Lehrkräfte, aber die meisten waren Klosterschwestern.
Die Mutter Oberin war uns gut gesinnt, sie hieß Mother Burnett, war schottischer Herkunft, eine Stuart-Anhängerin. Sie war fröhlich, energisch und machte burschikose Bewegungen. An den buschigen Augenbrauen erriet man ihre roten Haare.

Mother Binni war klein, dunkeläugig und sehr flink.
Mother Katrin gab uns Zeichenunterricht, sie war groß und blauäugig und hatte sehr feine Züge. Editha war ihr Liebling. Jeden Abend kam sie zu Editha ins Zimmer und las ihr von »Christopher Robin und Allabout Celina« vor, Kinderbücher, die sie selber illustriert hatte. Es war ein großes Privileg, das mir nie zuteil wurde.
Mother Löwenstein war eine Prinzessin von Löwenstein und verwandt mit unserer Großmutter aus Luxemburg. Sie muss eine große Schönheit gewesen sein. Warum sie Klosterfrau wurde, fanden wir nie heraus. Etwas Geheimnisvolles umgab sie. Manche sagten, sie trüge dunkle Brillen wegen ihrer schönen Augen.
Mother Michalic gab Klavierunterricht. Sie komponierte selber, war eine Deutsche, eine große Bach- und Beethoven-Verehrerin. Sie selber sah Beethovens Totenmaske ähnlich und spielte mit irrsinnigem Temperament. Wir baten sie oft, den Erlkönig vorzuspielen, wozu sie mit brüchiger Stimme sang.

Jeden Morgen um sechs Uhr kam eine Nonne mit einer Glocke die Gänge entlang und die Türen wurden aufgerissen. Sie sagte: »Sacred heart of Jesus, immaculate heart of Mary« und reichte Weihwasser. Die Antwort der Schüler lautete: »I give you my heart.«
Es war kalt und neblig und verdammt hart aufzustehen, am liebsten hätte man die Türe versperrt oder der Nonne einen Tritt versetzt.
Um sieben Uhr war jeden Tag heilige Messe, danach gab es Frühstück.
Bis zum Mittagessen ging es dann in die Klassenzimmer.

Die ersten Tage fühlten wir uns ziemlich verloren. Alles war so ungewohnt: die Umgebung, die Mädchen und die Sprache.
Gott sein Dank war Elisabeth mit mir in der Klasse. Sie war immer sehr ruhig und beherrscht.

Das Refektorium hatte viele lange Tische. An jedem Tisch saß eine der Ordensbänderträgerinnen zur Beaufsichtigung, am Eingang stand ein Tisch etwas erhöht auf einem Podest, der »Table of Honour«, wo das Oberhaupt saß, damals Mary Thue. Dort zu sitzen war eine große Ehre. Jede Woche wurden andere zu ihr befohlen.
Nach dem Essen gab es eine Stunde Pause, man wurde in den Garten und auf die Spielplätze geschickt. Alle gingen in Kolonne. Man musste sich in einer Reihe aufstellen, eine Nonne klapperte mit einem Gegenstand ähnlich einer Kastagnette, wie die Tänzerinnen in Spanien sie benützen, und der Zug setzte sich in Bewegung.

Nachmittags war wieder Unterricht und Studierzeit im Klassenzimmer. Eine Aufsichtsperson saß immer dabei.

Dienstleistungen

Die Mahlzeiten

Die Tischordnung teilten die »Blue-Ribbons«, die Mädchen mit den Ordensbändern, ein. Sie hielten auch Gericht und zitierten Mädchen, die nach ihrer Meinung etwas ausgefressen hatten, in ihr Ordonanzzimmer.

Dort saßen sie um einen Tisch, kanzelten die Übeltäterinnen ab und verhängten Strafen.
Elisabeth war die einzige von uns, die die Auszeichnung eines »Blue Ribbon« und auch die »Kinder-Marien-Medaille« bekam. Sie war sehr anständig und ehrlich.

Die »Ribbons« zwangen auch bei Tisch, alles aufzuessen, und häuften den Teller voller Gerichte, die man nicht mochte. Manchmal war das hart. Einmal gab es schon schillerndes Fleisch, das schon übel roch, ein anderes Mal Fisch mit Würmern. Wir zogen sie heraus und verweigerten das Weiteressen. Heroisch schluckte das »Ribbon« den Wurm hinunter, ich aber war nicht »britisch« genug, dem Beispiel zu folgen.

Süßigkeiten waren während der Woche verboten. Geschenkpakete wurden sofort von den Nonnen kassiert und nur Sonntags beim Essen freigegeben. Da wurden sie auf einen Teller gelegt und man musste ihn am Tisch kreisen lassen. Es gab Tische mit Töchtern splendider Eltern; da kriegte jede einen schönen Haufen zusammen.

Das Baden

Im Winter fror man erbärmlich. Das kalte, düstere Haus hatte endlose Gänge, die vom berühmten Londoner Nebel, »Pea Soup« genannt, durchzogen waren, welcher überall durchs Haus kroch, so dass man in den Gängen nur wenige Meter weit sah. Alles war klamm und feucht und unheimlich, wenn man nach dem Essen in den weit entfernten Aufenthaltsraum ging, in dem ein Billardtisch und eine Bibliothek waren und Gesellschaftsspiele stattfanden.

Im angebauten Flügel waren Badezimmer und das Krankenabteil. Die Badezimmer waren kleine Kabinen, eine neben der anderen, oben offen. Zweimal wöchentlich kam man dran. Eine Nonne saß zur Überwachung im Gang. Seife und Waschutensilien brachten wir in einem Beutel mit, ebenso das Badetuch.
Zum Baden bekam man von den Klosterfrauen ein langes Leinenhemd überreicht, das hinten geschlitzt war und bis zu den Knöcheln reichte. Das musste man anziehen, damit man beim Baden nicht seinen nackten Körper betrachten konnte. Zunächst wusste ich nicht, was man mit diesem Gegenstand anfangen sollte. Wie sollte man sich so waschen? Ich kriegte einen Lachanfall und wollte das Hemd zurückreichen: »Danke, ich brauche das nicht!«
Die Nonne war empört: »Im Kloster hier lebt man keusch und rein; zieh dein Hemd sofort an, tu, was ich dir sage!« herrschte sie mich an.
Das Hemd war kalt und schwer, wenn man aufstand, um sich zu waschen. So schmiss ich es in die Ecke. Das wiederholte sich jeden Samstag und Donnerstag, bis die Nonnen bei mir Barbarin aufgaben.

Service

Einmal im Monat kam eine Friseuse, eine kleine stämmige Frau mit dicken Beinen und kurzen roten Fingern, wohl aus der Londoner Vorstadt, aussehend wie ein Waschweib.

Sie hatte eine große Flasche mit einer dicken, grünen Flüssigkeit, die übel roch. Mit dieser wurde man eingeseift und dann rubbelte sie einem den Kopf mit ihren roten, zerschundenen Händen. Eine arme, harmlose Person, aber es ekelte uns vor ihr. Selber Kopfwaschen war verboten, natürlich tauchte man aber im Bad aus Versehen unter.

Einmal im Monat kam auch der Zahnarzt. Er hatte eine vorsintflutliche Maschine aus Holz, einem Tretrad ähnlich wie unsere alten Spinnräder. Beim Bohren blieb er dauernd stecken und riss dann fest an dem Bohrer, um ihn vom Zahn zu befreien.
Es war eine üble Prozedur. Wer konnte, drückte sich davor. Aber er fand immer genug Opfer, die ihm nicht entkamen, hauptsächlich bei den Neulingen.

Unsere Turnlehrerin hieß Miss Hocley. Sie trug einen Männerhaarschnitt, war klein und elastisch und eiferte uns zu sportlichen Leistungen an.
Hockey und Kricket sind Team-Spiele, die in England sehr beliebt sind und in allen Schulen gefördert werden. Es werden Spiele zwischen den verschiedenen Schulen ausgefochten, und es ist eine Ehre, zum Team zu gehören.
Ich war für mein Alter groß, dünn und langbeinig und wurde daher am linken Flügel als Läufer eingesetzt. Viel Spaß machte es mir nicht, da ich Gesellschaftsspiele nicht gerade liebte, aber es war immer noch besser, als Aufgaben zu schreiben.
Wir bekamen blaugelbe Sportanzüge in den Schulfarben, dazu entsprechende Krawatten, und wurden gedrillt.

Vor jedem Spiel wurden wir schön aufgereiht und mussten die Schulhymne singen, etwas über »Honour, Glory, Honour, Honour Glory to the Blue and Gold« usw. Wer wen geschlagen oder wer gesiegt hatte, daran erinnere ich mich nicht, aber viele Verwandte und Bekannte der Schüler kamen bei solchen Gelegenheiten; da gab es Tee und Kuchen und man konnte sich vollhauen.

Preisverleihung

Am Ende jedes Schuljahres wurde ein Theaterstück eingeübt, meistens ein Stück von Shakespeare, und dann war Preisverteilung. Alle Eltern wurden dazu eingeladen. Bei uns war das natürlich unmöglich, dafür kam Miss Wright, die damals wieder in London wohnte.
Die talentiertesten Schülerinnen wurden als Schauspieler ausgesucht. Ich erinnere mich an Aufführungen von »King Lear« und von »Midnightsummer-Night-Dreams«.
Ich bekam nie eine Rolle und war heilfroh, da mir öffentliches Reden sehr peinlich war und gar nicht lag.
Bei der Preisverleihung bekam ich aber ein schönes, ledergebundenes Buch mit Shakespeare-Werken. Ich hatte es geschafft, mir den dritten Platz in der Klasse zu erkämpfen, trotz Sprach- und Rechtschreibschwierigkeiten. Mathematik, Chemie und Physik waren meine Stärken und meine Aufsätze galten als originell, nur beim Rechtschreiben haperte es.

Klostergedanken?

Am Sonntag gab es zwei Messen, eine vor und eine nach dem Frühstück, nachmittags noch eine Andacht. Wir mussten bei allem zugegen sein.
In der Fastenzeit war es noch strenger. Die Nonnen taten Buße für all das Böse in der Welt und wachten Tag und Nacht abwechselnd vor dem Allerheiligsten. Zeitweise knieten sie mit ausgebreiteten Armen, was nach kurzer Zeit nicht nur anstrengend, sondern auch schmerzhaft wurde, schlimm für alte herzkranke Schwestern.
Die Schülerinnen ahmten das nach und es wurde fast zu einem frömmelnden Sport, wer am längsten aushielt.

Jedes Wochenende versammelte man sich in einer Marienkapelle vor einem Marienbild, das angeblich errötete, wenn ein Gebet erhört wurde. Wir schauten das Bild wie gebannt an, aber es wollte nicht erröten.

Irgendwann befiel fast jede der Schülerinnen die Idee, sie müsse den Schleier nehmen und sei von Gott berufen, ihr Leben zu opfern.
Auch ich ging durch diese Anwandlung, obwohl es mir ganz und gar widerstrebte und ich deswegen Gewissensbisse hatte.

»Second Rising«

Eine angenehme Einführung gab es, die hieß »Second Rising«. Man konnte hie und da darum bitten bei Mother Ponsonby, die das Krankenabteil führte. Hatte man sie erlangt, hing ein Zettel mit dem Namen der

Glücklichen an der Türe und sie durfte weiterschlafen bis zum Frühstück ohne kalte Frühmesse. Man erfand allerlei Tricks, um »Second Rising« zu erlangen: man schnupfte und hustete und hatte Migräne oder Bauchweh.
Mother Ponsonby, eine große, hagere Frau mit tiefliegenden kleinen Elephantenaugen, war nicht so streng, wie sie aussah. Ich glaube, dass ihr die Kleinen oft Leid taten, die so dringend Schlaf brauchten und jeden Tag bei Dunkelheit in die kalte Kirche mussten. Jedenfalls ließ sie vieles durchgehen und wir waren ihr sehr dankbar.

Liebesszenen

Einmal ließen die Kennedy-Töchter einen der neuesten amerikanischen Filme in die Schule bringen, um eine Sondervorstellung zu veranstalten. Alle waren sehr erfreut und gespannt. Er wurde im Theatersaal vorgeführt und selbst die Nonnen erschienen dazu.
Es war ein amerikanischer Roman, den Namen behielt ich nicht, mit allerlei Liebesszenen. Die Mädchen genossen das und die Nonnen fingen an, unruhig auf ihren Sitzen zu werden. Das Liebesdrama steigerte sich und endete schließlich im Bett. Das war zuviel.
Eine Klosterfrau nach der anderen warf ihren Schleier über das Gesicht und verschwand. Sie versuchten, die Kinder mitzunehmen, die aber verstanden die Aufforderung geflissentlich nicht.
Es war ein Skandal, aber wegen des hohen Ansehens der Kennedys und der edlen Spender wurde der Vorfall vertuscht. Wir freuten uns alle und fanden es witzig. Die armen Kennedy-Eltern wussten bestimmt nicht, was für ein Film geschickt wurde.

Sie kamen am Sonntag öfters ihre Töchter besuchen. Die Söhne waren in Eton, einer berühmten Schule für Knaben, und kamen zusammen mit ihren Eltern in ihrer Schultracht, zu der ein hoher Zylinder als Kopfbedeckung gehörte.
Wir klebten mit der Nase an den Fensterscheiben, um die Besucher zu sehen.
Die Hohenzollern-Zwillinge hatten auch hohen Besuch, ihren Vetter Michael von Rumänien, und machten großes Aufsehen damit.

Wir kriegten selten Besuch außer von der guten Miss Wright, die uns mitnahm, wenn sie Zeit hatte. Sie wohnte damals bei Verwandten in London, da es für sie in Leutstetten keine Aufgabe mehr gab und schon der Krieg in der Luft lag.
Sie nahm uns mit ins Kino oder in den Tierpark. Meistens endete es dann beim Konditor. Einmal nahm sie uns nach »Hampton-Court« in das Schloss Heinrichs VIII. mit, das an der Themse liegt, und im Frühjahr in den »Richmond-Park« mit Damhirschen und Wiesen voller Narzissen und Bluebells.

Verbotener Männerblick

Im Garten durften wir während der Pausen, wenn nicht gerade Hockey oder Kricket auf dem Programm stand, spazieren gehen. Es war aber nicht erlaubt zu zweit zu gehen; in einer Gruppe mussten es drei oder mehr sein. Ich spekulierte immer, über die Mauer zu kommen und abzuhauen; sie war aber gegen die Straße über zwei Meter hoch und mit Glassplittern besetzt.

Auf der anderen Seite war auch eine Mauer, etwas niedriger, und dort grenzte der Poloplatz von London an. Hinüberschauen war strengstens verboten wegen des Anblicks von Männern.
Mich aber interessierten die Polopferde mehr als die Männer, und so stieg ich eines Tages auf die Mauer, um zuzusehen. Irgendjemand verpetzte mich. Es gab beinahe einen Hinausschmiss, was mir nur willkommen gewesen wäre.
Ein anderes Mal sprang ich vom Zaun auf eines der Pferde des Gärtners und drehte eine Runde im Galopp um die Koppel. Ich vermisste unseren Pax.

Antideutsche Stimmung

Bei Queen Mary

Die alte »Queen Mary«, die damalige Königin-Mutter, war eine gebürtige Deutsche, eine Prinzessin von Teck. Sie war eine Person mit viel Haltung und Tradition, nicht groß, hatte prachtvolle weiße Haare und hielt sich aufrecht. Sie lud uns zu sich ein.

Ihr unglaubliches Gedächtnis war mir sehr peinlich; sie erinnerte sich nämlich beim zweiten Besuch, dass ich am Mantel denselben großen Flecken hatte wie im Vorjahr und beanstandete das vor allen Leuten. Ansonsten war sie sehr nett, gab uns gute Sachen zum Essen und ließ uns »Titanias Palace« ansehen, ein riesiges, sehr kunstvolles Puppenhaus, das sie besaß.

Ein peinliches Schulfest

Ich wurde trotz allem nie froh in der Schule und zählte die Tage bis zur nächsten Heimfahrt. Mit der Zeit bekam ich zwar einige Freundinnen: ein nettes Mädchen Joan Horner, und die Zwillingsschwestern aus Seven Oaks, die Viniers und Susan Craemer, ein Mädchen mit blonden Zöpfen.
Die Viniers-Zwillinge waren sehr gut in der Schule, dabei bescheiden; sie verteidigten mich immer. Sie waren loyal zu mir, obwohl damals wegen der Stimmung gegen Deutschland, das man mit Hitler in einen Topf warf, viele Mädchen mit uns Deutschen nichts mehr zu tun haben wollten.

Ich erinnere mich an ein Geschichtsbuch mit Abbildungen aus dem Ersten Weltkrieg: Das Bild unseres Vaters als General-Feldmarschall war auch darin; jemand hatte sein Gesicht mit Bleistift völlig verschmiert. Mir tat das sehr weh. Meine Cousine Elisabeth wollte mich trösten und radierte die Striche weg.
Ich war ihr dankbar, schwor aber, mich zu rächen.

Als dann bei einem Fest Gedichte verfasst und aufgesagt wurden über die in der Schule weilenden Nationen und die dazugehörigen Mädchen aufstehen und aufs Podest heraustreten mussten, war das Maß voll:
Zu Deutschland kam ein Spottgedicht über Hitler und das dazugehörige Volk, und wir sollten uns als seine Anhänger verhöhnen lassen. Ich kochte vor Wut.

Bei Dunkelheit – die meisten waren von den Nonnen schon in Reih und Glied abgeschickt – versteckte ich mich im Gang. Nach einiger Zeit kam eine Gruppe von »Blue-Ribbons« daher, schwätzend und lachend. Sie

erzählten, wie lustig die Szene mit dem Hitler-Gedicht war. Ich machte einen Satz und hatte die erste an der Gurgel, sie flog zu Boden; den anderen beiden erging es ebenso.
So schnell es geschah, war ich auch wieder verschwunden. Sie schrieen hysterisch um Hilfe, aber ich hatte Glück. Ich kam ungesehen in mein Bett. Die Rache war vollzogen.

Die politische Situation wurde immer ernster. Wir durften in den Ferien aber immer noch nach Hause und zählten die Tage.
1939 waren wir das letzte Mal in England und reisten dann mit den Cousinen nach Luxemburg. Es war kurz vor Kriegsausbruch.

Zwischen Luxemburg und München

Ferien in Luxemburg

Im Herbst 1939 brach der Krieg aus. Hitler war in Polen einmarschiert, nachdem er schon Österreich und die Tschechoslowakei annektiert hatte.

Unsere Familie verbrachte die Ferien in Luxemburg. Mama, Heinrich und Sophie waren bereits im Palais unserer Tante, wir kamen aus England dazu.

Vor dem Palais standen immer Wachsoldaten; sie salutierten, wenn man das Palais verließ oder betrat.
Das Palais hatte eine gotische Fassade und wirkte düster. Eine doppelseitige Treppe mit rotem Teppich führte in die oberen Stockwerke.
Mama wohnte im unteren Stockwerk und hatte ein schönes Zimmer mit offenem Kamin neben ihrem Schlafraum.
Wir Kinder waren alle oben unter der Aufsicht von Fräulein Justine Reiner, der Kinderfrau. Sophie und unsere jüngste Cousine Alix standen am meisten unter Justines Fuchtel. Sophie, die Spinat hasste, wurde so lange dressiert, bis sie jeden Tag um Spinat bat, um ihre Ruhe zu haben.

Wir Älteren hatten zusammen mit den Vettern und Cousinen ein Zimmer im obersten Stock eingerichtet, das wir Stepp nannten. Es war abgelegen und wir konnten dort Musik hören und Lärm machen, ohne jemanden zu stören

Einmal jedoch trieben wir es zu arg. Onkel Felix, der im Schlaf gestört wurde, raste herauf und erschien im kurzen Nachthemd. Johny, der gerade mit seinem Gewehr spielte und völlig überrumpelt wurde, reagierte prompt, zielte auf seinen Vater und sagte »bum, bum«. Es war nicht geladen, aber Onkel Felix war so überrascht und schockiert, dass er die Türe zuschlug und verschwand.

Wir kamen auch nach Schloss Fischbach, einem reizenden kleinen Barockschlösschen mitten im Wald in einer romantischen Gegend mit bizarren Sandsteinfelsen. Das Schloss selber ist auf einem solchen erbaut und fällt auf der einen Seite steil ab.
In den Sommerferien durften wir sogar einmal dort bleiben.

Die Ponys, die früher in Schloss Colmar-Berg waren, wurden bei dem Gärtner in Fischbach untergebracht. Da konnten wir ohne Begleitung ausreiten. Wir nützten die Gelegenheit und machten prachtvolle Ritte auf den schönen Sandwegen.

Eines Tages ritten wir zu dritt aus, nahmen uns Rucksäcke mit Proviant und Decken mit und übernachteten im Freien im Wildgatter.
Wir machten uns ein Lagerfeuer, banden die Pferde fest und richteten uns ein Lager; auch wenn wir nicht sehr viel schliefen, war es schön.
Wir bauten ein Baumhaus hoch oben zwischen vier Tannen. Es gab einen kleinen Eisenofen drinnen, den wir mühsam hinaufzogen, und einen Tisch. Johny brachte sogar ein Radio mit und legte eine Lichtleitung.

Beim Reiten scheuten einmal unsere Pferde. Dabei wurde Baby abgeworfen und bekam einen Schlag ins Gesicht. Sie verlor einen Zahn.
Die anderen Schwestern hatten die kleine Sophie aufs zweite Pferd gesetzt. Auch dieses Pferd scheute und Sophie flog im hohen Bogen herunter. Es war arg und wir trauten uns kaum, Onkel Felix oder Großmama davon zu erzählen. Baby hatte besonders schöne Zähne und ihr Vater war stolz auf sie, und Sophie als Kleinste war der Liebling von Großmama.

Die Luxemburger hatten in der Nähe der Stadt ein großes Wildgatter mit Wildschweinen, Damhirschen und Mufflonschafen.
Im Herbst und Winter jagte man im freien Gelände, wo es Wildschweine und Rotwild gab. Die Vettern und Cousinen schossen schon alle gut und wurden bei den Treibjagden eingeteilt. Auch Heinrich durfte mitschießen. Wir hatten noch keine Jagdscheine in unserem Alter und keine Übung.
Onkel Felix merkte, wie gerne ich mit den Cousinen mitgehalten hätte.
Da gab er mir bei einer Treibjagd ein Gewehr in die Hand, stellte mich an einen Waldweg und sagte: »Wenn Schweine kommen, schau dass etwas liegen bleibt!«
Rechts und links war dichter Wald und Gestrüpp. Ich hörte Schweine kommen. Als sie auf den Weg sprangen, um auf die andere Seite zu gelangen, riss ich das Gewehr hoch und schoss. Ein Schwein blieb liegen. Onkel Felix kam herbei und gratulierte mir zu dem guten Schuss. Ich bekam einen Bruch und war stolz und glücklich.

Tante Margarethe von Dänemark, eine Schwester des dänischen Königs, kam öfters zu Besuch. Sie hatte René, einen Bruder von Onkel Felix, geheiratet und war eine gute Freundin von Tante Lotti. Mit ihrer tiefen Stimme wirkte sie auf uns sehr lustig. Ihre drei Söhne Jacques, Michel und André und die Tochter Anne begleiteten sie.

Einmal machten wir zusammen einen Ausflug ins Wildgatter. Tante Hilda war dabei. Wir waren an einem Platz, »Negresse«, wo in einer Höhle eine Negerin gehaust haben soll. Wir sammelten Holz für das Feuer. Da eilte Tante Margarethe herbei und nahm einen brennenden Ast, lief damit herum und zündete alles an, was ihr in den Weg kam. Tante Hilda wurde wütend und verfolgte sie; sie meinte, es gebe einen Waldbrand.
Wir schauten zu, halb entsetzt, halb belustigt. Ich glaube, Tante Margarethe wollte ihre Cousine ärgern, aber das ging uns nichts an.

Einen gefährlichen Besuch machte Großmama. Die Front der Deutschen war vorgerückt.
Großmama ließ sich entlang der luxemburgischen Grenze an die Mosel fahren. Sie stieg aus, besichtigte die Befestigungen und beobachtete die deutschen Truppen jenseits des Flusses mit ihrem Feldstecher. Dabei schimpfte sie laut.
Wir hatten Angst, dass einer der Soldaten sie aufs Korn nehmen würde, um sie abzuschießen.

Unterricht in Brüssel

Nach den Ferien wurden wir mit Justine nach Brüssel geschickt. Graf Baillet Latour stellte uns eines seiner Häuser zur Verfügung.
Jetzt ging der Unterricht in Französisch los. Auch hier kamen wir in ein Sacre Cœur Kloster, aber nur als Tagesschüler. In der neuen Sprache taten wir uns schwer trotz des früheren Unterrichts von Gräfin Bellegard. Im Sacre Cœur von Brüssel gab es Bier zum Essen, das war eine angenehme Überraschung, und wir wurden nicht so angefeindet.

In Erinnerung blieb mir ein Rohrbruch im Haus. Nachts erschien die Feuerwehr und das Wasser floss in Strömen die Treppe herab. Justine sauste herum mit Wischlappen und Eimer, konnte aber nicht viel ausrichten, und wir wateten in Nachthemden in den Zimmern herum.

Sonntags wurden wir fast immer nach Stenogazel eingeladen. Tante Zita von Österreich, Gemahlin Kaiser Karls, war eine Schwester von Onkel Felix. Sie wohnte zu dieser Zeit mit ihren Kindern in Belgien im Exil bei Freunden.
Dort war ein großer Park. Ich erinnere mich, dass wir dort mit unseren österreichischen Vettern einen Feldhasen fingen, der uns elend zerkratzte. Wir mussten ihn wieder laufen lassen.
Eine Gräfin Kerstenbrock war Hofdame bei der Kaiserin. Sie war sehr nett mit uns und versuchte uns zu trösten, denn wir wussten nicht, wo unser Vater, der zuhause geblieben war, sich befand. Wir sorgten uns sehr.
In Brüssel war für uns kein langes Bleiben.

Abschied von München

Als wir wieder von Brüssel nach Luxemburg in Ferien fuhren, bekam Mama Nachricht von Papa aus München: er bat uns, sofort heimzukommen. Also wurde alles zusammengepackt und wir setzten uns in den Zug. Mama war sehr besorgt.

In München erwartete uns unser Chauffeur Schatzl wie immer am Bahnhof.
Die Stadt kam uns traurig vor. Wenige Autos waren unterwegs, es war Verdunkelung angeordnet. Die Menschen schienen grau und verhetzt.

Im Palais trafen wir Papa. Er war sehr ernst. Die Eltern führten lange Diskussionen. Es war eine unangenehme, gespannte Stimmung.
Wir bewohnten die hinteren Räume des Palais, die auf den Innenhof schauten. Sie waren kleiner und man konnte nicht auf die Straße sehen. Nur die Eltern wohnten in den alten Zimmern.
Lotti Schatzl besuchte uns und erzählte uns allerhand vom angefangenen Krieg und dem Schicksal von Bekannten. Viele, die im Schloss gedient hatten, waren eingezogen zum Militär.

Wir gingen wie früher durch den Hinterhof auf die Fürstenstraße zum Hofkonditor Erbshäuser. Er hatte noch Torten in der Auslage, aber als wir zuhause davon kosteten, war die Enttäuschung groß: der Schlagrahm schmeckte wie Seifenschaum und die Schokolade wie mit Sägemehl gemischt. Es gab Lebensmittelknappheit und die Menschen standen Schlange an den Läden. Alles war rationiert.

Wenn wir spazieren gingen, sah man Gruppen von Rekruten, die eingezogen wurden, und marschierende SA-Leute oder Hitlerjugend in braunen Uniformen, die durch die Straßen zogen und sangen: »Und wir fahren und wir fahren gegen Engeland!«

Es wurde Januar, ein sehr kalter Winter kam. Zum letzten Mal saßen wir am Fensterbrett über der Heizung in Mamas Boudoir und schauten hinaus auf den Odeonsplatz. Schneeflocken fielen.
Mich erfasste eine tiefe Traurigkeit. Ich spürte, ich würde nie mehr hier sitzen. Es war ein Abschied für immer.

Exil in Italien

Bei Papst und König in Rom

Zuflucht in Rom

Papa hatte gute Beziehungen zum italienischen Königshaus und auch zum Vatikan. Papst Pius XII. war seit seiner Münchner Zeit als Nuntius ein Freund unserer Familie. So beschlossen die Eltern, mit uns nach Italien zu ziehen.

König Vittorio Emanuele, der von unserer politischen Situation und den Schwierigkeiten wusste, half uns, indem er uns offiziell einlud und uns seinen privaten Salonwagen nach München schickte. Ohne diesen hätten wir sicher die Ausreise nicht erhalten.

Mit uns reisten Pauli Bellegard und Anni Estermann, ein Kindermädchen aus Aschau am Chiemsee.

In Rom wurden wir im Hotel Eden in der Nähe des Pincio untergebracht. Es steht in einer Parkanlage, von der Dachterrasse aus, übersät mit Blumentöpfen und Orangenbäumen, hatten wir eine prachtvolle Aussicht über die Stadt. Auch der Tierpark befand sich in der Nähe.
Es war Anfang Februar. Die Mimosen blühten; eine helle und unbeschwerte Atmosphäre umgab uns nach dem München-Aufenthalt und ließ uns wieder frei atmen.

Das italienische Essen war etwas Neues; es schmeckte uns ausgezeichnet nach der englischen Internatskost; besonders die verschiedenen Pasta-Arten und die großen Käseplatten.

Einladung zum König

In der ersten Woche nach unserer Ankunft wurden wir alle beim König zum Essen im Quirinal eingeladen. Wir Kinder waren sehr aufgeregt; wir wurden in unsere besten Seidenblusen gesteckt. Dazu mussten wir die dunkelblauen Faltenröcke anziehen und die Lackschuhe mit den weißen Socken.

König Vittorio Emanuele und die Königin Elena hatten wir noch nie gesehen, nur die Eltern kannten sie. Die Eltern waren auch bei der Hochzeit ihres Sohnes Umberto mit Marie José von Belgien zugegen gewesen.

Im Quirinal wurden wir von livrierten Dienern und dem Zeremonienmeister empfangen. Er führte uns zum Salon. Beim Eintreten schlug er mit seinem Stab auf den Boden und verkündete unsere Namen.
Der König stand an der Türe, dahinter seine Frau. Er war sehr klein von Gestalt, hatte ein schmales Gesicht mit ausgeprägter Nase. Ich war gerade sechzehn, und er ging mir kaum bis zur Schulter, was mich sehr erstaunte. Ich saß als älteste Tochter zu seiner Linken, rechts saß Mama. Gott sei Dank musste ich wenig reden; der König sprach auch Englisch, mit Mama aber Französisch.
Königin Elena, eine gebürtige Montenegrinerin, war groß und stattlich und herzensgut. Man fühlte sich bei

ihr sofort zuhause. Nach dem Essen beschenkte sie uns mit prachtvollen Käthe-Kruse-Puppen und Pralinen. Sie setzte sich sogar auf den Boden, um mit uns zu spielen.

Meine Puppe war ein blondgelockter Knabe, den ich nach ihrem Sohn Umberto taufte.

Audienz beim Papst

Wir hatten auch eine Audienz bei Papst Pius XII., den die Eltern aus seiner Zeit als Nuntius in München gut kannten. Papa und Mama nahmen uns Kinder mit in den Vatikan.
Meine Schwestern waren in Weiß gekleidet, ich durfte wegen meiner Größe ein langes schwarzes Kleid von Mama anziehen.
Der Heilige Vater war sehr freundlich, redete mit jedem von uns und erkundigte sich nach allen Angehörigen und Angestellten, die er bei uns in Berchtesgaden, Hohenburg und München kennengelernt hatte. Sogar an meinen Hund Wipp erinnerte er sich.

In der Stadt

Außer Papa konnte niemand von uns Italienisch. Wir fanden es aufregend, uns mit den paar Brocken, die wir aufgeschnappt hatten, bei unseren Spaziergängen mit Pauli oder Anni zurechtzufinden.
Papa kannte Rom von seinen vielen Reisen her gut und um uns zu bilden, nahm er uns oft mit. Wir besuchten die Sixtinische Kapelle, die Katakomben und die ver-

schiedenen Galerien. Papa führte uns, blieb bei den bedeutendsten und schönsten Bildern stehen, erklärte uns die speziellen Eigenheiten, an denen man die Künstler erkennen kann, und wusste immer interessante Anekdoten.
Wenn wir mit ihm das Kolosseum und andere römische Bauten besichtigten, schloss sich öfters Professor Curtius an, ein Archäologe, den alte Freundschaft mit unserem Vater verband. Er erklärte uns alles bis ins Detail. Zu unserer Schande muss ich gestehen, dass wir oft unaufmerksam wurden und lieber auf die Eidechsen statt auf die Ruinen schauten, was mir später Leid tat.

Meine Schwester Editha und ich, als die zwei Ältesten wurden, um Italienisch zu lernen, zu den Sacré-Cœur-Schwestern geschickt. Die regulären Klassen konnten wir wegen der Sprachschwierigkeiten noch nicht besuchen; so kamen wir statt ins Internat ins Mutterhaus in die »Villa Lante« am Fuße des Pincio, nahe bei Sankt Peter.

Meine Eltern und die anderen Geschwister fuhren inzwischen nach Florenz. Wir hatten zusammen ein Zimmer zum Garten; hohe Pinien und Zypressen schauten ins Fenster und wohlriechende Büsche säumten den Gartenweg. Auf der Rückseite der Villa kam man in eine enge Gasse. Dort war ein großes Gefängnis. Alle Fenster waren vergittert, man sah nur schattenhafte Gestalten dahinter.

Kleidersorgen

Während unseres Aufenthalts waren wir noch einmal beim König eingeladen. Wir waren sehr aufgeregt, denn wir hatten wieder nichts anzuziehen als unsere alten Institutskleider.
So kauften wir uns mit unserem knappen Geld einen billigen Stoff. Ich glaube, er war weiß-blau kariert wie ein Wirtshaustischtuch, dann schneiderten wir daraus Kleider. Bis auf ein wenig Nähen in der Handwerksstunde in England hatten wir keine Praxis. Der Erfolg war schlimm: die Schultern hingen schief, die Ärmel waren ungleich lang. Wir müssen wie Clowns ausgesehen haben. Dazu hatten wir nur unsere grauen Wollkniestrümpfe, die braunen geschnürten Sportschuhe, die für alles herhalten mussten, und weiße Baskenmützen.

Als der große Tag kam, warteten wir an der Pforte. Ein Kutscher mit livriertem Diener kam mit einem Gespann von vier Schimmeln, um uns abzuholen.
Er stieg aus, ging an uns vorbei und fragte nach den Prinzessinnen. Wir wären vor Scham am liebsten im Boden versunken. Er hielt uns für Putzweiber.
Als der Irrtum aufgeklärt war, fuhren wir mit der Kutsche in unserer »eleganten« Aufmachung durch Rom zum Quirinal.
Die Königin wollte uns sicher eine große Freude mit der Pferdekutsche bereiten und war wie immer sehr herzlich. Das half uns über den Schrecken hinweg.

Kleidersorgen auch in St. Peter

In St. Peter fand eine Heiligsprechung statt. Dazu luden uns die Cousinen ein. Für die königliche Familie waren ganz vorne Plätze reserviert.
Bei solchen Gelegenheiten musste man, wie für den Papstbesuch im Vatikan, im langen Kleid mit Spitzenschleier als Kopfbedeckung erscheinen.
Wieder tauchte das peinliche Kleiderproblem auf. Wir waren erfinderisch und nahmen in der Not lange Nachthemden von den Klosterfrauen und zogen als Oberteil unsere einzigen Seidenblusen darüber.

In St. Peter wurden wir feierlich empfangen im Schlepptau der Cousinen. Zwei mit Hellebarden bewaffnete Schweizer Gardisten geleiteten uns zu den reservierten Plätzen.
Der alte König von Spanien und seine Frau waren auch zugegen. Beide waren große Menschen mit Pferdegesichtern, wie wir es nannten.

Die Heiligsprechung dauerte Stunden. Es war feierlich, aber eher mühsam. Eine Tante reichte Pralinen herum, was uns in der Kirche erstaunte, trotzdem nahmen wir sie dankbar an.

Wieder bei Nonnen

Im Kloster wohnte auch eine Holländerin, eine ältliche Jungfer, dick und eher hässlich, mit unreiner Haut, Inge Eichinger. Wieso sie dort wohnte, erfuhren wir nie. Sie malte und durfte angeblich auch den Heiligen Vater porträtieren, was den Klosterfrauen sehr imponierte.

Deutsch sprechende Personen gab es nicht; sie war für uns die einzige und übte dadurch großen Einfluss auf uns aus. Sie heischte aber auch nach Anerkennung und Mitleid und stachelte uns zu allen möglichen Taten an, die nur Ärger brachten. So streunten wir unter ihrer Anleitung in Rom herum, rupften Blumen für sie im Botanischen Garten oder in den öffentlichen Anlagen, stellten Bänke und Stühle auf den Kopf und machten uns einen Sport daraus, beim Konditor etwas mitgehen zu lassen.

Die Nonnen kümmerten sich wenig um uns, solange die Pension bezahlt wurde.

In dieser Zeit bekam Mama noch finanzielle Hilfe aus Luxemburg von ihrer Schwester, der Großherzogin. Als Luxemburg von den Deutschen besetzt wurde, hörte das auf.

Die Nonnen hatten Angst, wir könnten die Pension nicht mehr bezahlen, und strichen uns das karge Taschengeld. Für mich war das bitter. Ich hatte mir bei einer Auseinandersetzung mit meiner Schwester ein Auge verletzt. Die Pupille war sternförmig verzogen und das Auge schmerzte, aber die Nonnen wollten mir kein Geld für den Arzt vorstrecken. So heilte es schlecht und ich behielt einen Schaden.

Bei den Klosterfrauen fühlte ich mich nie wohl. Es war Krieg; ich wäre lieber nützlich gewesen. So bat ich die Nonnen, ob sie mir nicht zu einer Tätigkeit beim Roten Kreuz verhelfen könnten. Es hätte mir sicher gut getan und ich hätte mich besser entwickeln können als unter Inges Einfluss.

Leider wurde die Bitte wegen meines geringen Alters abgelehnt.

Hohe Besuche

Einmal kamen unsere Cousinen von Bourbon-Sizilien, Urraca und Lucia, um uns zu besuchen. Ihre Mutter Marie war eine Schwester von Papa.
Lucia war mit einem Vetter des Königs, dem Duca d'Ancona, verheiratet und wohnte oft in Rom.

Auch Tante Marie José, eine Schwester Großmamas, besuchte uns. Ihr verstorbener Mann war Herzog Karl Theodor in Bayern, ein bekannter Augenarzt. Solange er lebte, assistierte sie ihm in seiner Klinik bei den Operationen. Wir mochten sie gerne und sie gab uns viele Ratschläge.
Durch die Tante und unsere Cousinen lernten wir die Familie der Prinzen Ruffo kennen, die ein schönes Haus in Rom besaßen.

Einmal kam auch Bruder Albrecht nach Rom. Er führte uns zum Essen aus und versorgte uns mit Süßigkeiten. Wir waren ihm sehr dankbar.

Unter Künstlern in Florenz

In der Villa Bellosguardo

Die Eltern, Heinrich und die kleinen Schwestern waren nach Florenz gezogen, wo Papa gute Bekannte hatte. Baronin Marion Franchetti stellte uns ihre prachtvolle

Editha, Gabrielle, Hilda und Sophie in Florenz an Ostern 1944

Villa Bellosguardo oberhalb von Florenz zur Verfügung.

Nach einigen Monaten, als wir die Sprache einigermaßen beherrschten, kamen auch Editha und ich von Rom her nach.

Die Villa Bellosguardo machte mir einen unauslöschlichen Eindruck.
Sie wurde um 1500 erbaut, liegt hoch über der Stadt, umgeben von wunderschönen Gärten; im weiten Umkreis sah man Hügel mit Olivenhainen, Pinien- und Zypressenwäldern.
Wenn ich zurückdenke, sehe ich eine Landschaft in Silber, Ocker und Blau mit terracottafarbenen Häusern. Ich höre den Schlag der Nachtigallen, das eintönige Gequake der Frösche; die Luft flimmert und alles duftet nach wildem Jasmin und Thymian.

Baronin Marion Franchetti, die Besitzerin der Villa, war eine Bekannte unseres Vaters. Ihre Schwester war mit dem Maler Lenbach verheiratet.
Marion Franchetti war klein und rund, hatte helle, etwas schräg gestellte Augen, die lebhaft dreinblickten; das heißt nur eines, denn das andere war aus Glas. Sie verstand viel von Kunst, ihr Haus war höchst geschmackvoll eingerichtet mit Möbeln der Neuzeit unter prachtvollen Renaissancedecken aus Holz.
Ich denke noch oft an die warmen Nächte, wenn wir auf der Terrasse saßen oder um ein großes Wasserbecken. Von Florenz tönten Drehorgelmusik und Gesangfetzen herauf. Man sah im Tal ein Meer von kleinen Lichtern. Mich mutete es an wie ein orientalisches Märchen, geheimnisvoll und aufregend. Wir träumten glücklich vor uns hin.

Künstler als Nachbarn

Bei Baronin Franchetti verkehrten viele Künstler. Unterhalb in einer Pförtnervilla wohnte Luigino, ihr Sohn mit Familie. Er hatte eine amerikanische Frau und spielte ausgezeichnet Klavier.
Von Florenz durch die Porta Romana, durch eine schmale Straße hinauf in die Via Bellosguardi, kommt man an verschiedenen Villen vorbei, die hinter hohen Mauern versteckt liegen: Da war St. Francesco, das Haus des Bildhauers Adolf Hildebrand. Es war der Wohnsitz seiner Tochter Liesel Brewster. Sie hatte dort ihr Atelier und malte. Der Innenhof mit den Arkaden war angefüllt mit den Skulpturen ihres Vaters.
Auch Eckart Peterich, ein Schriftsteller, mit dessen Tochter wir befreundet waren, wohnte dort. Man nannte sie Cocolo, was so viel wie Liebling der Herzen bedeutet. Sie hatte ein strahlendes Lächeln, ein sympathisches Gesicht und offenes Haar.

Der Nachbar zu Bellosguardo war ein Amerikaner. Er hatte eine große Villa, »Ombrellino« genannt, mit einem schönen schmiedeeisernen Tor.
Einmal waren wir zu Besuch dort. Im Garten hatte er ein großes Wasserbecken, das mit Marmor eingefasst war, drinnen war ein Krokodil, groß, bissig und aggressiv. Wenn es nicht gerade schlief, fuhr es heraus und schnappte. Der Besitzer liebte es abgöttisch.
Später hörten wir, es sei gestorben und der Besitzer habe es einbalsamieren lassen und mit einem Diadem auf dem Kopf aufgebahrt. Er bewahrte es in einem verschlossenen Zimmer auf. Als er sich eine junge Frau nahm und diese das Geheimnis entdeckte, soll sie entsetzt geflohen sein.

Wir genossen diese Künstleratmosphäre, zwischen Verehrung der alten Griechen, heidnischen Gebräuchen und ekstatischem Christenkult. Einige erschienen in wallenden Gewändern und zitierten aus der Odyssee, andere schwärmten von der Matthäus-Passion und gingen auf Exerzitien. Der alte Hildebrand z.B. war Atheist, seine Kinder wurden zum Teil superfromm und ließen sich taufen. Trotzdem durfte man nie fragen, wer gerade mit wem verheiratet war.
Jedenfalls war es eine bunte Gesellschaft und für uns eine Schaubühne, die unsere Phantasie reizte.

Ich saß am liebsten oben am Dach des Turmes, der mit Ziegeln gedeckt war. Von dort aus sah man Florenz liegen und die Hügel der Toskana.
Auch Heinrich war oft oben und einmal brachte er mir eine Zigarre mit, eine lange schwarze Virginia. Ich tat kräftige Züge. Auf einmal wurde mir so elend, alles drehte sich, ich konnte nicht mehr vom Dach in die Luke steigen und blieb liegen. Es wurde Nacht. Ich wachte von einem Stoß auf, meine Füße waren bis in die Dachrinne gerutscht. Ich robbte rückwärts wieder nach oben. Das Spiel wiederholte sich, bis es hell wurde; immer wieder erwachte ich mit den Füßen in der Dachrinne. Eine Virginia rauchte ich nie mehr!

Heinrich hatte eine Blockflöte und spielte häufig. Er komponierte Melodien selber, ähnlich den alten italienischen Madrigalen und spielte stundenlang mit Andacht. Papa störte das sehr. Ich höre ihn noch seufzen: »Oh, diese verdammte Flöte«.

Mit Freunden unternahmen wir Ausflüge in die Gegend. In den Pinienwäldern gab es kleine versteckte Bäche mit Süßwasserkrabben. Wir picknickten dort. Heinrich spielte Flöte wie ein Pan und wir aßen die in heißer Asche gebackenen flachen Brote mit frischen Oliven, welche wir von den toskanischen Bauern bekamen.

Unter Florentiner Volk

Die Eltern wollten Baronin Franchetti entlasten und ihre Gastfreundschaft nicht zu lange in Anspruch nehmen. So zogen sie nach Florenz in die Stadt. Papa wohnte in der Via St. Nicolo 119 in Pension bei Baron Fraunberg. Heinrich hatte zwei kleine Zimmer mit Bad im hintersten Teil der Wohnung.
Mama und die Schwestern waren in der Pensione Rigatti am Lung-Arno einquartiert.

Heinrich war in der Universität eingeschrieben und studierte Rechtswissenschaften. Ich wohnte bei Heinrich in seinem zweiten Zimmer und traf deshalb mehrere seiner Bekannten.

Graf Reynald de Simony kam oft. Er war älter als Heinrich und sehr belesen. Er hatte ein Haus in Griechenland auf der Insel Santorin, wohin er Heinrich mitnahm.
Dann war da Heinz Battke, ein deutschstämmiger Künstler und guter Fechter. Er hatte oft Streitigkeiten, da er ein großer Frauenheld war, und nahm Heinrich gerne als Sekundanten mit auf seine Duelle. Papa durfte das nicht wissen.

Die Fraunbergs gaben eine kleine Cocktail-Einladung für die Jugend, es war für mich die erste.
Ich schämte mich, da ich wieder nur das dunkelblaue Institutskleid mit weißem Kragen und die braunen Schnürschuhe mit den geflickten grauen Strümpfen

von Mama anhatte. Benigna und Eleonora Fraunberg, die beiden Haustöchter, trugen elegante Seidenkleider und prachtvolle, weiche italienische Schuhe.
Ein gut aussehender junger Mann, Gian-Piero Stucchi, saß neben mir. Ich saß steif da, genierte mich und redete kein Wort.

Widerstandsbewegung

Die zwei Brüder Stucchi, Gian-Piero und Franco, aus einer alten Florentiner Familie und Luca Spinola, der beim Cocktail auch zugegen war, forderten Heinrich auf, mit ihnen in die Widerstandsbewegung zu gehen. Papa aber verbot Heinrich, das Haus zu verlassen.
Die jungen Florentiner dagegen lauerten im Apennin ganz dilletantisch den deutschen Truppen auf und schossen unbedacht auf einen Panzer. Natürlich wurden sie sofort geschnappt und von den Deutschen mitten in Florenz gehängt. Alle stammten aus alten Florentiner Adelsfamilien, die wir gut kannten.
Uns blieb das in grauenhafter Erinnerung. Wie leicht hätte unser Bruder dabei sein können.

Liebschaften

Hilda war viel bei den Corsinis. Die Principi Corsini hatten am Lungarno ihr Palais.
Die jüngste Tochter Giulia war in Heinrich verliebt. Sie schrieb lange Gedichte und Romane über ihn in ihr Tagebuch.

Nicolò, einer der Söhne, verehrte Hilda. Er hatte ein rotes Gesicht mit scharfer Nase und stechenden schwarzen Augen und erinnerte mich etwas an einen gesottenen Hummer. Er war scheu, stotterte und spielte gut Klavier, hauptsächlich Jazz. Beim Spielen war er ganz konzentriert, starrte vor sich hin, die Haare hingen ihm ins Gesicht und er schwitzte. Hilda hatte Angst vor ihm.

Seine Mutter war eine stattliche, beleibte Dame mit lila gefärbtem Haar. Auch sie war merkwürdig. Eines Sonntags bekam sie in der Kirche einen Anfall, lief zum Altar vor und fing mit lauter Stimme an, die Messe zu lesen. Der Priester wich erschrocken zurück.

Sonderbare Gestalten

Am bizarrsten war, glaube ich, der Marchese Malenchini in einem Palazzo nicht weit entfernt von uns.
Er war alt und hässlich, dick und klein und hatte eine riesige Erdbeernase voller Blasen.
Uns bot er immer Schokolade an und wollte uns in seine Wohnung einladen, was wir ablehnten. Er lud sich auch zwei oder drei Strichmädchen ein, befahl ihnen, sich nackt auszuziehen, dann kam er herein und schrie: »Un culo in casa mia! Vergogna! Andatevi, via, via!« Das will soviel heißen wie: »Nackte Ärsche, ein nackter Arsch in meinem Haus! Schande, haut ab, weg mit euch!«
Das wiederholte sich. Er zahlte gut für solche Vorstellungen. Die Mädchen waren zufrieden, es war leicht verdientes Geld. Wahrscheinlich gab es obendrein noch Schokolade!
Graf Hubert Deym kannte die ganze Florentiner Gesellschaft. Er hatte neben der Stadtwohnung eine schöne Villa am Hang, nicht weit von Florenz.

Seine Frau Alix war eine gebürtige Baronin Nagel, blond, schlank und sehr elegant. Wir wurden dort eingeladen. Heinrich und ich fuhren mit dem Fahrrad hin. Dort gab es ein Schwimmbecken und Alix führte uns ihre Schränke mit Kleidern und Schuhen vor. Die Schränke waren alle innen beleuchtet. Es kam mir vor wie in Hollywood.

Einmal nahm Hubert Deym Hilda und mich zum Reiten mit in den Cascine, einen großen Park, der die Fortsetzung vom Lungarno bildet. Wir bekamen Reitschulpferde, hartmäulig, die uns durchgingen. Deym sah uns zu, wie wir ums Überleben kämpften.

In der Pension Rigatti gab es einige komische Gestalten. Unten wohnte ein alter Engländer, ein früherer Kolonialoffizier. Er lud uns Mädchen oft in sein Zimmer ein, gab uns Tee und spielte mit uns Kribbage und Beseek, zwei alte englische Kartenspiele, die er uns beibrachte.
Wenn er besonders gut aufgelegt war, fing er an zu singen und machte kleine Tanzschrittchen dazu und summte: »Do you see me dance the polca, do you see me kick up the ground, do you see my shirttales flying as I swing my partner around.«
Ich glaube, er war sehr einsam und freute sich, mit uns Englisch reden zu können.

Ein anderes merkwürdiges Wesen war die blasse junge Frau, die immer mit ihrer Mutter im Esszimmer erschien. Sie war angeblich die Fürstin Obolensky. Ihre Eltern waren während der Revolution aus Russland geflohen.

Eine missglückte Einladung

Baron Fraunberg stammte aus einer alten bayerischen Familie; er war groß, etwas steif und rechtschaffen, hatte blitzblaue Augen und trug immer graue Gamaschen. Seine Frau, eine geborene Contessa Pecori-Giraldi, war klein und zierlich. Mit ihren großen Augen und ihrer scharfen Nase glich sie einem verschreckten Vogel.

Zum Geburtstag der Schwiegermutter, der alten Contessa Pecori-Giraldi, gab es eine Einladung bei den Fraunbergs. Graf Simony war geladen und brachte Liesel Brewster mit.
Vor der Feier verzog sich der Graf für die Wartezeit zu unserem Bruder Heinrich in dessen Quartier. Der wusste, dass Simony nicht trinkfest war, lud ihn gleich zu einer Flasche Wein ein und füllte ihn gründlich ab.
Die Feier begann. Contessa Pecori-Giraldi, eine alte ehrwürdige Dame, saß aufrecht und majestätisch in ihrem Lehnstuhl; die Fraunbergs, Papa, Liesel Brewster mit Simony und ein geladener Bischof saßen ringsherum. Nicoletta, die jüngste der Fraunberg-Töchter, musste ein Gedicht aufsagen, das Papa angefertigt hatte.
Reynald Simony, schon reichlich blau, fing an zu schielen, erhob sich steif und deutete auf Contessa Pecori-Giraldi. Dann sagte er laut: »Wer ist die alte Schachtel?«
Daraufhin klappte er wieder auf seinen Stuhl zurück und fing an, über das alberne Gedicht zu lästern. Baronin Fraunberg, der das sehr peinlich war, wandte sich an Simony und sagte leise: »Das Gedicht hat der Kronprinz verfasst«.

Es half nichts. Simony wandte sich zu Papa, schaute ihn scharf an und sagte: »Majestät, du bist ja ganz klein geworden, du bist ja ganz zusammengeschrumpelt«.
Der Baron versetzte Simony einen heftigen Stoß. Papa, der nichts verstanden hatte, fragte: »Was sagen Sie, Herr Graf?«
Die Gäste rutschten unruhig auf ihren Stühlen. Es sollte noch ärger werden.
Liesel Brewster, damals nicht mehr jung, hatte oft Darmbeschwerden. Sie litt an Verstopfung.
Plötzlich wandte sich Reynald an sie und mahnte: »Lisl, hast du schon deine Pille eingenommen?«
Liesel Brewster versuchte verzweifelt, das Thema zu wechseln und redete auf den Bischof, ihren Nachbarn ein. Doch wieder ertönte Simonys Stimme: »Aber Liesel, du brauchst dich doch nicht zu schämen. Du solltest die christliche Demut üben, erzähle dem ehrwürdigen Bischof nur von deinem Gebrechen!«
Als Liesel schwieg, fing Simony an, dem Bischof Liesels Gebrechen in allen Details auszumalen. Heinrich musste sich fest auf die Lippen beißen, um nicht loszuplatzen. Gottlob fing Simony an zu stottern und sackte zusammen. Er wurde so diskret wie möglich verräumt.

Die Bedrohung wächst

Papa ging jeden Tag im »Giardino del Popolo« spazieren und wir begleiteten ihn abwechselnd. Nachmittags kam Fräulein Eleonore Hopfen. Sie saß an der Schreibmaschine und Papa diktierte ihr seine Memoiren.

Verschiedene Besuche aus Deutschland kamen zu ihm; einmal kam ein Offizier namens Stauffenberg.
Papa redete mit ihm allein.

Mama waren diese Sachen unheimlich. Sie meinte, die politischen Engagements von Papa könnten uns alle gefährden.

Die Eltern überlegten lange, wo wir Kinder am sichersten untergebracht würden. Papa schlug den Vatikan als neutrales Gelände vor, Mama tendierte mehr in die Berge, in die Nähe der Schweizer Grenze.

Ferien in Forte dei Marmi

Am Strand

Von Florenz aus durften wir jedes Jahr in den Sommerferien ans Meer, immer nach Forte dei Marmi zwischen La Spezia und Viareggio.
Ein langer Sandstrand erstreckt sich viele Kilometer der Küste entlang, dahinter große Pinienwälder bis zur Apenninkette hin, durchzogen von Flussläufen.

Wir wohnten etwas außerhalb des Ortes in der Pension Bellaria der Familie Frullani, umgeben von einem schönen Garten mit Pinien und Steineichen. In der dahinterliegenden Pineta gab es eine Kolonie schöner Villen, wo sich Familien aus Florenz, auch Künstler angesiedelt hatten, angrenzend die Bauernfelder mit ihren Äckern und Weingärten.
Beim Aufwachen hörte man den gleichmäßigen Wellenschlag, und der Duft von Kamelien und Jasmin vermischte sich mit dem Salzgeruch des Meeres.
In aller Frühe liefen wir an den Strand. Er war noch menschenleer, nur die Fischer kamen heim vom nächtlichen Fang. Sie zogen die Netze heraus; wenn es ein

guter Fang war, waren sie fröhlich. Was da alles in den Netzen war: Fische aller Art, Krabben, Seepferdchen und Muscheln.

Heinrich durfte manchmal mit zum Fang, die ganze Nacht verbrachte er dann auf dem Meer; wir Schwestern beneideten ihn darum.

Wir liefen oft den Strand entlang, von einer Flussmündung zur anderen. Unterwegs fanden wir schöne Muscheln, Bimssteine und angeschwemmte Quallen.

Gegen zehn Uhr wurde der Strand belebter. Die Bewohner der Villen und der Pensionen kamen. Der Bagnino stellte die Sonnenschirme auf.

In unserer Nähe wohnte Soffici, ein italienischer Schriftsteller. Er hatte eine Tochter Laura und zwei Söhne. Wir befreundeten uns am Strand und machten

Fürst Adolf Schwarzenberg, Tante Hilda, geb. Luxemburg, Kronprinzessin Antonia und Frl. Faber

viele schöne Radtouren zusammen. Am liebsten fuhren wir die Straße am Meer entlang nach Massa und Carrara. Bei Massa gab es wunderschöne glattgeschliffene Steinchen aus rahmweißem und grünlichem Marmor. Die sammelten wir, um uns daraus Ketten zu machen. Weiter in Richtung La Spezia war eine einsame Bucht, umsäumt von Erdbeerbäumen.

Eines Tages schlug Heinrich einen Ausflug in die Berge vor, Cocolo durfte mit. Wir radelten bis Carrara, wo die großen Marmorbrüche sind, und von dort aus nach Seravezza, einem romantischen Ort mit enggedrängten Häusern am Fuße des Apennins. Von dort aus ging es weiter zu Fuß; bergauf in einer Schlucht durch alte Kastanienwälder in ein kleines Bergdorf. Oberhalb waren große Almböden mit Schafen und Ziegen. In einer der Sennhütten gab es Milch, und wir schauten zu, wie man in einem großen Kupferkessel Käse rührte. Warm war es, wir konnten ohne weiteres im Freien übernachten. Heinrich war unser Anführer. Wir saßen um ihn herum und erzählten Geschichten und schmiedeten Pläne.

Tod in den Wellen

Bei Sturm kamen riesige Brecher dahergerollt und überschlugen sich schäumend und donnernd. Der Bagnino stellte dann rote Fahnen am Strand auf, da man nicht hinaus schwimmen durfte.
Es gab tiefe Löcher, wo die Wellen sich brachen und Wirbel entstanden. Bei Wellengang schwammen wir gerne. Wir hatten Bretter, mit denen wir hinausschwammen, um uns vor eine brechende Welle zu werfen und von ihr an den Strand treiben zu lassen. Es war eine Kunst, den richtigen Augenblick zu erwischen. Einige

der jungen Burschen waren Meister im Wellenreiten.
Anni Estermann, unsere Kinderfrau, ging mit uns baden. Sie war keine gute Schwimmerin und ängstlich zudem. Ins Wasser ging sie nur, so weit sie stehen konnte. Einmal geriet sie mit den Schwestern in starken Wellengang. Ich hörte plötzlich einen Schrei: »Hilfe, Anni ertrinkt!« Sie war in ein Loch geraten, zappelte, schluckte Wasser und hielt sich an Gabrielles Hals fest. Gabrielle tauchte in der Verzweiflung unter und konnte so entkommen.
Ich schwamm hin, erwischte Anni und während sie versuchte, sich auch an meinem Hals festzuklammern und mich herunterdrückte, schwamm ich aus dem Wirbel. Annis Kopf hielt ich aus dem Wasser und so schafften wir die Rettung.

Ein anderes Jahr ging es bei starkem Sturm nicht so gut aus: Heinrich und ich schwammen weit hinaus; große Brecher untertauchten wir, bis wir ins offene Meer gelangten. Ein fremder italienischer Knabe hatte sich angeschlossen und war uns nachgeschwommen.
Wir hatten nicht mit der Strömung gerechnet. An die zwei Stunden kämpften wir, um endlich wieder in den Bereich der Brecher zu kommen. Das Meer wurde noch unruhiger. Papa war nervös und schickte Fischer mit einem Ruderboot hinaus. Sie konnten nicht durch die Brecher kommen ohne zu kentern und mussten umkehren. Wir waren ziemlich abgekämpft, hatten aber Glück und kamen durch; doch der arme Italiener ging unter und ertrank. Wir konnten bei der rauhen See nichts von ihm sehen und entdeckten sein Fehlen erst am Strand. Heinrich suchte verzweifelt nach ihm, tauchte trotz der Brecher. Aber in dem aufgewühlten Meer fand er keine Spur. Völlig erledigt kehrten wir zurück.

In den nächsten Tagen fand man die angeschwemmte Leiche; Krabben hatten sie schon angefressen, es war grauenhaft!

An einem anderen Sturmtag gingen wir Hand in Hand ins Meer hinaus und hüpften zusammen über die großen heranrollenden Wellen. Heinrich Schwarzenberg war dabei, als Ältester und Größter am Rande der Kette. Zwei italienische Buben gesellten sich zu uns. Als ein besonders großer Brecher kam, riss er die zwei mit. Einen konnte Heinrich Schwarzenberg noch am Arm fassen und retten, der andere wurde weggerissen und ertrank.

Der erste Verehrer

Die Galli Zugaros kamen jedes Jahr nach Forte dei Marmi. Die Mutter war eine Principessa Massimo aus Rom und weitläufig mit uns verwandt. Sie hatte drei Söhne: Paolo, Fabio und den kleinen »Diavolo«, den ich nur mit Spitznamen in Erinnerung habe.
Paolo war mit sechszehn Jahren schon in der Marineschule, hatte dichte Locken, war etwas kleiner, ein halbes Jahr jünger als ich.
Er spielte sich sehr erwachsen auf und machte mir den Hof. Er schenkte mir seinen Marinegürtel und am nächsten Tag eine Kamelienblüte, er begleitete mich mit dem Fahrrad nach Forte und spendierte mir Eis. Er war mein erster Verehrer.
Am Abend trafen wir uns alle und lagen bei Mondschein im kühlen Sand und lauschten dem rhythmischen Schlag der Wellen.

Das erste Kleid

Wir liefen immer noch in unseren blauen Hängekleidern herum, und ich war schon siebzehn, Sophie fünf. Alle waren gleich angezogen.
Ich beneidete die italienischen Mädchen, die damals Röcke aus zwei zusammengenähten bunten, leinenen Bauerntaschentüchern trugen und dazu weitärmelige Zigeunerblusen. Sie waren so fesch und so erwachsen! Eigentlich fühlte ich mich nur wohl im Badeanzug. Gut gewachsen war ich ja, da war ich allen gleichwertig.

Eines Tages ging Mama zur Schneiderin Vantecchi. Sie musste sich für irgendeine Gelegenheit ein Kleid bestellen und nahm mich mit. Zu meiner großen Überraschung und Freude wurde auch mir Maß genommen.

Ich kriegte mein erstes individuelles Kleid aus Seidenchiffon, hell- und dunkelblau gemustert. Es war wunderschön und ich war glücklich. Ich war kein kleines Kind mehr und konnte mich gerade halten und brauchte mich nicht mehr zu schämen.

Bekannte und Besuche

Forte dei Marmi war ein beliebter Ort, wo sich viele aus der Florentiner-Gesellschaft trafen; die besseren Familien hatten dort ihren Sommersitz. Das allgemeine Publikum war mehr am Strand von Viareggio, einem größeren Ort mit Hafen, ungefähr vierzehn Kilometer entfernt.

Eine Villa gehörte Contessa Avet, die wir aus Florenz kannten; sehr imposant mit lila gefärbtem Haar. Wir mussten manchmal mit Mama einen Nachmittagsbesuch bei ihr machen, was wir nur ungern taten, weil wir gesittet um den Kaffeetisch im Garten sitzen mussten und das Schwimmen versäumten.

Der Schriftsteller Malaparte verbrachte den Sommer in Forte dei Marmi. Er war ein origineller Mensch und wir begegneten ihm oft am Strand.
Auch Tante Hilda und Onkel Adolf Schwarzenberg mit ihrem Neffen Heinrich kamen einmal. Tante Hilda liebte die Hitze. Sie wurde dunkel wie ein Neger und lag stundenlang im heißen Sand. Nach dem Essen spielte sie Patience auf einem Wellenbrett und es war eine Ehre, ihr dabei helfen zu dürfen. Meistens wurden dafür Gabrielle oder ich auserkoren.
Onkel Adolf war dick und liebte es, gut zu essen. Uns gab er viel Geld, um Eis zu kaufen, das wir sonst selten bekamen. Wir mochten ihn sehr gerne; er hatte immer Geschenke für uns und erzählte lustige Witze.

Heinrich Schwarzenberg, Onkel Adolfs Neffe, konnte nicht schwimmen. Er war riesig lang, hatte Hängeschultern und war ganz rosa. Auf seinem langen Hals saß ein kleiner runder Kopf mit tiefliegenden Augen und einem kleinen Schnurrbart. Er ging ins Wasser, bis die anderen den Boden unter den Füßen verloren und machte dann mit den anderen Schwimmbewegungen. Wir nannten ihn den »Regenwurm«.

Auch die Agnellis wohnten in Forte dei Marmi. Gianni, der älteste Sohn und ein Prinz Romanoff wurden uns vorgestellt. Beide hatten Jachten und segelten oft am Strand entlang, manchmal durften wir einsteigen, allerdings nur selten.

Gegen Abend, wenn es kühler wurde, gingen wir in den Ort. Da klapperte man mit den Holzsandalen, den »Zoccolis«, die Straßen entlang und schaute, was los war. Wenn wir Geld hatten, gingen wir zum Eismann; sonst schauten wir den Rollschuhfahrern zu und oft traf man Bekannte.

Abwehr eines Boxers

Unser Bagnino hieß Aleramo. Er war ein schwergewichtiger Boxer gewesen, groß und sehnig. Er fuhr öfters die Flussläufe hinauf mit einem Boot, das in den Büschen versteckt war, um Aale zu stechen.
Einmal lud er mich ein mitzukommen. Ich sagte mit Begeisterung zu, da sonst nur Heinrich das Privileg hatte. Wir marschierten den Strand entlang bis zur Flussmündung und stakten mit einer langen Stange den Fluss hinauf durch einen Urwald von Pinien, Steineichen und Schlingpflanzen. Speer und Netz hatten wir dabei. Weit drinnen legte Aleramo die Ruder nieder und starrte mich an. Mir wurde es unheimlich. Als er dann versuchte, mich beim Arm zu packen, sprang ich im Boot auf und gab ihm so einen Tritt, dass das Boot zur Seite kippte und er kopfüber ins Wasser fiel. Ich zog mich ans Ufer hoch, sah noch, wie er auftauchte, grün voller Algen, und lief, so schnell ich konnte, durchs Gestrüpp Richtung Meer und dann den Strand entlang etliche Kilometer heim.

Durch die täglichen langen Touren gut in Form, konnte mich Aleramo nicht mehr einholen. Von da an machte ich einen großen Bogen um ihn.

Wir erfuhren später, dass Aleramo erst für und dann gegen die Deutschen und die Faschisten kämpfte und auch um sich zu rehabilitieren, Faschisten aus bekannten Kreisen die Kehle durchschnitt.

Tod der Großmama

Es erreichte uns die Nachricht, dass Großmama, die mit Tante Lotti und deren Familie vor dem Einmarsch der Deutschen in Luxemburg nach Amerika geflohen war, an Darmkrebs gestorben sei. Mama war untröstlich.
Ich war auch sehr beeindruckt, doch noch mehr beschäftigte mich, dass unser Pferd Pax gestorben war. Mama nahm mir das mit Recht sehr übel.

Zeichen des Krieges

Man wurde immer wieder an den Krieg erinnert. Bisher hatten wir in Italien wenig davon mitgekriegt. Unsere ungetrübte Ferienstimmung in Forte wurde nun unterbrochen; die deutsche Marine hatte sich im Hafen von La Spezia festgesetzt. Auch in der Nähe von Forte war ein großes Krankenhaus zu einer Kaserne umgewandelt worden.

Man sah viele Militärautos vorbeifahren und Kriegsschiffe zogen einige Kilometer entfernt die Küste entlang. Wir radelten an der Kaserne vorbei und sahen die

Wachposten stehen. Öfters redeten wir mit Matrosen, glücklich die eigene Sprache zu hören.
Sie erzählten uns von Seeschlachten. Einer war dreimal auf einem sinkenden Schiff gewesen. Das Grauen des Krieges kam näher.
Gräfin Bellegard, die merkte, dass wir mit den Matrosen redeten, verbot uns den Kontakt. Deutsche und Nazis waren für die Bevölkerung nicht zu trennen.

Einmal schwammen wir weit hinaus; ich glaube, alle Schwestern außer Sophie waren dabei. Das Meer war ruhig an diesem Tag. Da kam ein Kriegsschiff vorbei, das ein Munitionsschiff im Schlepptau hatte.
Heinrich, den das interessierte, schlug vor, es zu besichtigen. So schwammen wir auf das Drahtseil zu, das die Schiffe verband, hielten uns daran fest und kletterten an ihm hoch auf das Munitionsschiff. Niemand befand sich darauf und wir betrachteten die Ladung höchst interessiert.
Auf dem anderen Schiff gab es daraufhin große Aufregung und wir wurden unter Drohungen herunter befohlen.
So sprangen wir schnell kopfüber von Bord. Es gab argen Ärger zuhause und beinahe Strandverbot.

Das Essen, das bisher reichlich war, wurde allmählich knapper. Lebensmittelmarken wurden eingeführt. Wir hatten immer großen Appetit; so gab uns die gute Frau Frullani nachmittags Brot mit rohen Zwiebeln. Es war köstlich.

Alpträume

Heinrich kam einmal mitten in der Nacht zu mir im Pyjama gerannt: »Komm schnell mit, im Zimmer von Papa ist ein Mann. Er hat Papa umgebracht.«
Ich erschrak sehr, ging aber mit. »Ziehe deinen Mantel an, es ist kalt«, sagte Heinrich, »pass auf, dass er dich nicht umbringt!«
Ich horchte erst an Papas Tür, dann zog ich sie vorsichtig auf.
Da lag Papa und schlief friedlich. Aber Heinrich redete weiter, immer schneller und wirrer. Ich merkte, dass er Fieber hatte.

Brixen

Bei den Englischen Fräulein

Mama und Pauli zogen mit uns nach Brixen. Es war damals ein verschlafenes kleines tiroler Städtchen mit Laubengängen vor den Geschäften. Alles ging ruhig und gemütlich vor sich.
Kurze Zeit wohnten wir im Hotel Elephant, danach quartierten wir uns in der Pension Gasser ein, oberhalb der Eisack im Kurpark.
Als ich am ersten Tag aufwachte, war ich glücklich: Wir waren mitten in den Bergen, die Eisack rauschte vorbei, türkisblau und schäumend, große Fichten- und Tannenwälder auf den Bergkämmen, der Schrei der Bergdohlen und die kalte, klare Luft: Es war wie zuhause, es roch wie zuhause.

Wir wurden zu den Englischen Fräulein in die Schule geschickt. Auch dort war es viel gemütlicher als in Sacré Cœur.
Die Oberin Malfatti stammte aus einer alten Familie aus Padova, hatte ein breites, rotes Gesicht und lustig blitzende blaue Augen, eine vierschrötige Figur. Sie war offen, unternehmend und lustig.
In ihrer Jugend war sie eine gute Reiterin gewesen und hatte allerhand Streiche, die in ganz Padova bekannt waren, gespielt. Wenn in Brixen der Hufschmied aufs Gut kam und ein widerspenstiges Pferd nicht beschlagen konnte, nahm sie ihm das Werkzeug aus der Hand und besorgte das selber mit großem Geschick.
Viele Klosterfrauen stammten aus tiroler Bauernhöfen und waren zum Teil sehr primitiv.
Einmal starb eine der Schwestern; sie hatte ein künstliches Gebiss. Die Schwester, die die Totenwache hielt,

hatte selber kaum mehr Zähne. »Schade um die teuren Zähne« sagte sie, nahm der Toten, die an Tuberkulose gestorben war, das Gebiss aus dem Mund und schob es sich selber hinein. Ob es gepasst hat, erfuhren wir nie.

Sophie, obwohl noch zu jung, durfte auch in die Schule. So lernte sie die italienische Sprache und wurde von allen Schwestern verwöhnt. Sie lief durch die Klassenzimmer und auch durch den Konvent. In der Kirche saß sie im Stuhl der Mutter Oberin und putzte ihre Nase an den Schleiern der vorübergehenden Nonnen ab.
Wir waren Tagesschülerinnen, aber auch die Internen hatten viel mehr Freiheit als die Herz-Jesu-Schülerinnen in England.

Das Kloster hatte zwei schöne Berghöfe auf beiden Seiten des Brixner Tals. Oft machten die Schwestern mit uns Ausflüge dorthin, und im Herbst gingen wir mit ihnen »Törgeln«. Das ist ein alter Südtiroler Brauch: man trinkt jungen Wein und isst dazu »Ketschten«, das sind Edelkastanien, Walnüsse und Speckbrot. Die Klosterfrauen verschmähten nichts, tranken brav und waren lustig.

Schulpolitik

Wenn wir zur Schule gingen, mussten wir durch den Kurpark und über die Eisackbrücke. An Schlachttagen war der Fluss ganz rot und voller Gedärme und Abfälle aus dem Schlachthof.
Es war schon italienische Schlamperei eingerissen. Mussolini hatte zwar versucht, die verschiedenen Stämme Italiens zu vermischen, um daraus eine einheitliche Nation werden zu lassen. So wurden vor allem

Sizilianer und Kalabresen nach Südtirol verpflanzt. Die meisten staatlichen Stellen wurden mit Süditalienern besetzt und auch in den Schulen wurde in Italienisch unterrichtet.

Den alteingesessenen Bürgern und Bauern ging das gegen den Strich und so wanderten viele Südtiroler auf Hitlers Angebot »heim ins Reich« und wurden oft irgendwo im Norden angesiedelt, wo sie todunglücklich waren.

In meiner Klasse waren viele Italienerinnen, meistens Beamtentöchter aus Sizilien. Wir hatten sehr nette Schwestern als Lehrerinnen: Mutter Brechensteiner gab Mathematik; sie und Mater Behr waren aus Bayern.
Turnunterricht bekamen wir von einer weltlichen Kraft. Ich war besonders gut im Hundertmeterlauf und beim Hochsprung und wurde zu allen Wettspielen geschickt. Ich räumte den Hochsprung ab in Brixen, Bozen, Meran, Trento und Rovereto. Daraufhin wurde man auf mich aufmerksam und eine Sportkommission wollte mich für die italienische Mannschaft haben und dazu in die faschistische Partei einschreiben. Als der Antrag kam, war Mama entsetzt und warf ihn in den Papierkorb.

Das Nachtgespenst in der Pension

Die Pension Gasser war eine biedere kleine Pension aus den zwanziger Jahren, die Zimmer waren holzgetäfelt und hatten ringsum Balkone. Herr und Frau Gasser und deren Schwester führten sie. Der alte Gasser-Vater geisterte herum mit stoppeligem, unrasiertem Gesicht. Gasser hatte einen blonden, frechen kleinen Sohn, den Peter, genannt nach seinem Großvater.

Einmal hörte ich, wie eine der Türen sich des Nachts öffnete. Ich meinte, es sei Gabrielle und schlich hinaus, um sie zu erschrecken. Die Türe war noch offen; ich lief ins Zimmer, sprang ins Bett, zog die Decke hoch und wartete. Die Schritte kamen zurück. In dem Augenblick fuhr ich im Nachthemd heraus.
Ein fürchterlicher Schrei, aber nicht von Gabrielle, sondern von einem empörten alten Herrn. Ich war im falschen Zimmer gelandet und rannte wie eine Geistesgestörte an ihm vorbei auf den Gang.

Besuch zu Weihnacht

Zu Weihnachten kamen Tante Hilda mit Onkel Adolph und Heinrich Schwarzenberg, unser Bruder Heinrich, sowie Papa und Tante Adelgunde Bardi.
Wir gingen in den Brixner Dom zur Mitternachtsmette und feierten danach in der Pension. Es gab wieder einen echten kleinen Weihnachtsbaum. Gassers machten Weihnachtsgebäck und schickten uns einen Teller voll. Wir stürzten uns darauf. Da war ein Plätzchen mit einer großen »Mandel« darauf. Eine meiner Schwestern erwischte es, biss darauf und spuckte. Es war ein Zahn, vielleicht der letzte vom alten Gasser.

Tante Adelgunde war sehr lieb. Sie war nur allergisch, wenn jemand am Tisch »Mahlzeit« sagte.
Als wir in den Speisesaal gingen, stand da der alte Gasser-Vater mit seinem Stock und seinem schäbigen Mantel. Er riss die Mütze vom Kopf, als Tante Adelgunde als erste hereinkam und murmelte ergeben: »Mahlzeit«. Tante Adelgunde drehte sich auf der Ferse um und wollte etwas sagen, aber als sie den armen Mann sah, zog sie ihre Geldtasche und warf eine Münze in seine

Mütze. Das war dem alten Gasser noch nie passiert. Er wusste nicht, wie er reagieren sollte und verschwand rücklings buckelnd und »Gesegnete Mahlzeit« murmelnd. Wir platzten fast vor Lachen, durften uns aber nichts anmerken lassen, um die Familie Gasser nicht zu kränken.

Zu Neujahr war es Brauch bei uns, dass jeder ein Neujahrsgedicht schrieb, und das wurde dann vorgelesen. Mama, Heinrich und Editha hatten meistens die besten, natürlich auch Papa.
Alle schrieben ihre Gedichte, nur Tante Hilda weigerte sich. Da kam ihr Neffe an die Reihe, sein Gedicht war das beste. Jede Strophe endete mit: »Nur Tante Hilda dichtet nicht!«

Der Heiratsantrag

Ich glaube, Onkel Adolf wollte mich mit seinem Neffen, dem »Regenwurm«, »verpanschen«. Jedenfalls versuchte dieser, mir im Speicher beim Christbaumschmuck-Suchen einen ungeschickten Heiratsantrag zu machen. Ich war noch nicht reif genug für solche Sachen und lief weg.

Am Abend saß er neben Tante Adelgunde; ich schlich mich mit meinem Bruder hinter seinen Stuhl, befestigte eine Rolle Toilettenpapier an seiner Jacke und stellte einen Wecker unter seinen Stuhl, auch eine Hundewurst mit flüssigem Zubehör.
Nach einiger Zeit höflicher Konversation ratterte der Wecker. Der Neffe fuhr hoch, drehte sich herum, das Toilettenpapier wickelte sich um ihn und er stieg voll in die Hundebescherung.

Die Hotelgäste schauten und schienen belustigt. Mich schaute er nie mehr an. Brutal und unverständlich ist die Jugend!

Bei einem Südtiroler Bauern

In der Pension arbeitete Anna Amhofer. Sie stammte aus einem Bauernhof aus Naz südlich von Brixen. Sie war sehr nett und lud uns ein, auf ihren Elternhof nach Naz zu kommen.
Man ging über Hügel mit Weingärten, durch eine Hochebene mit einem Moor und einem Wäldchen; dahinter lag Naz, eigentlich nur einige Bauernanwesen, darunter der Hof der Amhofers. Die Familie war wie viele Südtiroler schon fast tausend Jahre auf ihrem Hof ansässig. Es wurde uns alles gezeigt und wir durften mit den Brüdern mitarbeiten. Wir bekamen Sicheln und mähten den ganzen Tag auf den Steilhängen. Nach der Arbeit gab es eine große Schüssel voll »Plenten-Knödel«, aus Buchweizen gemacht – anderes wächst nicht in dieser Höhe – schwarz und schwer, aber nach der harten Arbeit konnte man sie verdauen. Dazu gab es Speck mit Milch. Jeder langte mit Gabel oder Löffel in die Schüssel und wir hatten guten Appetit.

Wir kamen noch oft nach Naz zum Aushelfen. Ich bekam ein großes Kompliment von Vater Amhofer. Er sagte, ich könne bleiben, so eine Schwiegertochter wäre ihm recht, denn ich arbeite wie ein Mann.

Ich modellierte auch ein Relief des heiligen Aloisius. Irgendwo hatte ich Ton aufgetrieben. Er stand lange in der Auslage eines religiösen Geschäfts neben dem Dom und wurde verkauft.

In Neustift, einem Kloster in der Nähe von Brixen, bekamen Editha und ich Nachhilfeunterricht in Latein und Mathematik. Editha, die einen schlechten Orientierungssinn hatte, ging jedes Mal in die verkehrte Richtung, obwohl das Kloster in Sichtweite lag.

Kampf mit einem Alpini

Ich hatte einen Lieblingsplatz kurz hinter Neustift an der Eisack. Ein kleiner Weg führte den Fluss entlang und endete in einer Klamm, dort war kein Weiterkommen; ich glitt eine steile Böschung hinunter, und man musste dann den Fluss entlangturnen zu einer schönen Felsplatte, auf der ich stundenlang sitzen und dem wild rauschenden Fluss zuhören konnte. Es war mein Geheimnis, ich nahm nie jemanden mit.

Einmal hörte ich dort ein Geräusch und entdeckte einen Alpini-Offizier, der mir nachkam. Am Felsen gab es kein Zurück.
Ich stieg ab und wartete mit dem Rücken gegen den Felsen. Der Mann stieg ebenfalls ab und grinste mich an. Ich warnte ihn und sagte, er möge sofort verschwinden. Er lachte, machte einen Schritt vorwärts und riss mir das Rad weg.
Wie ich es machte, weiß ich nicht mehr genau: ich ließ ihn über mein Bein rollen und gab ihm einen Stoß unters Kinn. Jedenfalls schlug er einen Salto die Böschung hinunter, ich schmiss ihm sein Fahrrad nach, nahm mein Rad, drehte schnell und rief »Ciao bello« und war weg. Heinrichs Judotraining hatte mir genützt.

»Besoffen ist sie!«

Gräfin Courten mit Tochter Philippa, die wir schon von Florenz kannten, hatte uns die Adresse der Pension Rigatti vermittelt. Die Courtens kamen zur Sommerszeit nach Brixen. Mit ihnen machten wir Ausflüge. Gräfin Courten war Amerikanerin und hielt sehr auf Etikette und Manieren, der Graf war gemütlicher und eine Künstlernatur; er war Architekt und zeichnete schön. Die Courtens kannten die besten Gaststätten und führten uns dort ein, auch mit den alten Familien in der Gegend waren sie bekannt.
Da waren die Preysings. Graf Preysing hatte die letzte Tochter der Wolkensteiner geheiratet und war so in Besitz von Schloss Rodenegg gekommen, das zwischen Brixen und Brenner liegt.
Der Sohn Arthur verehrte Hilda. Er war nicht schön, klein, blond und dicklich. Seine Eltern aber hofften, er könne mit der Zeit eine gute Partie werden.

Einmal nahmen die Courtens Mama und Pauli und uns Kinder mit nach Schloss Karneid bei Bozen, einer alten Burg auf einem Hügel vor dem Eingang ins Grödnertal. Wir wurden zum Essen empfangen und kriegten Wein vorgesetzt von einem eigenen Weinberg, ich glaube es war Gold-Terlaner. Danach tobten wir im Schloss herum, liefen die Wehrgänge entlang und schauten ins Gefängnis und in die Zisterne.

Baron Miller schätzte den Wein und bestand darauf, uns nach dem Essen sein Weingut zu zeigen. Er hatte einen Gutshof mit Weinkeller. Nach der Besichtigung gab es eine reichliche Brotzeit mit Weinprobe. Wir nutzten die Gelegenheit und tranken reichlich. Mama schaute über den Tisch und machte uns Zeichen aufzuhören; wir waren nicht ansprechbar.

Endlich bestellte Gräfin Courten zwei Taxis zur Heimfahrt. Beim Aufstehen fiel Gabrielle um, wurde steif und weiß wie Wachs. Der Fahrer half, sie auf den Vordersitz zu heben. Auf einmal streckte sich Gabrielle und entleerte sich übergebeugt am Ärmel des Fahrers. Der wischte sich unwillig ab, roch am Ärmel und sagte: »Besoffen ist sie!«
Gräfin Courten schoss hoch: »Unverschämt sind Sie, so etwas zu behaupten, die kleine Prinzessin hat nur Schokolade getrunken und verträgt Autofahren schlecht«. Der Chauffeur erwiderte nur: »Das kennen wir schon« und fuhr erbost weiter. Der Fahrpreis wurde hoch wegen der Autowäsche und der Kleiderreinigung.

Sicher in den Dolomiten?

Erste Begegnung

Ich hatte inzwischen die Handelsschule bei den Englischen Fräulein absolviert, hatte Kurzschrift, Maschineschreiben und Buchführung erlernt und hätte gerne eine Stellung angenommen. Doch mein Brixner Aufenthalt sollte bald wieder zu Ende sein.

Heinrich war mit Papa in Florenz geblieben und besuchte uns öfters, wenn es sein Studium zuließ.
Einen Ausflug, den ich nie vergessen kann, unternahmen wir alle zusammen: es war meine erste Begegnung mit den Dolomiten.
Hinter Brixen ist eine runde hohe Bergkuppe, die Plose. Wir stiegen hinauf. Heinrich ging voraus mit dem Rucksack, wir vier hinterdrein, durch Fichten- und Föhrenwälder auf kleinen Steigen, vorbei am Karnol, einer reizenden Kapelle mit gotischen Fresken, immer höher hinauf.
Es war Mai, unten blühten bunt die Wiesen, an der Baumgrenze lag noch Schnee. Als wir über die Kuppe kamen, war die Sonne da und in der Ferne sah man die Dolomiten: ein Meer von bizarren Zacken und Gipfeln, rosafarben im Sonnenlicht. Sie erschienen mir, als ob sie aus Wolken bestünden und gleich zum Flug abheben würden, so leicht und elegant ragten sie in den Himmel, Traumgestalten.

Diese Vision hat mich nie verlassen, und die Liebe zu den Dolomiten ist mir geblieben. Ich wollte sie genauer kennenlernen. Die Gelegenheit kam bald.

Mama nahm uns mit auf den Sella-Pass. Erst mussten wir nach Klausen. Auto hatten wir keines, so fuhren wir mit dem Zug. Eine Schmalspurbahn ging durch das Grödnertal, durch Ortisei bis Gröden.
Im kleinen Zug saßen Tiroler Bauern in groben Lodenanzügen, karierten Jacken und blauen Schürzen, die sie immer umgebunden hatten. Die Waggons hatten hohe Fenster mit Vorhängen; die kleine Dampflok puffte mit großen Rauchwolken mühsam den Berg hinauf.

Zum Sella-Pass hinauf ging man zu Fuß in gut zwei Stunden. Später, als wir die Leute kannten, holte Fortunato, der Kutscher vom Sella-Pass, unser Gepäck.
Das Panorama war so überwältigend, dass einem die Zeit nicht lange wurde: die steilabfallenden Wände des Sella Massivs, uns gegenüber die Gipfel des Langkofel, die Fünffinger-Spitzen und Grohmann.

Ri Palmquists Unterstützung

Am Sella-Pass blieben wir im »Rifugio Passo Sella«. Die Valentinis aus dem Fassa-Tal, Ladiner, waren die Wirtsleute. Als wir zum Frühstück kamen, saß am anderen Tisch eine einzelne Dame mittleren Alters, die uns aufmerksam betrachtete.
Wir fragten Sabina, die Bedienerin, nach ihr. Sie erzählte uns, das sei eine Schwedin, Ri Palmquist, die schon lange da sei und mit berühmten Bergführern klettere. Wir beobachteten uns gegenseitig, bis Mama mit ihr ins Gespräch kam und sich bald befreundete.

Irmingard, Gabrielle und Editha in den Dolomiten

Ri war wegen des Krieges hier hängen geblieben; sie hatte kein Geld, da es unmöglich war, Devisen über die Grenze zu bekommen. Da sie sehr musikalisch war, sie spielte ausgezeichnet Geige, gab sie den Töchtern der Valentinis Klavierunterricht.

Der berühmte italienische Bergführer Emilio Comici, der leider früh verunglückte, ging oft mit Ri in die Berge, und sie machten manch schwere Klettertour zusammen. Nun schlug sie Mama vor, uns das Klettern beizubringen; wir waren glücklich darüber.

Die erste Tour, die sie mit uns machte, waren die kleinen Sella-Türme. Wir bekamen Kletterschuhe mit Filzsohlen und Bundhosen aus Kord und wurden angeseilt. Ri führte uns. Es war eine kurze, leichte Kletterei, aber es war schön. Das Gefühl, in der dritten Dimension zu gehen, den Fels unter den Fingern, alles aus der Vogelperspektive zu sehen, war ein tiefgehendes Erlebnis. Ganz eins zu sein mit dem Berg, es wurde zu einer Passion.

Ri brachte uns mit Herrn Glück zusammen, einem Bergführer aus Gröden. Mit ihm bestiegen wir die Fünffingerspitze, erst durch den Kamin und dann über die Kante, keine technisch schweren Touren, aber luftig.
Ich erinnere mich, wie er im Kamin stand, breitbeinig, um die Nachkommenden abzusichern. Zwischendrin zog er seine Flasche mit Schnaps heraus und nahm einen tiefen Zug.

Sonst übten wir mit Ri im Felsengarten, das waren die großen Blöcke, die herumlagen auf der Passhöhe. Zwischen ihnen wuchs eine Unzahl von Edelweiß, Schafe weideten dazwischen.

Irmingard am Sella-Pass im Herbst 1942

Touren mit Heinrich

Heinrich hatte durch meine Briefe von der Kletterei erfahren und war Feuer und Flamme dafür. Er kam zum Sella-Pass. Wir durchwanderten die ganzen Dolomiten und gingen stundenlang über Pässe und Almböden. Geld hatten wir nicht; so schliefen wir im Freien in unsere Mäntel gewickelt, oder in billigen Quartieren, wenn wir es uns leisten konnten. Das Essen war knapp, aber wir genossen es, frei in den Bergen zu sein, bereit zum Abenteuer. Oft lebten wir von Polenta, gekochtem Maismehl, das wir für mehrere Tage in einer Büchse mitschleppten.

Der längste Marsch, an den ich mich erinnere, ging über mehrere Pässe. Wir waren etwa vierzehn Stunden unterwegs, solange genug Licht war, es dürften über sechzig Kilometer gewesen sein.

Oft hatten wir neben unseren Rucksäcken noch unsere Skier zu tragen. Wenn der Schnee bis über die Knie reichte, musste man sich Schritt für Schritt durchkämpfen. So stärkten wir unsere Muskeln und waren abgehärtet und trainiert. Oft trafen wir auf Alpini-Gruppen, italienische Gebirgsjäger.
Wenn man am Abend auf die Schutzhütten kam, saßen sie zusammen und sangen ihre traurigen, langgezogenen Lieder im Chor, melancholische Lieder, die einen fesseln oder verfolgen.

Im Winter stiegen wir mit einer Alpini-Gruppe auf die Marmolada. Wir hatten alte, lange, schwere Holzski ohne Kanten. Der Schnee war verharscht in großen, vom Wind gepressten Wellen.
Der Aufstieg war lang und mühsam. Die alten Seehundfelle verrutschten dauernd und mussten immer wieder neu angeschnallt werden. Die Abfahrt war ebenso mühsam. Die schweren alten Bretter wollten sich nicht drehen lassen auf den eisigen Wellen.
Ich war das einzige Mädchen bei all den jungen Männern und war am Ende total erschöpft, hätte es aber nie gezeigt.

Gianni Pauluselli war dabei, ein gutaussehender Mann vom Rolle-Pass, der zu den »Squadra Azzurra«, den italienischen Skirennfahrern gehörte. Später lernten wir ihn als Skilehrer besser kennen, da Ri Palmquist ihn uns vermittelte.

Klettertouren mit einem Halbwilden

Mama wohnte damals mit Ri Palmquist in Pera; wir hausten am Sella-Pass mit Pauli Bellegard.
Heinrich und ich besuchten Ri und lernten dort Tia Piaz, den König des Rosengartens, kennen. Er war einer der besten Kletterer und ein großes Original, ein Halbwilder. Er verspeiste Hunde und kletterte zum Teil noch barfuß.

Hinter Pera liegt der Rosengarten, die Violett-Türme ragen schroff in den Himmel, schlank und unwirklich. Piaz bot sich an, uns auf die drei Violett-Türme mitzunehmen. Er hatte viele Erstbesteigungen dort gemacht. Wir waren überglücklich und sehr aufgeregt. Am nächsten Tag holte er uns ab. Zum Einstieg geht man durch ein Seitental des Fassa-Tals bis zum Rifugio Violet, dann eine steile Schutthalde hinauf.
Piaz war damals nicht mehr jung; er war klein, ausgesprochen hässlich mit seinem Bürstenhaarschnitt. Trotzdem hatte er überall Freundinnen, die mindestens ebenso hässlich waren; aber das schien ihn nicht zu stören. Er nahm uns ans Seil, einen rechts, den anderen links, wie Kirschen. Der Anstieg war exponiert, es ging senkrecht hoch, aber der Fels war fest. Einmal pendelte ich etwas aus, ich hatte den Winklerriss mit der falschen Schulter angegangen und musste ihn neu angehen. Von jedem der Türme musste man sich ein gutes Stück abseilen, um den nächsten anzugehen. Die Türme sind oben flach wie ein Tisch und nicht viel größer als ein kleines Zimmer. Wir machten auf dem ersten kurz Rast. Auf der einen Seite sieht man Bozen im Tal liegen, auf der anderen Seite verliert sich der Blick in einem Zackenmeer von Bergspitzen.

Piaz, der viel darauf gab, gebildet zu erscheinen, fing an, Teile aus der Oper von »Zar und Zimmermann« zu singen und tanzte dazu herum. Er war sehr komisch.
Da sagte er zu mir: »So spring schon endlich!«
Ich dachte, es wäre sein Ernst und sprang. Ich sauste den Kamin hinab, eine halbe Seillänge, und landete auf einem großen Klemmblock. Komischerweise überstand ich den Sprung außer ein paar Hautaufschürfungen gut. Aber Piaz hatte hart zu kämpfen, um nicht mitgerissen zu werden.

Am nächsten Tag nahm er uns trotzdem mit zu einer schweren Tour gegenüber den Violett-Türmen. Es war eine seiner Erstbegehungen gewesen, der Turm hieß »Punta Emma« nach einer der Bedienungen vom Rifugio Violet, die seine Freundin war.
Eines Tages nahm Piaz den Dorfpfarrer mit. Er stand auf keinem guten Fuß mit ihm, da er nie die Kirche besuchte. Bei einer schwierigen Stelle haute es den armen Pfarrer aus der Wand und er baumelte am Seil. Piaz saß oberhalb und hielt ihn. Da sagte er: »Herr Pfarrer, wer kann Sie jetzt retten, Piaz oder Ihr Gott?« Er ließ ihn lange zappeln.

Einmal nahm mich Perini zum Klettern mit. Er war ein Bergführer aus der Brenta-Gruppe und glich Piaz. Er könnte sein unehelicher Sohn gewesen sein. Wir machten zusammen den Chini-Riss an der Fünffingerspitze. Es war eine exponierte Kletterei mit einer heiklen Schlüsselstelle. Diese durfte ich führen. Leute beobachteten uns vom Rifugio aus mit dem Fernglas und ich bekam großes Lob von Perini.

Überlebenstraining

Die Weihnachtsferien verbrachten wir auf dem Pordoi-Pass: Mama, Pauli und die Schwestern im Rifugio, Heinrich und ich in einem kleinen Haus daneben, das Piaz gehörte.

Es war ein kalter Winter. Heinrich und ich wollten ganz selbständig sein und uns auch selbst verpflegen. Wir kochten Bohnen. Es gab einen Saustall, die Bohnen quollen, der Topf lief über und alles gefror am Boden. Auch die Toilette mit Inhalt fror ein. Wir machten Wasser heiß, schütteten es in die Toilette und mussten alles mit einer Suppenkelle ausschöpfen. Dann versuchten wir den Boden zu wischen. Am Ende standen unsere Betten auf einer Schlittschuhbahn und die Treppen bildeten einen gefrorenen Wasserfall. Es war ein teurer Spaß.

Am Sella-Pass

Wir machten Skitouren. Mit Ri Palmquist stiegen wir mit Fellen weit hinauf in Gebiete, wo im Ersten Weltkrieg die Schlachten zwischen Österreichern und Italienern stattgefunden hatten.

Ri machte bei einer Abfahrt eine dumme Bewegung, kam in ein Loch und brach sich ein Bein. Heinrich schiente es geschickt mit Skistöcken. Dann schnallten wir Ri auf die Ski, schoben und trugen sie ins Tal bis nach Arabba. Unterwegs schneite es. Die arme Ri muss sehr gelitten haben, aber wir kamen vor Dunkelheit noch zum Krankenhaus.

Zu Neujahr – es war mondhell – wollte Heinrich mit uns die Bergkette hinter dem Rifugio Pordoi nachts besteigen, um oben Neujahr zu erleben. Wir krochen irgendwie hinauf und öffneten die mitgebrachten Flaschen; es war kalt und durch den Alkohol waren wir angeregt. Verwegen rutschten wir auf verschneiten Rinnen hinunter, hintereinander wie auf Schlitten. Das Tempo wurde schnell und gelegentlich ging es durch die Luft; wir endeten unten in einem Haufen Schnee, alle übereinander.
Bei Tageslicht sah die Sache ungut aus. Wir hatten Glück gehabt, eine Rinne erwischt zu haben, die nicht in einer hohen Felswand endete.

Wir kamen über den Rolle-Pass nach S. Martino di Castrozza. Ri kannte die Toffols, die dort ein Hotel hatten; der Sohn Rolando war ein Bergfanatiker. Als ich mit Ri aufs Rifugio Rosetta ging, lieh er mir seine Stiefel. Dann forderte er mich auf, eine Radtour mit ihm zu unternehmen. Wir hatten alte Räder mit Ballonreifen ohne Gangschaltung. Von S. Martino fuhren wir über den fast zweitausend Meter hohen Rolle-Pass.

Weder Rolando noch ich wollten sich die Blöße geben abzusteigen und so fuhren wir ein Rennen bis zur Passhöhe. Ich war total fertig und hatte einen bösen Muskelkater für die Tour auf die Rosetta-Hütte.

Ris düstere Ahnung

Ein anderes Mal nahm mich Ri alleine mit auf das Rifugio Rosetta. Es fing an dunkel zu werden, das Rifugio war nicht bewirtschaftet, aber wir konnten nicht mehr weiter. So beschlossen wir, dort zu bleiben. Wir hatten die Türe aufbekommen und saßen noch auf der Bank vor der Hütte.

Ein gutes Stück unterhalb ging ein Weg nach rechts hinauf zum Fradustra-Gletscher: an der Wegkreuzung stand ein Schild mit Wegzeichen.
Ri schickte mich hinunter, es zu lesen. Als ich zurückkam, fragte sie mich, ob ich dort jemanden gesehen hätte. Ich verneinte es. Sie schickte mich ein zweites Mal und fragte wieder, ob ich jemanden gesehen habe. Ich konnte mir nicht erklären, was sie wollte.

Am nächsten Tag erzählte sie mir, sie habe zwei Personen kommen sehen, die eine Zeitlang neben mir gestanden, das Schild angeschaut, dann in Richtung Fradustra-Gletscher verschwunden seien. Das habe sich beim zweiten Mal wiederholt.
Ri sah öfters Verstorbene oder empfing Botschaften aus dem Jenseits. Vor dem Tod Comicis, ihres Bergführerfreundes, hatte sie dessen Grabstein mit dem gravierten Datum des Unglückstages, an dem er dann abgestürzte, gesehen. Sie hatte schon als Kind solche Visionen.

Sie meinte an dem Abend, an dem sie mich von der Rosetta-Hütte herunterschickte, sie habe die Bergsteiger gesehen, die im Fradustra-Gletscher abgestürzt waren.

Hilfe der Partisanen?

Ri Palmquist, die lange in den Dolomiten gewohnt hatte, kannte alle Einheimischen und hatte auch Verbindung mit den Partisanen.

Sie besprach vieles mit Mama und meinte, es gäbe eine Möglichkeit, mit Hilfe der Partisanen in die Schweiz zu kommen.
Auch Südtirol wurde ein unsicherer Boden.

Eine sehr traurige Nachricht erreichte uns. Tante Sophie von Sachsen, Mamas jüngste Schwester, war ganz plötzlich in München gestorben. Die beiden Schwestern standen sich besonders nahe; für Mama war es ein arger Schock.

Padova

Von Brixen nach Padova

1942 kam ich von Brixen nach Padova. Mater Malfatti, die Oberin des Brixner Klosters, hatte mich dort ins Mutterhaus empfohlen.
Sie dachte, dass ich nach dem Handelsschuldiplom von Brixen in Padova das Abitur nachholen könnte. Sie selber hatte ihre Laufbahn bei den Englischen Fräulein hier angefangen.

Ich wurde sehr verwöhnt. Die Wohnung der Oberin wurde mir zur Verfügung gestellt, direkt neben der Hauskapelle. Ich hatte ein großes Schlafzimmer, ein eigenes Esszimmer und eine große Terrasse.
Sr. Augusta bediente mich. Sie brachte mir das Essen und räumte das Zimmer auf. Wenn ich ihr Geschichten von zuhause oder von Rom oder Brixen erzählte, freute sie sich, legte den Kopf schief und stieß bewundernde Laute aus. Sie liebte mich.

Der Klosterhund

Am Eingang des Klosters gab es einen großen, struppigen Kettenhund, der Wache hielt. Wenn wir vorbeigingen, riss er unsinnig an seiner Kette, sprang hoch und bellte wie verrückt. Eines Tages riss er sich los und stürzte sich auf mich. Weglaufen war zwecklos; so blieb ich ganz ruhig stehen und als er mich ansprang, fasste ich ihn ganz ruhig bei den Vorderpfoten und redete auf ihn ein. Er schien erstaunt und fing an, meine Hände zu lecken. Von dem Tag an konnte ich sogar in seine Hütte kriechen. Ich besuchte ihn und brachte ihm gute Sachen zum Fressen. Er winselte vor Freude statt zu bellen. Wir wurden Freunde.

Unterricht

Ich sollte mich für das Abitur vorbereiten und bekam Nachhilfestunden von Signorina Lena Ferraro. Sie kam jeden Tag zu mir ins Kloster und lehrte Latein. Die lateinische Grammatik war mir ein Gräuel. Daneben paukten wir italienische Literatur, unter anderem Dante in Altitalienisch. Signorina Ferraro war ausgesprochen nett und symphatisch, sie war stark und untersetzt, hatte einen viereckigen Kopf mit weit auseinander liegenden braunen treuherzigen Hundeaugen; ihre tiefe Stimme war immer bereit zum Lachen. Sie gab sich mit mir die größte Mühe.

Mathematik bekam ich von Professora Poato. Zu ihr musste ich mit dem Rad fahren. Sie war das Gegenteil von Ferraro, groß, hager, von grünlicher Hautfarbe mit hängender Nase und kleinen bleiernen Schlangenaugen. Im Gymnasium war sie sehr unbeliebt, aber mir machte Mathematik weniger Sorgen.

Eine Deutsche

Ich lernte verschiedene Familien durch die Empfehlungen der guten Mater Malfatti kennen. Die erste Bekanntschaft machte ich aber durch eine Deutsche, die bei der Marchesa Buzzacarini Erzieherin war, Käthe Hartmann aus Sachsen.

Prinzessin Irmingard mit der Italienischlehrerin Lena Ferraro in Padova

Käthe erschien eines Tages an der Klosterpforte und drängte sich vor zu meinem Zimmer. Ich war höchst er staunt, jemand Wildfremden in meinem Zimmer zu erblicken. Sie hatte eine gute Figur, aber ein etwas aufgeschwemmtes Gesicht mit unreiner Haut, fettiges, ungepflegtes Hängehaar und weit aufgerissene Augen, die etwas hysterisch wirkten. Sie starrte mich an, redete wie ein Wasserfall auf mich ein und meinte, wir Deutschen müssten doch in der Fremde zusammenhalten und wie froh sie wäre, eine Landsmännin gefunden zu haben. Sie brachte mir einen großen Blumenstrauß und selbstgemachte Süßigkeiten. Mir war sie eher unangenehm.

Bald darauf erschien sie wieder und brachte Andrea Sachetto mit, die bei ihr Deutsch gelernt hatte. Sie gefiel mir weitaus besser, wir wurden gute Freundinnen.
Andrea lud mich zu sich nach Hause ein. Sie wohnte mit ihrer Mutter in einem schönen alten Haus mit verschiedenen Innenhöfen. Dort hatte sie sich nach dem Tode ihres Vaters eine Wohnung hergerichtet. Am Abend lief oder radelte ich oft zu Andrea und wir unterhielten uns und hörten Musik. Sie hatte eine große Plattensammlung, hauptsächlich Klassiker, und verehrte besonders Beethoven. Wir gingen zusammen zu Fechtkursen, auch zum Unterricht im Säbelfechten; es machte mir großen Spaß.

Benedetta Pappafava war auch eine Fechtschülerin; ich lernte sie bei Maestro Comini kennen und wurde auch dort eingeladen.
Die Pappafavas hatten ein Palais in Padova und einen wunderschönen Landsitz in der Nähe. Sie gehörten zu den alten Familien von Padova.

Reiten und Klettern

In der Nähe des Klosters wohnte der Baron Treves. Sein Sohn Enzo war Kavallerieoffizier und ritt viel in Pinerolo, einer berühmten Militärreitschule in Italien. Da ich sehr pferdebegeistert war, fand ich zu ihm schnell Kontakt, wir redeten den ganzen Nachmittag. Er zeigte mir eine Reihe von Spring-Fotos und lud mich ein, bald wiederzukommen.
Er wollte mir sein Landgut zeigen; es lag mehrere Kilometer außerhalb Padovas in Richtung der Hügel, der Colli Euganei, einem vulkanischer Höhenzug nördlich der Stadt.
Er besaß ein Rennrad – Autos gab es für Zivilisten kaum in der Kriegszeit – und brachte auch mir eines mit. So fuhren wir per Rad zur Stadt hinaus, erst den Fluss entlang und dann auf engen Straßen über Land, durch Felder, mit Pappeln eingefasst, von Gräben aufgeteilte Wiesen auf brombeerumrankten Wegen entlang zu den Gutshöfen.

Der Gutshof der Treves war ein langgestreckter, einstöckiger Bau mit Ställen und Scheunen aus braunem Stein, mit Bogenfenstern und flachem Dach. Enzo hatte einige Vollblutpferde dort eingestellt und schlug vor, einen Besichtigungsritt zu machen. Er selbst hatte einen temperamentvollen Fuchshengst.
Wir ritten durch die Felder und galoppierten an den Entwässerungskanälen entlang. Er redete unterwegs mit den Bauern. Danach gab es ein schönes Essen mit frischem Weißbrot, das eine der Frauen vom Gutshof zubereitet hatte. Wir unterhielten uns sehr gut und beschlossen, öfters zusammen zu reiten.

Enzo Treves rief mich fast täglich an und stellte mir ein Rennrad zur Verfügung. Wann immer wir Zeit hatten, trafen wir uns und starteten per Rad. Wir fuhren bis Venedig und ins Hinterland von Padova, oft natürlich zu seinem Gut, um zu reiten.

Ich war seit dem Aufenthalt in den Dolomiten dem Klettern verfallen. Durch Lena Ferraro lernte ich Aldo Bianchini kennen. Er hatte eine Kletterschule in den Colli Euganei bei Rocca Pendice. Signore Bianchini war im Irrenhaus in Padova angestellt. Er war Junggeselle mit scharf geschnittenem Gesicht und glattem, weiß melierten Haar.
Wir radelten zusammen nach Rocca Pendici. Es war Frühling und alles blühte. Die Colli sind voll von Judassträuchern. Ich war begeistert von den vielen Blumen im Unterholz. Da gab es Schneeglöckchen, Zyclamen, Anemonen und Schlüsselblumen, einem Teppich in allen Farben.
Rocca Pendice ist eine steile Felswand von ungefähr zweihundert Metern, alles Vulkangestein, ein idealer Klettergarten. Es gibt Überhänge dort und Risse, meistens untergriffig, was das Klettern erschwert und interessant macht. Wir übten einige Stunden.

Bianchini führte, er saß an einer Schlüsselstelle und schlug Nägel ein. Plötzlich kam er mir vor wie ein riesiger Specht und ich musste lachen.
Auf dem Heimweg kehrten wir ein. Es gab einen kleinen Ausschank in den Hügeln, wo man den einheimischen Wein, der Colli Euganei, bekam, einen jungen schäumenden Weißwein. Wir hatten ziemlich Durst nach dem Klettern und tranken ordentlich. Es gab Tobinambur dazu, eine Art süße Kartoffel. Dann fuhren wir die Serpentinen hinab.

Aldo Bianchini fing zu schwanken an und flog vor mir mit seinem Rad auf die Straße. Ich konnte nicht mehr schnell reagieren und fuhr lustig über ihn hinweg. Es machte einen starken Rumpler. Er schüttelte sich, stieg auf und fuhr weiter.
Jedenfalls gingen wir noch oft klettern und kehrten auch jedesmal ein.

Besuch von Mama

Eines Tages kam meine Mutter mit Albrecht zu Besuch. Sie telefonierte mit mir aus dem Hotel. Käthe Hartmann war gerade bei mir und bekam es mit. Sie war sehr begierig, meine Mutter kennen zu lernen und wollte unbedingt mit ins Hotel.
Ich aber wollte Mama alleine sehen und so lief ich Käthe davon. Sie raste gestikulierend hinterher und schrie hysterisch nach der Polizei, sie solle mich aufhalten. Es war aber kein Polizist in der Gegend und schneller laufen als sie konnte ich allemal. So hängte ich sie in den Winkelstraßen von Padova bald ab und konnte Mama und Albrecht in Ruhe sehen.

Wir gingen zusammen zur Basilika des Heiligen Antonius, stellten Kerzen auf und gingen danach auf den gerade stattfindenden Markt. Albrecht fing mit den Marktweibern zu handeln an. Ich schämte mich, wie er so um Pfennige feilschte, aber er behauptete, mit Italienern müsse man so umgehen. Beide blieben nur zwei Tage; wir besichtigten dies und das in der Stadt und gingen einige Male gut essen. Dann musste Mama zurück zu den Schwestern nach Brixen.

Treppensturz der königlichen Hoheit

Einmal wurde ich von einer reichen Familie nach Vicenza eingeladen, von den Marchese Roy. Eine Industriellenfamilie hatte bei den Roys eingeheiratet und viel Vermögen mitgebracht. Neben ihrem Sitz in Vicenza hatten sie ein prachtvolles Palais in Venedig erstanden. In Vicenza wurde ich von der Bahnstation mit einer Pferdekutsche abgeholt. Man hatte einen großen Empfang für mich vorbereitet, um allen »die königliche Hoheit« vorzustellen.
Ein prunkvolles Treppenhaus führte auf beiden Seiten zur großen Empfangshalle. Ich wurde von der Hausfrau und ihrem Mann hinaufbegleitet. Oben standen an die zweihundert Gäste und warteten gespannt. Mir wurde fast übel vor Angst, als ich das sah, aber es gab kein Zurück mehr.
Immer noch war ich schlecht ausstaffiert mit Kleidern, es war ja Krieg. Bei der Gelegenheit zog ich neu erstandene Sandalen an, sie hatten einen Keilabsatz aus Kork, damals Mode, und waren eleganter als meine Schnürschuhe, dachte ich. Ich sollte es büßen.
Der Sohn des Hauses führte mich die Treppe hinunter zum Essen. Auf der ersten Marmorstufe rutschte ich mit meinen Korksohlen aus und flog auf dem Bauch kopfüber die ganze Treppenflucht hinunter, gar nicht hoheitlich!

Auch vom Principe Gonzales und seiner Frau wurde ich eingeladen. Sie wohnten in Vicenza etwas außerhalb der Stadt auf einem Hügel in einer Villa mit prachtvollem Park. Die Frau war botanisch interessiert und sehr gebildet. Sie hatte ein großes Glashaus, wo sie Orchideen und andere Pflanzen heranzog. Sie führte mich darin herum und erklärte mir alles. Sie war por-

tugiesischer Abstammung und durch Großmama Luxemburg irgendwie mit uns verwandt.
Fürst Gonzales selber war ein Original. Lang und hager, mit großem Zwirbelschnurrbart pflegte er zu Ostern mit Umhang und Stab in der Hand das Osterfrühstück einzunehmen.

Flucht vor dem Kuss

Enzo Treves rief immer häufiger an, mit der Zeit wurde es ein täglicher Ritus. Wir machten Radtouren nach Venedig, ruderten zu den Inseln und aßen Aalsuppe bei den Fischern. Auch gingen wir bei Bekannten auf Entenjagd: man saß in großen Fässern mitten in den Lagunen und wartete auf den Enteneinfall.

Eines Tages machte mir Enzo einen Heiratsantrag. Ich war knapp neunzehn Jahre und reagierte wie vor den Kopf geschlagen. Ich mochte ihn gerne, aber heiraten, an das hatte ich nie gedacht. Ich war noch zu jung und konnte diese Idee nicht verdauen; es machte mir Angst.

Kurz darauf fuhr ich nach Brixen. Er begleitete mich. Ich wollte zu Mama und den Geschwistern. Mama war damals am Sella-Pass mit Ri Palmquist, was ich erst in Brixen erfuhr. So blieb ich einige Tage in der Pension Gasser mit Pauli und den Schwestern. Enzo wohnte im Hotel Elephant.
Ich traf ihn am nächsten Morgen und wir besuchten Mater Malfatti, die Oberin meiner vormaligen Schule in Brixen. Sie war erstaunt und ich glaube etwas nervös, da sie das Gefühl hatte, mitschuldig zu sein.

Dann nahm ich Enzo mit zu allen meinen Lieblingsplätzen. Er musste die Felsplatten am Eisack sehen, wo ich so gerne verweilte, und die Staudämme am Bach besichtigen, wo ich die Rindenboote hatte.
Er muss verwundert gewesen sein über so kindliche Spiele. Zum Schluss pilgerten wir nach Karnol, der kleinen romanischen Kapelle oberhalb von Brixen. Wir saßen auf der Treppe davor und schauten ins Tal. Auf einmal legte er seinen Arm um mich und versuchte, mich zu küssen. Das war zuviel.
Entsetzt sprang ich hoch und floh auf einer angelehnten Leiter auf den Turm. Er stieg nach. Da sprang ich hinunter, warf die Leiter um, zog die Glockenschnur und lief davon. Wie er herunterkam, ob die Bauern ihn befreiten, ich weiß es nicht.
Am Morgen traf ich ihn wieder wie immer, er verlor kein Wort darüber.

Wir fuhren zusammen zum Sella-Pass. Mama und Ri baten Enzo zum Essen. Danach nahm mich Mama beiseite und sagte: »Kind, er passt zu dir wie die Faust aufs Auge!«
Irgendwie war ich erleichtert; ich war einfach noch nicht reif. Andererseits hatte ich ein schlechtes Gewissen. Enzo tat mir Leid, denn er war grundanständig und als Freund sehr wertvoll.

Ich glaube, es traf ihn sehr hart. Ich erhielt einen sehr schönen Brief von ihm und sah ihn nie wieder.

Magd in Ponte Emma

Wir waren wieder eine Zeitlang in Florenz. Das Reisen war schon sehr beschwerlich; die einzige Möglichkeit war der Zug, und die Züge waren überfüllt. Durchs Fenster mussten wir in die überfüllten Waggons steigen und die ganze Nacht auf Koffern sitzend oder stehend im Gang verbringen.

Ich wollte endlich selber verdienen, um die Eltern zu entlasten. So nahm ich ein Angebot von den Klosterfrauen als Mädchen für alles an. Ich kriegte nichts bezahlt, dafür aber kostete ich wenigstens auch nichts mehr. Da kein Geld mehr von Luxemburg kommen konnte, war es in allem sehr knapp und wir waren auf Hilfe von Freunden angewiesen.

So kam ich auf ein kleines Landgut bei Ponte Emma in der Nähe von Florenz. Nonnen wohnten dort. Die Landwirtschaft wurde von einer Bauernfamilie betrieben, für die Arbeit bekam sie die Hälfte der Ernte.
Ich wohnte im Turmzimmer; man sah weit über die Hügellandschaft mit Zypressenhainen und Olivengärten.
Es war Herbst, als ich kam und eiskalt. Das steinerne Haus war überhaupt nicht geheizt. Die einzige Gelegenheit, sich die Hände zu wärmen, war am Herd beim Kochen und beim Backen. Für das Bett gab es ein schaukelähnliches Gestell, Crete genannt, das man ins Bett schob. Im Gestell hing ein Topf aus Ton, gefüllt mit glühender Holzkohle. Beim Schlafengehen zog man das Gestell heraus und schlüpfte ins Bett wie in einen Backofen. Es war sehr angenehm nach einem kalten Tag.

Ich hatte allerlei Aufgaben. Einmal in der Woche wurde Brot gebacken. Der Teig wurde einige Stunden in einem großen Holztrog geknetet und musste dann vor dem Backen nochmal einige Stunden ruhen.
Das Pastamachen war auch eine meiner Aufgaben. Dazu musste man den Teig flach walzen wie ein Tuch und ihn über eine Stange gehängt trocknen lassen bis er in dünne Streifen geschnitten wurde.

Die Jüngste der Nonnen, eine etwas einfältige Südtirolerin, lernte mich an. Sie war sehr fromm und betete viel. Ihre ganze Angst war, dass sie zum Martyrium bestimmt sein könnte und ihr von den Kommunisten die Augen ausgestochen würden. Sie weinte viel, weil sie Angst hatte, sie könnte diese Prüfung nicht überstehen!

Prinzessin Irmingard mit Schwester Oberin in Ponte Emma als Haus- und Stallhilfe

Bei der Olivenernte musste ich den Bauern helfen. Sie hatten eine Ölpresse, in der die Oliven verwertet wurden. Öl war damals sehr wertvoll.

Außer der Hausarbeit hatte ich das Geflügel zu betreuen. Es gab Hühner und Gänse und außerdem noch das Pferd. Dieses durfte ich jede Woche einspannen und damit nach Florenz kutschieren. Ich bekam eine Liste von Besorgungen mit; der Hund begleitete mich auf den Fahrten.
Diese Fahrten waren das Schönste. Ich traf am Markt viele andere Gespanne, die Gemüse oder Geflügel brachten. Zum Teil wurden die Nahrungsmittel schon knapp. Manche Sachen waren schwer zu bekommen, außer man konnte tauschen. Ich erinnere mich an eine Salzknappheit, als meine Schwestern stundenlang dafür anstehen mussten.

Am Abend musste ich oft zum Bauern gehen und Karten spielen. Er war sehr geizig. Man spielte um Geld und, obwohl der Einsatz gering war, war es peinlich zu gewinnen. Ich machte alles falsch, um zu verlieren und gewann laufend. Allmählich wurden die Einladungen spärlicher, Gott sei Dank!

Schöne Einladungen waren die der alten Fürstin Christiane Windischgrätz. Sie wohnte in einem Gut nebenan, hatte eine alte Hofdame bei sich und meistens auch eine der Töchter.
Tante Christiane war rührend zu mir. Sie lud mich oft zum Tee ein, es gab köstliches Wiener Gebäck, eine große Rarität im Krieg. Sie sagte mir: »Kinderl, du kannst mir alles erzählen, ich bin wie ein Mülleimer«.
Ich bin ihr heute noch dankbar; sie gab mir viel Wärme; ich fühlte mich damals so verlassen.

Manchmal bekam ich Besuch aus Florenz, aber es war selten und noch seltener konnte ich eine Nacht bei den Geschwistern in Florenz bleiben.
Einmal lud uns Graf Hubert Deym ein; es gab Reis und Kartoffelbrei, für uns ein Festessen.

In Ponte Emma wohnte ein altes Weiblein, die Bepina. Sie kam manchmal zu den Schwestern, von denen sie eine Schale Suppe erhielt und manchmal eine Kleinigkeit zum Mitnehmen.
Einmal fand ich sie unterwegs zusammengebrochen und über und über beschmutzt. Ich hob sie auf und wusch sie am Brunnen. Sie war so dankbar, dass sie mir ihr Gebetbuch schenken wollte, ihren größten Schatz.

Mama war mit meinen Schwestern und Pauli Bellegard wieder nach Südtirol zu den Toffols in die Pension S. Martino in S. Martino di Castrozza gereist.

Verhaftung durch die Gestapo

Das offene Haus der Tante

Sommerferien am Gardasee

Eine Tochter der Christiane Windischgrätz, Gabrielle Ratibor, lud mich ein, über die Sommerferien zu ihr an den Gardasee zu kommen. Ich war sehr glücklich und gespannt. Graf Deym brachte mich und Heinrich zusammen hin.
Die Fahrt ging über Verona bis Casteletto di Brenzone. Dort hatte Gabrielle Ratibor ein Haus mit einem kleinen Bauernanwesen am Seeufer.

Sie wurde von allen nur »Tante Pielle« genannt und hatte immer ein offenes Haus für die ganze Verwandtschaft; hauptsächlich die Jugend versammelte sich im Sommer bei ihr. Es ging sehr lustig und unkompliziert zu und alle Neffen und Nichten fühlten sich wohl im Haus von Tante Pielle.
Wir wurden in ein Zimmer mit Seeblick einquartiert. Heinrich verabschiedete sich und fuhr mit Graf Deym nach Florenz zurück. Eine große Terrasse befand sich vor dem Haus. Gegenüber der Straße war der Badestrand.
Die Neffen und Nichten Cheski kamen aus Trento, um hier den Sommer zu verbringen. Es waren viele Brüder, alle blond. Am besten erinnere ich mich an Hugo, Leo und Eduard und an die jüngste Schwester, das Isele. Sie war dick und hatte dichte blonde Locken. Auch ihre Freundinnen Lorle und Sissi, die Töchter der Grafen Marzani, waren dabei.

Ein deutscher Offizier

Nicht weit von ihrem Haus war eine große Villa aus dem vorigen Jahrhundert. Sie gehörte einer reichen Industriellenfamilie, den Braitos, deren Tochter Lola oft zu uns kam.

Bei den Braitos war ein deutscher Offizier mit seinem Burschen einquartiert, Jörg Anderlahn. Er stammte aus einer alten Tiroler Familie, sein Vater war Landeshauptmann von Südtirol gewesen. Er war aber zur Zeit vom Wehrdienst freigestellt, da er beauftragt war, für die Wehrmacht Plakate und Karikaturen anzufertigen. Dafür bekam er den Titel »Sonderführer« und hatte mehr Freiheiten.

Wenn wir die Braitos besuchten, schauten wir immer ins Atelier von Anderlahn, das in einem Gartenhaus eingerichtet war. Eines Tages bat er Sissi, die ein sehr markantes griechisches Profil hatte, ihm als Modell zu sitzen. Wir nützten das aus und blieben abends lang im Atelier sitzen. Jörg spielte nämlich gut auf der Gitarre und sang und jodelte dazu. Er hatte eine opernreife Baritonstimme.
Die Braitos hatten eine kleine Jolle, mit der segelte Anderlahn oft an uns vorbei; man hörte ihn von weitem seine Arien schmettern. Dann liefen wir zum Steg, nahmen unseren kleinen Kahn mit provisorischem Segel und fuhren ebenfalls hinaus. Tante Pielle kam oft mit. So wurde es eine Gewohnheit, dass wir bei schönem Wetter in zwei Schiffen mit dem Morgenwind über den See fuhren ans gegenüberliegende Steilufer von Limone und dort auf den Felsplatten den Nachmittag verbrachten.

Jörg fischte mit der Harpune und holte manchen Hecht heraus, der, in eine Folie gewickelt, auf einer heißen Steinplatte gebraten wurde. Wir ergatterten Melonen und Feigen aus den ummauerten Gärten und servierten sie als Dessert.

Als wir Anderlahn besser kennen lernten, stellte sich heraus, dass er nicht mit der Naziregierung einverstanden war und auch nicht an den »Endsieg« glaubte.

Begegnung mit Partisanen

Meine Schwestern waren mit Pauli Bellegard noch in S. Martino di Castrozza in der Pension der Toffos. Es war eine sehr anständige italienische Familie, die mit der Widerstandsbewegung der Partisanen in Verbindung stand.
Unsere Mutter war im Fassa-Tal in Pera bei ihrer schwedischen Freundin Ri Palmquist.

Ich wollte sie besuchen und startete mit meinem Rad. Verkehr gab es wenig außer Lastwagen und Militärkolonnen. So radelte ich bis Bozen und von dort aus über einen Pass nach Moena im Fassa-Tal. Auf der Passhöhe hatte ich Schwierigkeiten: es war neblig und ich mühte mich ab, vor der Dunkelheit hinüber zu kommen.

Da erschienen einige Gestalten aus dem Nebel und versperrten mir den Weg. Es waren Partisanen, von denen viele in den Bergen versteckt waren; die meisten gehörten der Widerstandsbewegung an, die gegen das faschistische Regime und die deutsche Besatzung

kämpfte. Es waren aber auch geflüchtete amerikanische und englische Soldaten dabei. Ich erklärte ihnen, dass ich auf dem Weg zu meiner kranken Mutter sei und unbedingt zu ihr müsse.
Sie waren nett und ließen mich gehen. Es war ein weiter, beschwerlicher Weg, und ich kam ziemlich erschöpft an.

Beobachtung durch die Gestapo

In Pera herrschte gespannte Stimmung. Mama gab mir zu verstehen, dass sie alle schon unter Beobachtung der SS stünden und riet mir, möglichst schnell zu verschwinden, ehe ich auch registriert würde.
So war mein Aufenthalt sehr kurz und ich trat den Rückweg zum Gardasee mit schwerem Herzen und großen Sorgen an.

Dort beriet ich mich mit Tante Pielle, was zu tun sei. Mama hatte angedeutet, sich eventuell in der Schweiz zu treffen. Als Adresse hatte sie mir die der Fürstin Elsa von Lichtenstein gegeben. Sie hoffte auf Hilfe der Partisanen, mit denen Ri sowie die Toffos Verbindung hatten.

Tante Pielle zog Jörg Anderlahn ins Vertrauen und er bot an, mich bei guter Gelegenheit über die Schweizer Grenze zu befördern. Er sagte: »Wenn einer was will, dann erledigen wir das schnell« – und zeigte die Pistole.

Von dem Tag an schlief ich nicht mehr im Haus; die Gestapo konnte jeden Moment erscheinen.
Mama und die Geschwister waren unter Bewachung, Papa war irgendwo in Florenz untergetaucht.

Heinrich war unterwegs nach Rom, nachdem er zum deutschen Heer einberufen war und ihm gleichzeitig an der Grenze die Einreise nach Deutschland verweigert wurde. So war er auf jeden Fall schuldig: entweder wegen Wehrdienstverweigerung oder wegen unerlaubten Grenzübertritts. Auf beides stand die Todesstrafe.
Da man ihm auch nicht genehmigte zu telefonieren, um die Sachlage aufzuklären, blieb ihm nichts übrig als zu verschwinden. Dunkel, wie er war, und schon gut Italienisch sprechend, setzte er sich zwischen die Einheimischen auf einen Gemüsewagen und erreichte so unerkannt Rom. Dort fand er Unterkunft bei den Lancellottis.

Nach dem Attentat vom 20. Juli witterte die Gestapo eine Verbindung der Attentäter mit Papa.

Schon 1940 war ein Prinzenerlass für den Militärdienst ergangen, wonach alle Familienmitglieder ehemals regierender Fürstenhäuser vom Heer entlassen wurden, nachdem ein Kaiserenkel, Kronprinz Oskar von Preußen, gefallen war und ihm vom Volk viel Ehre erwiesen wurde.

Verhaftungen

Editha war als einzige von uns Schwestern in Florenz bei Baronin Franchetti in Bellosquardo geblieben. Graf Reynald de Simony gab ihr dort Sprachunterricht. Sie hatte sich mit einem Italiener angefreundet. Er hieß Tito Brunetti. Doch auch sie wurde von der Gestapo entdeckt und zu Mama und meinen übrigen Schwestern gebracht. Nach dem Krieg traf Editha Tito wieder und sie heirateten.

Am 27. Juli 1944 war Mama mit meinen Geschwistern verhaftet und von der SS zusammen mit Ri Palmquist nach S. Martino di Castrozza gebracht worden.
Von dort aus wurden sie nach Plan de Gralba unterhalb des Sella-Passes weitergeschickt und zuletzt auf die Seiseralm, immer unter strenger Bewachung.

Am 5. Oktober brachte man alle außer Mama nach Oranienburg. Pauli Bellegard ging freiwillig mit, um auf meine Schwestern aufzupassen.
Mama war damals sehr krank und wurde in Innsbruck im dortigen Kreiskrankenhaus abgeliefert. Sie hatte doppelseitige Lungenentzündung mit hohem Fieber. Der Militärarzt hatte sie für reiseunfähig erklärt, aber das half nichts.

Ich wusste von allem nichts, wir hatten keinerlei Verbindung mehr. Erst nach unserer Befreiung erfuhr ich davon.

Mein Versteck

Inzwischen war Tante Pielles Mutter, Christiane Windischgrätz, mit ihrer Hofdame Matschi in Castelletto angekommen.
Es wurde vereinbart, dass ich untertags ins Haus kommen konnte. Zum Zeichen, dass keine Gefahr für mich bestand, hängten sie ein weißes Tuch am Fenster auf.
Geschlafen habe ich im Freien, abwechselnd im Heuschober, im Olivengarten oder im Ruderboot, immer wieder woanders.
Untertags traf ich die anderen und das Leben ging weiter wie sonst auch. Wir radelten in den Ort, gingen am Hafen Eis essen und segelten über den See.

Anderlahn ließ uns die neuesten Nachrichten zukommen. Tante Pielle hatte ein Radio, mit dem wir am Abend den amerikanischen Sender abhören konnten; das war gefährlich und man musste gut aufpassen.

Damals brach eine Typhus-Epidemie aus. Immer mehr Leute wurden krank und auch mich erwischte es. Wahrscheinlich hatte ich mich am Hafen mit meinem Eisessen angesteckt. Ich bekam starkes Kopfweh. Mein Gleichgewicht war gestört; ich torkelte herum mit über 40 Grad Fieber. Trotzdem blieb ich nachts im Freien.

Meine Verhaftung durch die Gestapo

Es war schon September und es fing an, kälter zu werden. Ich hatte Schüttelfrost und kam am Morgen vom Olivengarten zum Haus. Das weiße Tuch hing heraus. So ging ich hinein, um mich hinzulegen, ein bisschen auszuruhen und mich zu wärmen.

Ich war noch nicht lange im Haus, da fuhr ein Auto vor und zwei Gestapoleute stiegen aus. Sie fragten nach mir.
Ausreißen war nicht mehr möglich, die Ausgänge waren besetzt. So versuchte Tante Pielle, ihnen beizubringen, dass ich mit hohem Fieber darniederliege und höchst ansteckend sei. Es half nichts: Befehl war Befehl!

Ich wurde in eine Decke gewickelt und von zwei Gestapomännern auf den Rücksitz des Autos verfrachtet. Vorn saß der bewaffnete Fahrer und neben ihm Matschi, die durchgesetzt hatte, dass sie als Begleiterin bis zum Krankenhaus mitfahren durfte. Sie hatte wegen der Typhusgefahr im Hauptquartier angerufen und die

Anweisung bekommen, dass ich einstweilen im Innsbrucker Krankenhaus zu deponieren sei.

Leider war an dem Tag Jörg Anderlahn verreist. Als Sonderführer hätte er vielleicht etwas unternehmen oder gar selbst den Transport leiten können.
Als er bei seiner Rückkehr die Sache erfuhr, war er sehr aufgebracht. Aber wenn man einmal in den Händen der Gestapo war, gab es wenig Hoffnung.

Im Innsbrucker Krankenhaus

Unterbringung im Keller

Die zwei Gestapomänner fuhren mit mir und Matschi zum Krankenhaus in Innsbruck. Dort wurde ich von einem Krankenwärter übernommen und auf einer Bahre ins Infektionsabteil gebracht. Matschi musste sich verabschieden.
Ich wurde in einem Keller untergebracht, in einem langen engen Raum; ich lag im hintersten Eck. Im anderen Eck lag eine typhuskranke Frau, in einem Gitterbett eingeschlossen, die im Fieber tobte, und ein einjähriger Knabe aus Lettland, wahrscheinlich von einer Flüchtlingsfamilie, mit Syphilis, der schlug dauernd mit dem Kopf gegen die Bettwand.

Wochenlang lag ich in einer Art Koma mit sehr hohem Fieber, bekam Tee und einmal als Schockmittel gegen das Fieber eine Dosis von zwanzig Aspirintabletten. Es half aber sehr wenig. Andere Medizin gab es nicht. Gott sei Dank blieb bis auf einige Erinnerungsausfälle mein Verstand klar, und ich hatte das Glück, zu netten Schwestern und äußerst anständigen Ärzten zu gelangen. Ich erinnere mich an eine junge Ärztin, Frl. Weinberger, die mich öfters besuchte, an die nette Oberschwester Maria, eine kleine, dunkelhaarige Frau, die alles, was in ihrer Möglichkeit lag, tat, um mir das Leben zu erleichtern, an den liebenswerten Arzt Professor Briese, der eigentlich die Kinderstation betreute. Wahre Schutzengel waren das junge Doktorehepaar Franke.

Zusammentreffen mit Mama

Mama und meine Schwestern waren etwas früher verhaftet worden als ich. Es ist möglich, dass dies durch Ris Verbindung mit den Partisanen veranlasst war.

Mama war also im Krankenhaus abgesetzt worden, meine verhafteten Geschwister blieben noch einen Tag im Hotel Adler in Innsbruck und wurden dann weiter nach Weimar und von dort aus nach Oranienburg ins Lager Sachsenhausen gebracht.

Ri Palmquist, die sich weigerte, Mama zu verlassen, wurde als Begleiterin im Krankenhaus geduldet. Mama hatte das Glück, unter Doktor Frankes Aufsicht zu kommen und durch ihn von meiner Anwesenheit zu erfahren. Von da an beschwor sie Dr. Franke, uns zusammenzubringen. Sie wollte unbedingt erreichen, mich zu sehen. Das war wegen der vielen Spitzel ein gefährliches Unternehmen. Endlich gelang es Franke, Mama an einem Abend, mit einer weißen Schürze als Krankenschwester verkleidet, zu mir in die Infektionsabteilung zu bringen. Ich hatte hohes Fieber und erinnere mich nicht an ihren Besuch. Überhaupt erinnere ich mich nicht an vieles während der langen und dunklen Tage und Nächte.

Ich fieberte dahin und hatte großes Verlangen nach Rotwein. Eines Tages kam Besuch aus Bayern, Lina Bayer, die bei uns Sekretärin war und große Zivilcourage hatte. Sie hatte durch einen ihrer Bekannten, einem Parteimitglied, von unserer Bleibe erfahren und mit den Klosterfrauen im Krankenhaus Kontakt aufgenommen.

Wie Lina das bewerkstelligte, blieb ein Rätsel, jedenfalls schaffte sie es, in die Infektionsabteilung zu gelangen und mich kurz zu sehen. Für Mama brachte sie eine Flasche Cognac mit.

Eine Tote oder eine Geisel

Ich war nahe daran zu sterben. Da aber der Befehl galt, uns als Geiseln zu erhalten, sollte mir eine Bluttransfusion gemacht werden.
Eine nette junge Schwester bot sich dafür an. Ich schenkte ihr eine kleine Brosche, das letzte, was ich bei mir hatte, ein Geschenk von Enzo Treves aus Padova.
Jungen Medizinstudenten wurde der Auftrag erteilt, die Transfusion zu machen. Ich blutete wie ein Schwein, da sie mir die Vene aufschnitten oder durchstachen. Das Blut passte nicht, und ich bekam wieder hohes Fieber und Hautausschläge. Dank des harten Trainings der vorhergehenden Jahre und meiner Jugend hielt ich durch und nach zwei Monaten konnte ich das erste Mal auf allen Vieren krabbeln. Vorher hatte mich die kleine Schwester Maria leicht aus dem Bett gehoben und mich, während das Bett gemacht wurde, wie ein Kleinkind auf den Armen getragen. Ich glich einem Skelett.

Dann ging es aufwärts. Ich wankte im Zimmer herum und besuchte die arme Frau im Gitterbett, vielleicht eine verschleppte Jüdin.

Eines Tages sah ich mich selbst am anderen Ende des Kellerzimmers in einen blauen Schlafrock gekleidet auf einem Stuhl sitzen. Es war kein schönes Erlebnis: ich wusste nicht mehr, wohin ich gehörte. Ich wusste nur, ich muss handeln, sonst komme ich auf Nimmerwiedersehen in die Psychiatrische. So wankte ich auf die Gestalt zu und setzte mich auf sie drauf. Da war irgendwie der Bann gebrochen, ich war wieder eins mit mir selbst.

Fliegerangriffe

Oft gab es Bombenangriffe. Dann legte man uns Kranken Kissen über den Kopf. Einmal sprang ein ganzer Fabrikkamin über die Gartenmauer und fiel dann erst in sich zusammen. Draußen sammelte ein Lastwagen Tote und herumliegende Arme und Beine ein.

Immer häufiger gab es Bombenangriffe. Es muss Anfang November 1944 gewesen sein. Da ich schon etwas gehen konnte, wurde ich in den Schutzkeller des Krankenhauses geschickt.
Zu meiner großen Überraschung traf ich dort Mama und Ri Palmquist.
Kaum hatten wir uns voll Freude begrüßt, ging der Bombenangriff los. Die Einschläge kamen immer näher. Mama zog Ri und mich unter einen Türrahmen.
Da krachte es schon durch die verschiedenen Stockwerke, eine Bombe explodierte dicht neben mir in der Totenkammer. Es war ein Chaos. Die Toten flogen durch den

Raum, die heißen Wasserröhren platzten. Ich sehe noch einen Schwerkranken, der in Bettlaken gewickelt, wie der auferstandene Lazarus durch das kniehohe dampfende Wasser wandelte. Es war wie ein Fiebertraum.

Vereint mit Mama

Von nun an durfte ich die Infektionsabteilung verlassen und wurde durch Doktor Frankes Bemühungen zu Mama und Ri ins Zimmer verlegt.

Den Klosterfrauen gelang es hie und da, uns durch Frankes Mutter etwas Honig oder Eier zukommen zu lassen; die rührenden Frankes taten alles, um Medizin für uns zu bekommen. Auch versuchten sie, uns möglichst lange krank zu schreiben, um uns vor dem Transport ins Konzentrationslager zu bewahren.

Die Fliegerangriffe hielten an. Es wurde angeordnet, dass auch die Krankenhauspatienten in die öffentlichen Bunker der Stadt gehen sollten.
Unser Bunker lag jenseits der Brücke. Es war ein ganzes Stück zu gehen, aber wir waren glücklich, etwas anderes als die Krankenhauswände zu sehen.
In dem Durcheinander überlegten wir, die Flucht zu ergreifen, ließen es aber bleiben. Es hätte den Schwestern schaden können. Außerdem waren Mama und ich noch sehr schwach, und wir hatten auch kein Geld.

Im Bunker gab es ein arges Gedränge und Mama bekam nur schwer Luft. Eine russische Großfürstin, sie hieß so ähnlich wie Thavistan, war auch im Bunker. Sie war ebenfalls Patientin der Frankes und wohnte bei einem Kalifen.

In derselben Krankenhausabteilung wie wir befand sich der französische Ministerpräsident Daladier. Doktor Franke stellte ihn Mama vor. Sie konnten kurz miteinander auf Französisch reden.

Da wurde beschlossen, das Innsbrucker Krankenhaus zum Teil zu räumen. Wir sollten nach Seefeld gebracht werden. Vergeblich versuchte Doktor Franke, uns bei sich zu behalten. Wir waren traurig, unsere Schutzengel, die Frankes, verlassen zu müssen. Auch die Frankes beklagten, uns nicht weiter helfen zu können. Wir mussten also ins Seefelder Krankenhaus, wo Professor Parade regierte, ein hundertprozentiger Nazi.

Vor der Abfahrt ging ich in den schmalen Auslauf vor dem Infektionskeller und schrieb das Neujahrsgedicht von Heinrich an die Wand. Es schien mir, er habe unser Schicksal vorausgeahnt:

Berge, ich muss euch verlassen,
auf fernen Straßen heimatlos werden,
mich schauen die anderen teilnahmslos an.
Im Traum euch zu sehen,
strahlende Höhen
kann ich nur hoffen,
denn mir steht offen
die freudlose Bahn.

Verlegung nach Seefeld

Kurz vor Weihnachten kamen wir in Seefeld an.
Professor Parade begutachtete uns sofort und meinte, eigentlich gäbe es keinen Grund, uns länger hier zu

behalten. Er war ein großer, feister Mann mit Doppelkinn, Brille, schwammigem Gesicht und einem harten Strichmund unter den stechenden Augen.

Ich begann alle meine Haare zu verlieren; sie gingen in großen Schöpfen aus. Überall lagen sie herum. Mama und Ri waren darüber äußerst beunruhigt.

Die Krankenschwester Silvia Betz, eine Nichte des Bischofs von Augsburg, setzte sich für uns ein. Sie konnte Professor Parade nicht ausstehen.
Auch Professor Hittmeier seine Sekretärin, Frau Hasselwanter, waren anständig zu uns, aber gegen Parade trauten sie sich nichts. Hittmeier war selber schon im Konzentrationslager gewesen und war dadurch noch mehr gehemmt und sehr vorsichtig.

Ich hatte immer großen Durst. Da sah ich ein Glas stehen, hielt den Inhalt für Limonade und nahm einen großen Schluck. Es war aber ein Desinfektionsmittel und brannte fürchterlich.
Ri rief die Aufsicht, ein Unterarzt kam, es wurde Professor Parade gemeldet. Mir wurde Milch verabreicht und der Magen ausgepumpt. Meine Tat wurde mir als Selbstmordversuch ausgelegt.

Weihnachten kam. In der Kirche neben dem Krankenhaus läuteten die Glocken zur Mitternachtsmette. Mama und Ri gingen hin. Das war fatal. Jemand hatte Mama gesehen und verraten.
Als Professor Parade das erfuhr, tobte er. Am nächsten Tag wurden wir für gesund erklärt. Die Gestapo wurde benachrichtigt: für den Transport ins KZ.

Konzentrationslager

Sachsenhausen

Von Seefeld nach Berlin

Anfang Januar 1945 fuhr in Seefeld ein großes schwarzes Auto mit Gestapoleuten vor. Wir wurden eingeladen und zum Innsbrucker Bahnhof abtransportiert.
Ri wollte mit. Sie hatte damals schon beginnende Angina pectoris und durch die Aufregung bekam sie am Bahnsteig einen Anfall und brach zusammen. Das letzte, was wir aus dem Zugfenster sahen, war, dass Ri abtransportiert wurde.

Wir saßen in einem eigenen Abteil mit einigen Männern der Gestapo, die uns überwachten. Stundenlang fuhren wir nach Norden bis nach Weimar. In Weimar hieß es: »Kronprinzessin Antonia muss aussteigen.«

Mama und ich hatten kaum Zeit, uns zu verabschieden. Die Türe schlug zu – ich fuhr allein weiter ins Ungewisse. Eine Gestapofrau wurde mir zugeteilt, Inge Pohl. Wir fuhren die Nacht durch.
Inge Pohl zitierte mir Gedichte von Grabbe, was in dieser Situation makaber wirkte. Er war ein Dichter, aus dessen Werken uns Heinrich oft vorgelesen hatte.

Wir waren allein im Abteil, die Wachen standen draußen auf dem Gang. Plötzlich sagte Inge Pohl: »Wenn der Krieg vorbei ist, könnte ich ja Hofdame bei Ihnen machen. Erinnern Sie sich an mich!«

Ich glaube, sie muss Zweifel am Endsieg gehabt haben; ich traf sie aber nie wieder. Es ist leicht möglich, dass sie, wie viele ihresgleichen, Sekretärin bei den Amerikanern wurde. Sprachen konnte sie genug und hübsch war sie auch.

Wir kamen gegen drei Uhr früh in Berlin an. Die Menschen auf dem Gang stießen mich beim Aussteigen herum. »Dreckige Polakin«, hörte ich sie sagen. Kein Wunder: ich war zaundürr, trug alte Hosen und versteckte meinen kahlen Kopf unter einer Baskenmütze.

Am Bahnhof in Berlin empfingen uns zwei SS-Wachen. Sie begleiteten mich zu Fuß durch die Stadt. Es war mondhell und die schwarzen Kulissen der zerbombten Häuser wirkten geisterhaft. Es lag Schnee und die Stadt schien ausgestorben.

Verhör

Endlich kamen wir zu einem großen Gebäude in der Albrechtstraße. Es war das Gestapoquartier, in dessen Keller die Leute verhört und gefoltert wurden, wie ich später erfuhr.

Man schob mich in ein Zimmer, in dem ein hochrangiger Gestapobeamter hinter einem großen Schreibtisch saß. Er musterte mich von oben bis unten und fing an, mich über den Verbleib der anderen Familienmitglieder zu befragen. Am meisten interessierte ihn die Bleibe von Papa.
Ich erwiderte immer wieder, dass ich mit der übrigen Familie seit langem keinen Kontakt mehr hätte und

dass wir unseren Vater seit Florenz nicht mehr gesehen hätten. Gott sei Dank: ich wusste auch tatsächlich nicht mehr.

Papa hatte, wie ich erst später erfuhr, vor seinem Verschwinden in Florenz ein Telegramm an Mama geschickt, dass er nach Südtirol komme, um die Gestapo irre zu leiten. Seine wirkliche Bleibe kannte niemand.
Es war ihm gelungen, in Florenz unterzutauchen und so den Krieg zu überstehen.
Ein Offizier namens Gramacini versteckte ihn und keiner der Angestellten verriet ihn.
Gramacini selber aber wurde, als er einmal sein Haus verließ, erschossen.

Ins KZ

Als die Gestapo einsah, dass von mir nichts Neues zu erfahren war, ließ sie schließlich von den Fragen ab und befahl den Wachen, mich weiterzutransportieren.
Wir bekamen ein Auto: ich nahm wieder zwischen den Wachen Platz – es ging Richtung Oranienburg.
Gegen fünf oder sechs in der Frühe, es war noch dunkel, trafen wir im Lager Sachsenhausen ein. Der Leiter des KZ von Sachsenhausen hieß Kaindl.
Es war ein sehr großes Lager. Stacheldrahtzäune und Mauern mit Wachtürmen und starke Scheinwerfer umgrenzten das ganze Gelände.

KZ-Lager – Gemälde von Prinzessin Irmingard

Sonderhäftlinge

Wir passierten mehrere Tore und durchquerten das Lager. Endlich kamen wir in einen eigenen abgezäunten Teil, in dem lauter einzelne mit Mauern umgebene kleine Häuser standen: dort wurden die »Sonderhäftlinge« gehalten, meistens politische Personen, die besonders wertvolle Geiseln darstellten.

In einem dieser Häuser waren meine Schwestern mit Pauli Bellegard untergebracht, im Haus nebenan mein Stiefbruder Albrecht mit seiner Frau Marita, den Zwillingstöchtern Marie-Gabrielle und Marie-Charlotte sowie seinen beiden Söhnen Franz und Max.

Wir bekamen den Namen Buchholz, unsere Mutter war als Frau Bingen registriert worden, was wir erst nach dem Krieg erfuhren.
Albrecht kannte zufällig den Leiter Kaindl aus seiner Militärzeit bei der Reichswehr unter General Schörner. So erreichte er, dass in der Mauer zwischen unseren Häusern eine Tür geöffnet wurde, sodass wir zusammenkommen konnten.

Wiedersehen im KZ

Albrechts Familie hatte schon auf dem Transport nach Sachsenhausen meine Schwestern vom Fenster aus erspäht. Sie waren zur selben Zeit auf Zwischenstation in Weimar wie er und waren im Nebengebäude des Hotels untergebracht.
Unsere jüngste Schwester Sophie hatte ihren Ball über den Zaun geworfen und war hinübergestiegen.
In Sachsenhausen sahen Albrechts Kinder wieder dieselben Mädchen aus ihrem Dachfenster.
Albrecht pfiff eine bayerische Volksweise, worauf Hilda sofort mit der zweiten Stimme einfiel.
So wusste Albrecht, dass wir Schwestern im Nachbarhaus hausten.

Als ich Anfang Januar an einem frühen Morgen gebracht wurde, war die Aufregung groß. Meine Schwestern dachten, sie würden zur Exekution abgeholt, als Franzi und Maxi mich erblickten, fingen sie zu weinen an. Sie hielten mich für einen Sträfling.

Die Schwestern erzählten mir, dass man Mama, als sie von ihnen getrennt wurde, um ins Krankenhaus nach Innsbruck eingeliefert zu werden, sagte, ihre Kinder würden zur Aufbewahrung in ein Schloss in Thüringen gebracht. Hinter Schloss und Riegel waren wir nun ja gekommen. Man ließ Mama Briefe schreiben, die nie ihren Bestimmungsort erreichten.

Alle waren sehr besorgt um Mama, aber ich konnte nur von der Krankenhauszeit berichten und von unserer Trennung in Weimar.

Die Tage im Lager verliefen einer wie der andere. Mittags und abends wurde das Essen von einer der Lagerwachen gebracht, meistens abgestellten frontuntauglichen Soldaten. Zu essen gab es wenig: eine Scheibe Kommissbrot und Suppe aus Runkelrüben und Kraut; Fleisch war selten und dann nur in Gestalt von unappetitlichen Würsten.

Dennoch ging es den anderen Lagerinsassen viel schlechter. Sie bekamen weniger als wir und wurden zum Teil brutal gequält und gefoltert.

Tagsüber marschierten Wachposten mit Schäferhunden und geschultertem Gewehr vorbei, nachts strahlten Scheinwerfer über das Lager.

Gelegentlich wurden wir von Kontrolleuren aufgesucht und erwarteten dann immer den Vollstreckungsbefehl der Hinrichtung. Der Befehl dazu war angeblich bereits gegeben.

Von unserem Dachfenster aus konnte man über die Mauer in die kleinen Ausläufe der Nachbarhäuser sehen. Es gab vier davon. In einem war der österreichische Kanzler Schuschnigg mit Gräfin Fugger von Ba-

benhausen inhaftiert. Sie hatte ihren Mann verlassen, um ihrem Geliebten ins KZ zu folgen. In der Gefangenschaft hatte sie ihr letztes Kind, eine Tochter, zur Welt gebracht.
Wer im vierten Haus war, weiß ich nicht sicher. Es könnten Angehörige der Familie Horthy, des Reichsverwesers von Ungarn, gewesen sein oder ein Bruder des Bischof von Galen.
Man durfte sich beim Hinüberspähen nicht erwischen lassen; es war schwierig, genau festzustellen, wer dort war.

In unserem Haus fanden wir an der Wand hinter einem Bild eine Inschrift von John Churchill.
Unser Onkel Louis de Bourbon-Parma mit seiner Frau Maria, der jüngsten Tochter des Königs Vittorio Emanuele von Italien, war vor uns im selben Haus gefangen gehalten worden. Wir erfuhren das erst Jahre später in Luxemburg.
Die Schwester von Tante Maria, Mafalda von Italien, starb im KZ.

Lagerleben

Meine Schwester Sophie war damals knapp neun Jahre alt, Franzi etwas älter und Maxi ein halbes Jahr jünger als Sophie. Trotz der bedrückenden Umstände spielten die Kleinen zusammen.
Albrechts Frau Marita erfand Würfelspiele, die sie auf altem Packpapier entwarf, um die Kinder zu beschäftigen.
Albrecht und Hilda pfiffen zusammen Lieder, wobei Hilda die zweite Stimme übernahm.

Pauli, die die ganze Verantwortung für uns und hauptsächlich für Sophie übernommen hatte, wachte streng darüber, dass wir uns so gut wie möglich sauber hielten und etwas Nützliches taten. Sie gab uns Unterrichtsstunden.

Sophie steckte einmal ihr silbergefasstes Sterbekreuz in eine Steckdose. Ein Feuerstrahl schoss heraus und Sophie brüllte wie am Spieß. Sie meinte, sie habe eine Todsünde begangen und dafür hole sie der Teufel aus der Steckdose.
Im ganzen KZ aber war Kurzschluss und beinahe wäre es übel ausgegangen.

Pauli hatte noch ein kleines Stückchen Speck und den Rest einer Seife bei sich; sie bewahrte das als eiserne Reserve auf. Ich glaube, diese Notration überlebte die ganze KZ-Zeit.

Albrecht war mit seiner Familie in Ungarn verhaftet worden; er hatte noch etwas Proviant dabei, der nicht konfisziert wurde. So konnte Marita zu Weihnachten ihren Kindern etwas backen, wir bekamen auch etwas. Auch mit Kleidung waren sie noch besser ausgerüstet. Als ich ankam, bekam ich einen Mantel von Albrecht, da ich nur das hatte, was ich am Leib trug, und fror.
Er ließ sich einen großen Vollbart wachsen, da er sich nicht mehr rasieren konnte, und sah aus wie ein Förster.

Wir hatten nichts zum Wechseln, weder Hemden noch Unterwäsche. Pauli beschwerte sich bei der Lagerleitung. Daraufhin wurde uns etwas zugeteilt. Im Lager war nämlich ein Kleiderdepot von verstorbenen oder

»liquidierten« Lagerinsassen. Dorthin wurden wir geführt. Frauen waren angestellt, die die Kleider herrichten oder umschneidern mussten. Eine kleine Jüdin musste Maß nehmen.
Als die Wache der Frauenabteilung, eine brutal aussehende Frau, nicht hersah, bat sie uns inständig, sie als Hilfe anzufordern, was wir als Gefangene leider nicht konnten. Die Wachfrau war sehr unbeliebt und gefürchtet. Man sah, wie alle die Köpfe einzogen, wenn sie vorbeiging.

Einmal wurden wir zum Zahnarzt geführt, der in einer der Baracken arbeitete. Man durchquerte dabei das ganze Lager und sah dessen Ausmaße. Es war unterteilt und immer wieder mit hohem Stacheldraht und Elektrozäunen abgegrenzt.

An Neujahr war eine Rede von Hitler über Lautsprecher im ganzen Lager zu hören. Es handelte sich natürlich um Hitlers Kriegserfolge und den kommenden glorreichen Endsieg. Alle Deutschen wurden zum Durchhalten aufgefordert.

Bei Fugger und Schuschnigg kam Besuch, ein junger Mann per Rad hatte die Genehmigung bekommen, sie zu besuchen. Wahrscheinlich handelte es sich um den Schwiegersohn von Schuschnigg oder um Rudi Fugger, Sohn der Gräfin. Die Schwestern sahen das aus dem Dachfenster, was streng verboten war.

Wir waren als »Sonderhäftlinge« von der Arbeit befreit und streng isoliert. Es wurde uns gesagt, wir dürften den Elektrozaun nicht berühren und nie unseren echten Namen nennen.

Allerdings waren wir immer gefasst auf die Vollstreckung des Todesurteils!
Das Wichtigste schien uns, bei jeder Gelegenheit Ruhe und Haltung zu bewahren. Wir konnten keinerlei Nachrichten über die Vorgänge in der Außenwelt erlangen. Wenn ausländische Flugzeuge über Berlin und das Lager flogen, hofften wir, die Bomben möchten einschlagen. Es wäre ein anständiger Tod gewesen. Wir erkannten die amerikanischen Bomber am Motorgeräusch.
Die Bombenangriffe auf Berlin wurden immer häufiger; oft war der ganze Himmel erleuchtet von den Phosphorbomben, man sah überall den roten Schein der Feuersbrünste.
Dann flogen wieder dreieckig aussehende Flugkörper ganz niedrig mit rasender Geschwindigkeit über uns hinweg. Man sprach von der »Wunderwaffe«, mit der England vernichtet werden sollte.

Todesangst

Eines Tages hieß es, wir würden umquartiert. Wir mussten schnell unsere wenigen Sachen packen.
Diesmal bestiegen wir einen Omnibus. Wir dachten, es wäre einer der »Vergasungsbusse«, mit denen Juden und alte Leute ins Krematorium befördert wurden. Man konnte in diesen Bussen kein Fenster öffnen, denn unterwegs wurde Giftgas hineingelassen, sodass die Insassen den Bestimmungsort bereits als Leichen erreichten und sofort verheizt werden konnten.

Als mehrere SS-Frauen mit ihren Kindern in denselben Bus einstiegen, waren wir sehr erleichtert.

»Todesangst«, Gemälde von Prinzessin Irmingard

Es ging süd-östlich. Bei der Fahrt durch Berlin kamen wir durch ein total zerbombtes Viertel. Auf der Straße lag ein totes Pferd, welches noch in einer Kutsche eingespannt hing.
Die Häuser waren zum großen Teil ausgebrannt. Man sah kaum Menschen auf den Straßen, es war Ende Februar 1945.

Flossenbürg

Abtransport

Wir waren den ganzen Tag unterwegs. Es ging nur langsam, da viele Straßen von Militärkolonnen verstopft waren. Wir versuchten vom Fenster aus, die Ortsschilder zu lesen: Hof, das war an der bayerischen Grenze. Es war ein merkwürdiges Gefühl, unter solchen Umständen in die Heimat zu gelangen.

Einmal musste der Fahrer plötzlich bremsen und eine Milchflasche einer der SS-Frauen fiel aus dem Regal, der armen Pauli in den Nacken. Da wir keine Kleider zum Wechseln besaßen und auch keine Waschgelegenheit hatten, war es peinlich. Alles stank nach Käse. Pauli war verzweifelt.

Endlich kamen wir an unseren Bestimmungsort, zum Konzentrationslager Flossenbürg an der tschechischen Grenze.
Es war viel kleiner als Sachsenhausen, die Endstation für viele Unglückliche, wo Tag und Nacht das Krematorium in Betrieb war. Aber auch in Flossenbürg

mussten viele ihr Leben lassen, teils durch Erschießen, einige wurden auch gehängt oder anderweitig hingerichtet, unter anderen Admiral Canaris und Oberst von Oster, wie wir später erfuhren.

Am Eingangstor stand die Aufschrift: »Arbeit macht frei«, wie an jedem KZ-Eingang.

Wir zwölf wurden zusammen in eine lange Holzbaracke gesperrt; eine Reihe primitiver Pritschen stand drinnen. Vor der Baracke war ein eingezäunter Auslauf, wo wir herumgehen konnten, wenn wir einmal am Tag dazu abgeholt wurden.
Unsere Baracke befand sich gegenüber einer Baracke mit gefangenen Engländern, die in einem sehr schlechten Gesundheitszustand waren. Eines Abends, eben war unsere Wache draußen, hörten wir sie pfeifen, ein altes irisches Lied: »It's a long way to Tipperary«. Wir kannten das Lied gut und schlossen uns singend an.

Krankheit und Tod vor Augen

Schon in der ersten Nacht fing die Wanzenplage an. Bald sahen wir aus, als ob wir die Masern hätten. Albrecht bekam die blutige Ruhr, die im ganzen Lager herrschte, und wurde immer schwächer.

In Sichtweite der Baracke war das Krematorium. Davor wurden nachts Tote aufgeschichtet wie Holz. Ihre Kleider wurden vorher zur Weiterbenutzung eingesammelt. Das Krematorium brannte Tag und Nacht und verbreitete Rauch und Gestank.

Jeden Tag sah man Kolonnen halb verhungerter Menschen in gestreiften Anzügen vorbeiwanken. Eine Wolke von Gestank umgab sie. Sie wurden in die nahegelegenen Steinbrüche zur Arbeit getrieben. An den Kitteln hatten sie verschiedenfarbige dreieckige Abzeichen, je nach den ihnen angekreideten Verbrechen: Kriminelle, politisch Unzuverlässige, Homosexuelle, Juden, Zigeuner und so weiter.

Man sah manchmal, wenn nicht gerade ein Posten in der Nähe war, wie sie in Abfalltonnen wühlten, um etwas Essbares zu ergattern.

Albrecht war wegen seiner Ruhr in sehr schlechter gesundheitlicher Verfassung und erhob daraufhin bei der Lagerleitung Klage. Er pochte darauf, dass wir als »Sonderhäftlinge« wertvolle Geiseln wären und der Lagerkommandant für unser Wohlergehen und unsere Gesundheit einzustehen habe. Dabei berief er sich auf Heinrich Himmler, dessen Vater früher Erzieher bei dem Sohn meiner Firmpatin, Prinzessin Arnulf von Bayern, gewesen war. Daher hatte Himmler auch den Namen Heinrich erhalten, nach Prinz Heinrich, dem Sohn von Tante Arnulf, der im Ersten Weltkrieg gefallen war. Anscheinend imponierte das dem Lagerleiter, denn es half. Albrecht sagte auch, es wäre unzumutbar für Kinder, ständig den Anblick der aufgeschichteten Leichen vor sich zu haben.

Jeden Tag kamen neue Flüchtlingskolonnen, Hitlers Befehl zu Folge. Er ließ die Gefangenen in Richtung Osten treiben, um sie bei einer eventuellen Niederlage den Russen zu überlassen.

Umsiedlung ins Forsthaus

Das Lager war bald total überfüllt. Wir wurden in ein naheliegendes Forsthaus am Rande des Ortes umquartiert.
Der Förster Weber war ein netter Mann. Im Forsthaus hing, wohl noch aus königlicher Zeit, ein Bild unseres Urgroßvaters, des Prinzregenten Luitpold von Bayern. Wir durften unsere Herkunft natürlich nicht verraten, aber auf die Fragen des Försters hin stellte sich Albrecht unter das Bild und so erriet Herr Weber unsere Abstammung. Sein Vater müsste ja noch vor 1914 gedient haben.
Von da an tat er für uns, was er konnte. Es war nicht leicht, da wir Wachen bei uns hatten.
Auch eine Frau Schwert, die bei Weber arbeitete, versuchte uns zu helfen. Sie brachte uns in Verbindung mit Klosterschwestern, die nahe wohnten. Diese schickten uns durch den Förster geweihte Hostien in einer Schachtel verpackt, so dass wir die Kommunion empfangen konnten. Zu Ostern bekamen wir von ihnen Eier, die sie heimlich über den Zaun warfen.

Albrecht, der selbst begeisterter Jäger und Wildsachverständiger war, verstand sich gut mit dem Förster. Er erreichte, dass die Kinder mit Pauli Bellegard unter Bewachung Spaziergänge machen durften. Marita und er mussten allerdings im Forsthaus bleiben.
Eine der Wachen, ein älterer abgestellter Soldat aus dem Sudetenland, war sehr nett. Er rauchte meistens seine Pfeife, wenn er uns mitnahm auf schönen Waldwegen. Auf einem der Spaziergänge stießen wir auf die Trümmer eines abgestürzten Flugzeuges. Ein andermal fanden wir Flugblätter, die die Amerikaner abgeworfen

hatten. Wir versteckten sie schnell unter der Jacke. Ich glaube aber, der nette Soldat hätte uns nicht verraten. Wir brachten sie ins Forsthaus, es war die erste Verbindung mit der Außenwelt.

Von den umliegenden Hügeln aus übersah man fast das ganze Lager im Talkessel. Das Krematorium rauchte dauernd.
Hitler drehte immer mehr durch und konzentrierte sich am Ende auf die Vernichtung der Juden und der anderen sogenannten unwürdigen Rassen. Dazu zählten Zigeuner, Russen und Polen.

Brutalität

Ein anderer Wachposten, der uns oft begleitete, hieß Heinz Handschuh. Er war ein glühender Hitlerverehrer, früher Hitlerjugendführer und ein Metzgersohn. Er erzählte uns stolz, er sei mit Blut aufgezogen worden, protzte mit seiner Stärke und rühmte die Durchschlagskraft und Entschlossenheit der jungen Deutschen.
Dann zog er Photos aus seiner Tasche und zeigte uns Bilder von ermordeten Frauen und Kindern und sagte: »Dieses Juden-Ungeziefer! Wir machten kurzen Prozess mit ihnen. Erst nahmen wir die Kinder bei den Beinen und schlugen sie mit dem Kopf gegen die Wand, damit die Mütter was zum Gucken hatten, dann kamen auch sie dran. Flott ging das!«
Ich konnte mich nicht mehr beherrschen und entgegnete: »Sagen Sie, Sie sind doch im besten Alter, warum sind Sie nicht an der Front, um Ihren geliebten Führer zu verteidigen. Das hier ist doch ein Posten für alte, ausgediente Soldaten?« Er drehte mir den Rücken zu und sprach kein Wort mehr mit uns.

Dachau

Fahrt ins Ungewisse

Eines Tages hieß es wieder: »Fertig machen zum Weitertransport!«
Schnell waren die wenigen Sachen gepackt, unsere Koffer waren schon beim ersten Transport verloren gegangen.
Alle wurden in einen mit Planen bedeckten Lastwagen verladen. Es ging in südlicher Richtung. Unterwegs hatte ich einen Schwächeanfall, wahrscheinlich Folgen des Typhus.
Immer mehr Transporte, meistens zu Fuß, kamen von Norden und Westen. Wachsoldaten mit Gewehren begleiteten sie. Es waren große Kolonnen von Sträflingen und Gefangenen, die daherwankten, teils in blau-weiß gestreiften Sträflingsanzügen, teils in russischen und polnischen Uniformen: zerlumpt, müde und hoff nungslos. Wenn einer von ihnen zusammenbrach und ihn die Kameraden nicht mehr mitschleifen konnten, wurde der Unselige sofort von den Wachen erschossen und mit einem Tritt in den Straßengraben befördert.

Unterwegs versuchten wir wieder, die Ortsschilder zu lesen. Die Fahrt ging wegen der überfüllten Straßen nur langsam voran. In Augsburg wurde eine Pause eingelegt. Die Nacht verbrachten wir auf Pritschen in einer Unterkunft. Zwei Wachposten standen vor der Türe und begleiteten uns zur Toilette im Gang davor.

Am nächsten Morgen ging die Fahrt weiter nach Dachau. Am Eingang des Lagers war das übliche Spruchband groß angebracht: »Arbeit macht frei«.

Das Lager Dachau war von den vielen Transporten der ankommenden Gefangenen total überfüllt.
Die Russen waren inzwischen schon weit vorgerückt. Hitler war in seinem Bunker in Berlin isoliert. All dies wussten wir natürlich nicht, aber es war unser Vorteil: unsere Bewacher waren verunsichert und mussten selbst Entscheidungen treffen, die für sie später unangenehm werden konnten.

Freiheit oder Tod

Ich bekam wieder Schwächeanfälle und wurde von einer sehr netten Lagerärztin unterstützt. Da im eigentlichen Lager kein Platz war, wurden wir in den angrenzenden Rot-Kreuz-Baracken untergebracht. Dort waren auch andere Sippenhäftlinge, so die Familienmitglieder von General Paulus, der sich in Stalingrad den Russen ergeben musste. Aus Rache ließ Hitler alle seine Angehörigen inhaftieren. Ebenso erging es den Offizieren, die dabei gewesen waren, und deren Familien.

Noch wurden wir getrennt gehalten und konnten nicht miteinander sprechen. Am Tag wurden wir für eine Stunde auf dem Platz vor der Baracke herumgeführt, immer im Kreis. Zwei Wachen mit Gewehren begleiteten uns.

Einmal ging ich vor einem der Wachsoldaten und der flüsterte mir zu: »Die Amerikaner stehen schon ganz nahe«. Er erzählte, er stamme aus einer Wirtschaft aus der Wiener Vorstadt, man nenne ihn dort »den Boxer vom Kreuz«.

Zug der Häftlinge – Gemälde von Prinzessin Irmingard

Es war eine aufregende Nachricht, die die nahe Freiheit oder auch den baldigen Tod bedeuten konnte. Bald sollte die Reise weitergehen.

REUTTE

Letzte Geiseln Hitlers

Der Plan, uns zu Hitler auf den Obersalzberg zu bringen, war gescheitert. Wir sollten dort als letzte Geiseln schließlich hingerichtet werden. Aber Hitler saß in Berlin in seinem Bunker fest. Verbindungen waren unmöglich; Befehle kamen nicht mehr durch. So musste vor Ort entschieden werden.

Wir wurden mit den anderen Sippenhäftlingen zusammengelegt zum Weitertransport.
Diesmal waren wir nicht mehr allein unterwegs, die Stalingradhäftlinge reisten mit uns im Zug.
Die Reise ging wieder südwärts. Wir hörten, dass Reutte in Tirol das angestrebte Reiseziel sei. Wieder drängten wir uns an die Fenster, waren uns doch viele der Stationen bekannt.
In München wurde wegen Fliegeralarm eine längere Pause eingelegt. Unsere Waggons wurden zugesperrt und wir warteten, was geschehen würde. Zum Glück fielen an dem Tag keine Bomben. Bahnhöfe waren ja in der Regel beliebte Zielscheiben.

In der Frühe ging es weiter nach Gauting, die nächste Station war Mühltal, ganz nahe bei Leutstetten, unserer Heimat. Der Bahnhof war leer. Wir schauten sehnsüchtig nach jemand Bekannten aus.

Begegnung mit dem Vetter

Mehr Glück hatten wir in Starnberg, der nächstgrößeren Station. Der Zug musste bei einer Brücke kurz vor Starnberg sehr langsam fahren. Unsere Nichten Pussi und Lotti, die aus dem Fenster hingen, erspähten unseren Vetter Rasso, der damals in Leutstetten wohnte und mit dem Rad unterwegs war. Sie winkten ihm und riefen ihm zu. Er erkannte sie und radelte so schnell er konnte zur Station. Als der Zug in Starnberg hielt, kam er ans Fenster gelaufen.
Wir hatten kurz Zeit, ihm zu berichten, dass wir zusammen nach Reutte gebracht würden. Da kam die Wache, packte uns am Kragen und zog uns zurück.

Rasso machte sich aus dem Staub und berichtete allen Verwandten zuhause, was er erlebt hatte.
Für uns gab es ein unangenehmes Nachspiel: die SS-Wachen waren wütend und wollten wissen, mit wem wir geredet und was wir erzählt hätten. »Wir sagten unserem Vetter, wir fahren weiter«, behaupteten wir.
Sie drohten, den Vetter samt seiner ganzen Familie zu verhaften. Gott sei Dank blieb es bei der Drohung. Auch die Drohung, uns alle wieder nach Dachau zu bringen, blieb leer.

Ende in Ammerwald

Insgesamt an die zwanzig Inhaftierte stiegen in Reutte aus, um zu Fuß weiterzuziehen. Wir hatten sieben Wachen dabei, darunter eine Frau Rabenhorst und einen Herrn Nieburg, der an Rheuma litt, obwohl er noch jung war. Wir marschierten ein Gebirgstal hinauf und kamen an den Plansee. Im Hotel Forelle am Plansee waren französische Gefangene interniert, hauptsächlich höhere Militärs und Diplomaten: unser Zug wurde von ihnen wahrgenommen.

Wir stiegen ein gutes Stück weiter hinauf und kamen nach Ammerwald. BMW hatte das Wirtshaus dort als Ferienheim für seine Belegschaft gepachtet. Dieses Gebäude wurde für uns Sonderhäftlinge beschlagnahmt. Die Wirtin war Frau Köhler, ihr Schwager, der auch dort untergekommen war, war vorher Gauleiter in Polen, ein hundertprozentiger Hitleranhänger. Beim Vormarsch der Russen war er nach Reutte zu seiner Schwägerin geflohen.

Die Landschaft um Ammerwald ist wunderschön. Hinter dem Haus ging ein Steig nach Bayern über die Grenze: er führt über die Jägerhütte, einen Ort, an dem unser Vater oft zur Jagd gewesen war, nach Hohenschwangau zu einem unserer Familienschlösser. Oft hatten wir dort unsere Sommerferien verbracht. Es war sehr merkwürdig, nun als Gefangene diesen Orten so nahe zu sein.

Die Wirtin forderte Verschiedene von uns für Hilfsdienste an, wie Geschirrwaschen, Putzen und Kartoffelschälen. Wir taten das gerne, da manchmal etwas Essbares dabei abfiel.

Außer meiner Schwester Sophie und den Neffen und Nichten waren mehrere Halbwüchsige unter uns, wie die zwei Kinder der Frau von Kutzschenbach.
Von den Erwachsenen kann ich mich namentlich nur an die Frau von General Paulus, deren Schwiegertochter und an die Herrn Janibar und Lenski erinnern.

Marita, Albrechts Frau, hörte eines Tages ein Gespräch der Wachen, wonach wir zu den Russen abgeschoben werden sollten, d.h. in das von den Russen besetzte Gebiet Deutschlands, damit wir nicht zu den westlichen Alliierten gelangten.

Albrecht versuchte daraufhin, irgendwie Verbindung mit den Franzosen im unteren Lager aufzunehmen.
Er und Herr Janibar hatten sich zum Holzmachen im Wald gemeldet, da kam die Gelegenheit. Es regnete stark. Der wachhabende Herr Nieburg, der an Rheuma litt, ging in einen Unterstand. Diese Gelegenheit nützte Albrecht, um hinunterzurennen ins Hotel Forelle. Er sah einen älteren Herrn hinter dem Zaun und redete ihn

auf Französisch an. Da jener gleich reagierte, schilderte ihm Albrecht unsere Situation und bat ihn, bei Ankunft der Alliierten diese gleich zu verständigen und zu uns weiterzuleiten. – Zum Glück konnte Albrecht, bevor der Wachhabende aus seinem Regenunterstand kam, zurück sein.

Eines Abends kam eine Frau auf dem Fahrrad. Sie wartete eine Gelegenheit ab und übergab einem von uns ein kleines Päckchen und einen Zettel. Es war die nette Ärztin aus Dachau. Sie hatte ein Gerücht gehört, dass wir alle vergiftet werden sollten.
So war sie den langen Weg aus Dachau gekommen, um uns zu warnen und uns ein Gegenmittel für den Notfall zu bringen.
Später stellte sich heraus, dass schon Strychnin für uns bereit lag.

In der Nähe des Wirtshauses lag eine kleine Waldhütte. Dort hatten sich einige Deutsche versteckt, die sich von der Armee abgesondert hatten, auch einige KZ-Flüchtlinge hatten dort Unterschlupf gesucht. Sie erfuhren von unserer Bleibe und boten sich an, falls wir bedroht würden, uns zu verteidigen. Im Notfall sollten wir als Zeichen ein Handtuch aus dem Fenster hängen.

Indes rückte die amerikanische Armee vor. Die SS-Wachen waren nervös.
Eines Morgens waren fast alle Wachen verschwunden, auch der Schwager der Wirtin, der Herr Gauleiter aus Polen. Nur Nieburg blieb auf seinem Posten.

Freiheit

Übergabe

Zu unserer Überraschung kam plötzlich ein Wagen angefahren, ein Militärjeep: vorne neben dem Fahrer saß ein französischer General mit weißen Handschuhen. Ein Soldat mit Maschinengewehr begleitete ihn; allerdings war es nur der Lauf eines Gewehres.

Nieburg stellte sich dem ankommenden Feind und übergab uns korrekt. Er war der einzige, der nicht die Flucht ergriffen hatte, obwohl er wusste, dass dies sein Ende bedeutete. Er verabschiedete sich auch korrekt von uns.

Unsere Papiere waren allesamt vernichtet worden, so konnten wir uns nur mündlich ausweisen, als die Amerikaner zwei Stunden später eintrafen.
Meine Schwester Hilda schrieb einen Brief an unsere Tante, die Großherzogin von Luxemburg, und gab diesen dem französischen General Verné mit der Bitte, ihn an Tante Lotti weiterzuleiten.

Immer mehr Amerikaner kamen. Sie beschenkten uns mit Konserven, Zigaretten und Schokolade. Es war kaum zu glauben, dass wir jetzt befreit waren und uns frei bewegen konnten.
Auch Flüchtlinge aus den Lagern waren unterwegs, leider auch gefährliche Schwerverbrecher. Die versteckten deutschen Soldaten baten um unsere Hilfe.

Wir sprachen für sie bei den Amerikanern vor und bewirkten, dass ihnen nichts geschah.
Zwei Offiziere waren darunter; einer kannte unsere Tante Hildegard, die Schwester unseres Vaters, die in Wildenwarth am Chiemsee wohnte. Wir halfen ihnen, ihre Uniformen einigermaßen als Zivilanzüge zu maskieren, indem wir Lodenknöpfe daran nähten und grüne Aufschläge und Krägen.

Für Albrecht mussten wir bei den Amerikanern dolmetschen, da uns Englisch durch unseren Aufenthalt in England geläufiger war. Wir bereiteten ein Essen in der kleinen Hütte aus gestifteten Konserven und luden die Amerikaner dazu ein.

Albrecht wollte auf die Jagd gehen. Wir verhandelten und dolmetschten. Das erste Mal mussten Hilda und ich mitpirschen. Die Amerikaner, die dabei waren, machten so viel Lärm, dass kein Wild in Sicht kam. Albrecht musste sich beherrschen. Dann aber ging es besser und ich glaube, er durfte allein auf die Pirsch.

Meine Schwester und ich machten uns auf den Weg zur Jägerhütte über die nicht mehr existierende Grenze. Die Hütte stand offen. Wir traten ein, sie war vollgestopft mit deutschen Uniformen und Waffen. Sicher hatten sich viele hier umgezogen und wie unsere Wachen aus dem Staub gemacht.

Es dauerte noch einige Zeit, bis Nachricht aus Luxemburg kam. Aber schließlich erhielt Tante Lotti unseren Brief und ließ uns abholen.

Heimkehr

Ein junger amerikanischer Offizier namens Albert Metts holte uns ab. Er fuhr ein großes, schwarzes, gepanzertes Auto, das von den Deutschen requiriert war. Er sagte, es wäre das Privatauto von Hermann Göring gewesen, ein makaberer Zufall.

Wir baten den Offizier, uns zu unseren Verwandten und Bekannten zu fahren, um nachzusehen, wie es ihnen gehe. Er willigte gerne ein. So kamen wir erst zum nahen Schloss Hohenschwangau.

Von dort fuhren wir weiter nach Starnberg, zuerst nach Schloss Berg am Starnberger See, da wir wussten, dass unsere alte Kinderfrau dort wohnte. Wir fanden sie in gutem Zustand, allerdings sehr gealtert; wir hatten sie jahrelang nicht gesehen, die gute, alte Dalla. Sie weinte vor Freude.

Dann ging es weiter nach Leutstetten, unserem letzten Wohnsitz. Wir kamen spät am Abend an, es wurde schon finster. Dort besuchten wir unsere früheren Dienerschaften, die noch im Schloss wohnten. Es war ein freudiges Wiedersehen: alle hatten viel durchgemacht und viel zu erzählen.

In Schloss Leutstetten war gegen Ende der Nazizeit Generalbaurat Professor Kreis, der die Parteibauten in Nürnberg geplant hatte, mit einem Stab von Architekten eingezogen, um die Kriegsdenkmäler für den Endsieg, unter anderem auch ein Denkmal in Stalingrad, zu entwerfen.
Bei der Ankunft der Amerikaner war er hinausgeflogen und ein gemischter Stab der Alliierten Armeen

war eingezogen, bestehend aus amerikanischen, englischen, französischen und russischen Offizieren, die nach dem Verbleib der Reste des Oberkommandos der Wehrmacht forschten.

Die Pferdeställe des Gestüts unseres Großvaters König Ludwigs III. waren von Christian Weber, einem der ersten Gründungsmitglieder der Partei, beschlagnahmt worden. Er war von Beruf Viehhändler und Rausschmeißer beim Wirtshaus zum Blauen Bock in München, dann erster Kommandant der SS gewesen.

Wir wollten endlich auch den Bruder unseres Vaters, Onkel Franz und seine Familie, besuchen. Sie waren in einem Nebenhaus dem Schloss gegenüber untergebracht.
Ihr Hauptsitz war ja in Ungarn. Als aber die Russen vorrückten, bat Ludwig, der älteste Sohn, einen ungarischen Freund, seine Eltern und seinen Bruder Rasso über die Grenze zu bringen. Dieser Freund De Potore hatte ein Auto und als Angestellter der militärischen Forstverwaltung einen Kurierausweis. So gelang es ihm, alle heil nach Leutstetten zu bringen.

Mein Vetter Ludwig selbst aber hatte Sárvar in Ungarn erst einen Tag vor Ankunft der Russen verlassen. Er treckte mit mehreren seiner Leute auf Pferdefuhrwerken bis nach Leutstetten, meistens bei Nacht, tagsüber war es zu gefährlich. Unterwegs gab es einige Schwierigkeiten mit den Behörden und sonstige Pannen. Aber Ludwig hatte gute Nerven und schaffte den Weg bis Leutstetten.
Während des Krieges war er genau wie mein Bruder Heinrich zum Militär einberufen und ebenso an der Grenze zurückgewiesen worden. Um der Todesstrafe

zu entgehen, mischte er sich unter einen Transport von Donau-Matrosen, hielt des Nachts beim Passieren der Grenze seinen Pass hin; der Beamte ahnte nichts und haute automatisch den Stempel hinein. So konnte sich Ludwig bei den Gebirgsjägern in Mittenwald melden. Das ging gut, bis er für den Offiziersrang vorgeschlagen wurde. Da kam auf, dass er illegal die Grenze überschritten hatte. Da er aber die Seite mit dem Stempel aus dem Pass geschnitten hatte, konnte man ihm nicht nachweisen, die Grenze illegal passiert zu haben. So war er gerettet, wurde allerdings als »politisch unzuverlässig« vom Militär entlassen.

Daraufhin war er nach Ungarn zurückgekehrt, wo er bis zur Ankunft der Russen blieb.

Wir kamen nun erst spät am Abend am Samerhof in Leutstetten an, wo Familie Franz wohnte. Die Türen waren verriegelt. Wir klopften lange. Endlich öffnete sich ein Spalt – und Ludwig stand da mit hochgehaltener Axt in der Hand, bereit zu schlagen, dahinter Rasso mit gezückter Mistgabel.
Es war ein merkwürdiger Empfang, aber kein Wunder: überall zogen Gruppen von entlassenen Sträflingen herum, die plünderten.

Wir waren froh, die ganze Familie wohlauf zu finden. Die letzten Jahre hatten wir keine Nachricht voneinander bis auf das kurze Gespräch am Bahnhof mit Rasso auf unserem Weg nach Reutte. Es war zwar durchgesickert, dass wir gefangen waren, wahrscheinlich durch den Besuch von Lina Bayer damals im Krankenhaus zu Innsbruck. Aber Rassos Nachricht war das erste wirkliche Lebenszeichen von uns.
Wir verbrachten einige schöne Stunden zusammen.

Das schönste war, dass wir durch Captain Metz erfuhren, unsere Mutter sei am Leben und befinde sich in Luxemburg.
Sie war in einem Krankenhaus in der Nähe vom KZ Buchenwald aufgefunden worden. Luxemburgische Offiziere hatten sie entdeckt. Sie war kaum in der Lage sich zu bewegen, aber sie hatte zum Glück einen Ausweis bei sich, den sie den Offizieren hinschieben konnte.
Tante Lotti ließ sie per Flugzeug nach Luxemburg holen, Onkel Felix leitete den Transport persönlich.

Wir wollten sofort zu ihr und fuhren von Leutstetten nach Augsburg, verbrachten die Nacht in einem Hotel und flogen am nächsten Morgen mit einer Militärmaschine der Amerikaner nach Luxemburg. Dort fanden wir Mama.
Sie musste noch einige Zeit im Krankenhaus verbringen und erholte sich langsam.

Erst Monate später bekamen wir Nachricht von Papa und Heinrich. Sie hatten sich bei den Alliierten in Italien gemeldet, und General Hume, schottischer Abstammung und Stuart-Verehrer, brachte sie heim nach Bayern, nach Leutstetten.

Da unser Bruder Albrecht gute Beziehungen zum Kunstsachverständigen des alliierten Stabes, einem Museumsdirektor aus den USA, hatte, der für die Rückerstattung der gestohlenen Kunstwerke aus den besetzten Ländern verantwortlich war, erlangten wir durch dessen Fürsprache die Freigabe des Schlosses Leutstetten.
So konnte Papa bei seiner Ankunft gleich einziehen.

Albrecht war schon vorher im Neubau des Schlosses untergekommen.

Ich kam erst ein Jahr nach dem Krieg von Luxemburg durch Heinrichs Vermittlung nach Leutstetten. Ein Luxemburger Offizier begleitete mich dorthin. Bald kamen auch Gabrielle und Sophie heim nach Leutstetten.
Es war ein glückliches Wiedersehen mit Vater, wir berichteten uns gegenseitig von den Geschehnissen der letzten Jahre.

Zunächst blieb ich nur kurz in Leutstetten, da Mama Angst hatte, uns Kinder erneut zu verlieren. Zur Rückreise nach Luxemburg wurde ich wieder von einem dortigen Offizier abgeholt.
Ich konnte Mama beruhigen und meinen Schwestern berichten, ich habe Papa wohlauf gefunden und sie könnten heimkehren und wie früher im eigenen Zuhause wohnen.

Mama aber war mit ihrer Freundin aus den Dolomiten Ri Palmquist und der treuen Gräfin Bellegard in der Schweiz.

Erholung in Afrika und in den USA

Mein Onkel Adolf Schwarzenberg, der Mann von Tante Hilda, merkte bei einem Besuch, dass ich noch sehr unter den Nachwirkungen der KZ-Erlebnisse litt. Er schickte mich deshalb erst einmal nach Kenya, da er dort eine Farm besaß. Der nächste Ort war einige Stunden entfernt und hieß Nanyuki.

Meine Schwester Gabrielle durfte mich begleiten. Das Haus und die Farm lagen wunderschön und die reiche Tierwelt ringsum war für uns ein Traum. Wir genossen es sehr, machten wunderbare Ausflüge mit dem Jeep, um die Tiere zu beobachten, und besuchten Tierfarmen, von denen die verschiedenen Zoologischen Gärten Europas beliefert wurden.

Da Onkel Adolf wusste, wie gerne wir Bergtouren machten, ermöglichte er uns auch, eine Tour auf den Mount Kenya mit einem Bergführer zu unternehmen. Dieser war ein typisch steifer Engländer mit dem Aussehen eines Lords. Wir starteten mit mehreren Zelten, Proviant und Kletterausrüstung. Drei schwarze Träger beaufsichtigten die Maulesel, die alles trugen.

Alles ging glatt bis zum letzten Zeltplatz, der sich ungefähr auf 5000 m befand. Zwei der Führer eilten voraus, um das Zelt aufzubauen, in dem man sich nur liegend aufhalten konnte. Da kreuzte eine Elefantenherde unseren Weg und die Maultiere mit der ganzen Ausrüstung suchten das Weite. Unser vortrefflicher Führer verfolgte sie und blieb verschwunden. Da saßen wir nun

Nach dem KZ wiederhergestellt in Luxemburg 1946

Mit Mulis auf dem Weg zum Mount Kenya

mit unseren afrikanischen Trägern, mit denen wir uns nicht verständigen konnten. Vor uns lag die letzte Steilwand, die wir noch erklettern sollten. Wir unternahmen Spaziergänge in die Umgebung und warteten geduldig. Wir tranken die Whisky-Flasche des Führers aus, weil es so langweilig und kalt im Zelt war.

Am zweiten Tag erschien dann der völlig erschöpfte Bergführer, allerdings ohne Maultiere. Aus der Gipfelbesteigung wurde nichts. Wir mussten den Rückzug antreten, und eine Strafpredigt von Tante Hilda gab es auch noch. Vor 8.00 Uhr abends trinkt man keinen Whisky, noch dazu auf einer Bergtour.

Nicht nur auf Pferden lässt sich reiten

Afrika – Begegnung mit vielen Tieren

Kurz danach schickte mich mein Onkel nach Montana, USA, auf eine große Viehranch, an der er beteiligt war. So sollte ich auf andere Gedanken kommen.

Nach einem langen, holprigen Flug holte mich ein Bekannter meines Onkels, Ned Randolph, ab. Erst verbrachte ich kurze Zeit auf einer Dude-Ranch, einem Ferienquartier für Amateur-Cowboys.

Danach sollte ich auf die große Antler-Ranch von Matt Thirgi, dem Partner meines Onkels, fahren.
Ned Randolph musste weiterfliegen und bat mich, sein Auto dorthin zu bringen. Der Arme ahnte nicht, was er sich damit einbrockte: Ich hatte erst kurz meinen Führerschein, kaum Erfahrung und kannte die amerikanischen Autos nicht.

Es war ein langer Weg von einigen hundert Kilometern auf schlechten Straßen über einen Pass. Bis ich den Pass erreichte, wurde es dunkel; die Straßen waren leicht verschneit und rutschig. Ich blieb stecken. Nach missglückten Versuchen gab ich Vollgas, der Wagen kam ins Schleudern, rechts war eine tiefe Schlucht, so drehte ich verzweifelt links auf die Felswand zu. Der Wagen kippte seitwärts und rollte die Straße hinunter. Ich zog den Zündschlüssel heraus und konnte die Fensterscheibe eintreten, als der Wagen stillstand.

So kroch ich heraus – aber was jetzt? Da saß ich und versuchte, mich mit der mitgebrachten Weihnachtspost abzulenken.
Wieder hatte ich Glück, Hilfe von oben. Gegen Mitternacht kam zufällig ein Lastwagen vorbei und klaubte mich auf.

Die Leute auf der Antler-Ranch empfingen mich sehr warm und lachten über den Vorfall. Gott sei Dank konnte mein Onkel den Schaden ersetzen.

Das Leben auf der Ranch gefiel mir. Es gab dort 100.000 Stück Vieh, große Pferdeherden, auch Wildpferde, die keinem gehörten, verschiedenes Wild, große Bisonherden, Bären, Kojoten und viele mir neue Tiere, wie Stachelschweine und Stinktiere.
Ich ritt mit den Cowboys. Einige waren aus den dortigen Indianerstämmen. Wir kontrollierten die Zäune und trieben die Herden zu ihren Plätzen.

Später lernte ich verschiedene Settler kennen, die oben in den Ausläufern der Rocky Mountains wohnten, und bezog selber eine kleine Hütte noch weiter oben im Little Horn Canyon.

Es war sehr kalt, aber ich war allein und glücklich. Manchmal besuchte ich andere Settler, John Aschbach und seine Frau Anna oder auch Jack, beide stammten aus Bayern. Jack, ein gebürtiger Allgäuer, versuchte mir immer wieder anhand einer Landkarte zu erklären, wie es im Augenblick mit der Front stünde, zeigte mir, wo die Franzosen stünden und auch den Stand unserer Truppen. Obwohl ich ihm sagte, dass der Zweite Weltkrieg beendet sei, änderte das nichts, er war noch mitten im Ersten.

Ich ritt viel in der Gegend herum; in die Berge hinein ging ich mit langen kanadischen Schneeschuhen. Einmal besuchte ich eine hochgelegene Hütte, die mir John gezeigt hatte. Da kam ein gewaltiger Schneesturm, die Sicht wurde immer schlechter. Erst verlor ich die Richtung, fand aber aus reinem Zufall doch noch kurz vor Dunkelheit die Hütte. Sie war bis zum Dach eingeschneit und ich musste mich mühsam mit Hilfe eines Dachbretts hineingraben, bis ich die Türe fand, aufbrach und hineinkroch.
Am Morgen sah ich einen steifgefrorenen Wapiti-Hirsch, den jemand im Herbst geschossen und dort verstaut hatte. So hatte ich Proviant.

Der Sturm tobte und heulte und die Kojoten dazu. Am dritten Tag ließ er nach und ich erreichte bei Tageslicht mein Zuhause.

Hildas Hochzeit in Peru

Im Frühjahr bekam ich die Nachricht, dass meine Schwester Hilda, die einen Job in Peru hatte, dort hei-

Prinzessin Irmingard zu Pferd

raten würde. Sie bat mich zu kommen, da sonst niemand von der Familie aus Europa die Möglichkeit hatte. So packte ich meine paar Sachen und ab ging es nach Peru.

Die Hochzeit fand in Lima statt. Ich blieb einige Zeit bei Hilda. Die Familie hatte eine schöne Villa am Meer. Dann begleitete ich meine Schwester auf der Queen Mary, einem großen Luxusdampfer, heim nach Deutschland. So kam auch Hilda heim, aber leider nur auf Besuch.

80. Geburtstag von Kronprinz Rupprecht

In Leutstetten erlebten wir die Beliebtheit unseres Vaters beim bayerischen Volk besonders deutlich an seinem 80. Geburtstag 1949.

Vereine aus ganz Bayern, der Pfalz und auch aus Tirol veranstalteten einen Festzug. Nach dem Gottesdienst musste unser Vater als Hausherr die Parade von 3000 vorbeimarschierenden Trachtlern abnehmen. In einem großen Festzelt der Tegernseer Brauerei auf den Gestütskoppeln wurde gegessen, musiziert und gefeiert. Dabei spürte man ein Verlangen nach Wiedereinführung der Monarchie in Bayern.

Mehrere Amerikaner schauten zu und einer von ihnen erklärte laut, dass die Monarchie das Falsche sei und wir alle froh sein sollten, die Freiheit einer Republik genießen zu können.

Das wurde den Versammelten zu viel. Man rief dem stärksten Mann von Leutstetten zu: »Geh, schafft's ihn ab!« Er nahm den Schreihals mit gekonntem Rausschmeißergriff an Genick und Hosenboden und warf ihn so heftig gegen die Zeltplane, dass die Naht platzte und der Unglückliche draußen liegenblieb. Sanitäter fuhren ihn nach Starnberg.
Das Fest ging friedlich und ungestört weiter.

Kronprinz Rupprecht an seinem 80. Geburtstag

Hochzeit in Nymphenburg

In Leutstetten hatte sich zwischen meinem Vetter Ludwig und mir eine sehr angenehme Kameradschaft entwickelt. Wir hatten dieselben Interessen, wir ritten viel miteinander. Er betreute das aus Ungarn mitgebrachte Gestüt, damals über 100 Pferde. Wir hatten viel zu tun mit dem Zureiten der Dreijährigen, oft drei bis vier an einem Morgen. Im Herbst ritten wir auf Jagden mit.

Ludwig war auch ein guter Kletterer und Bergsteiger. Er war einige Zeit bei den Gebirgsjägern in Mittenwald gewesen. Als er von meinen Klettereien in den Dolomiten hörte, wurde es uns zur Gewohnheit, jeden Freitag in den Bergen zu verschwinden. Wir waren im Karwendel- und Wetterstein-Gebirge und wo sich sonst noch Interessantes fand.

Schließlich meinten Ludwig und ich, es wäre doch vernünftiger zu heiraten, damit wir nicht immer wieder getrennt würden. Papa wurde also um Erlaubnis gebeten.

Bei unserer ersten Begegnung hätte Ludwig mich beinahe mit einer Axt erschlagen, nun aber sollte ich in ihm den besten Lebensgefährten finden.

So heirateten wir am 20. Juli 1950 im Nymphenburger Schloss, in dem Ludwig geboren war.

Leider konnte meine Mutter nicht mehr dabei sein. Sie erholte sich nie mehr völlig von all dem, was sie durchgemacht hatte, und kam nie mehr heim nach Bayern. 1954 starb sie in der Schweiz nach langem schweren Leiden.

Mit Vater verbrachte ich seine letzten Jahre. Er besuchte Mama noch kurz vor ihrem Tod in Lenzerheide. Sie redeten zusammen; es war wie in früheren Zeiten. Ein Jahr später besuchten wir an Mamas Sterbetag zusammen die heilige Messe. Am nächsten Tag schon lag Papa in Agonie. Er starb 1955.

Viele Jahre sind vergangen. Noch leben wir in Leutstetten, unserer alten Heimat, voller Erinnerungen und voll Dankbarkeit, dass wir noch da sein dürfen.

Wir haben inzwischen fünf Enkel und konnten mit unserem Sohn, der Schwiegertochter, den Enkeln, Geschwistern und Verwandten im Jahr 2000 gemeinsam die Goldene Hochzeit feiern.

Hochzeit von Prinz Ludwig und Prinzessin Irmingard
im Schloss Nymphenburg am 20. Juli 1950

Personenverzeichnis